工业和信息化普通高等教育 "十四五"规划教材立项项目

高等院校电子商务类 新形态系列教材

电子商务文案 策划与写作

文案策划 + 内容传播 + 智能写作

|附|微|课|

张润彤◎主编

陈亭每 肖强 李勇◎副主编

人民邮电出版社

北京

图书在版编目（CIP）数据

电子商务文案策划与写作 ： 文案策划+内容传播+智
能写作 ： 附微课 / 张润彤主编. -- 北京 ： 人民邮电出
版社，2024.1
高等院校电子商务类新形态系列教材
ISBN 978-7-115-62649-3

Ⅰ. ①电… Ⅱ. ①张… Ⅲ. ①电子商务—应用文—写
作—高等学校—教材 Ⅳ. ①F713.36②H152.3

中国国家版本馆CIP数据核字(2023)第170110号

内 容 提 要

本书系统地介绍了电子商务文案的相关知识。全书共 9 章，包括电子商务文案基础、电子商务文案写作准备、电子商务文案策划与写作、展示类电子商务文案写作、品牌类电子商务文案写作、推广类电子商务文案写作、软文类电子商务文案写作、使用 AI 写作电子商务文案、电子商务文案综合实训等内容。本书在讲解这些知识的同时，还在除第 9 章外的每章章末设置"案例分析""课堂实训""课后习题"模块，以培养读者的实际分析与应用能力，帮助读者尽快掌握所学内容。

本书提供了 PPT 课件、教学大纲、电子教案、课后习题答案、题库及试卷系统等教学资源，用书教师可登录人邮教育社区（www.ryjiaoyu.com）免费下载。

本书既可作为高等院校电子商务、跨境电子商务、市场营销等专业相关课程的教材，也可作为从事电子商务文案相关岗位人员的参考书。

◆ 主　编　张润彤
　　副主编　陈亭每　肖　强　李　勇
　　责任编辑　孙燕燕
　　责任印制　李　东　胡　南

◆ 人民邮电出版社出版发行　　北京市丰台区成寿寺路 11 号
　　邮编 100164　电子邮件 315@ptpress.com.cn
　　网址 https://www.ptpress.com.cn
　　三河市君旺印务有限公司印刷

◆ 开本：700×1000　1/16
　　印张：12.5　　　　　　　　　2024 年 1 月第 1 版
　　字数：288 千字　　　　　　　2025 年 6 月河北第 6 次印刷

定价：49.80 元

读者服务热线：(010)81055256　印装质量热线：(010)81055316
反盗版热线：(010)81055315

前　言

党的二十大报告指出："培养造就大批德才兼备的高素质人才，是国家和民族长远发展大计。"当下，如何打造结构合理、素质优良的人才队伍是各行各业都在思考的重要问题，而在电子商务全面普及的时代，电子商务行业对文案人才的需求也越来越高。在这样的背景下，各院校已经将电子商务文案人才的培养列入人才培养计划，并开设了电子商务文案相关课程。基于此，编者深入贯彻党的二十大精神，并结合当下院校的教学需求，编写了本书。

1. 本书的内容

本书共 9 章，每章的主要内容如下。

第 1 章：主要介绍电子商务文案的基础知识、电子商务文案岗位、电子商务文案的传播与商业价值等内容。

第 2 章：主要介绍分析市场、认识商品、分析目标消费人群、提炼商品卖点、掌握电子商务文案的写作思维，以及明确电子商务文案的推广策略等电子商务文案写作准备的相关内容。

第 3 章：主要介绍电子商务文案的写作步骤、电子商务文案标题的写作、电子商务文案正文的写作、电子商务文案排版等内容。

第 4 章：主要介绍商品详情页文案的写作、海报文案的写作、商品评价回复文案的写作等展示类电子商务文案写作的相关内容。

第 5 章：主要介绍品牌类电子商务文案的基础知识、品牌标语的写作、品牌故事的写作、品牌公关文案的写作等品牌类电子商务文案写作的相关内容。

第 6 章：主要介绍微博文案的写作、微信文案的写作、小红书文案的写作、短视频文案的写作、直播文案的写作、社群文案的写作、H5 文案的写作等推广类电子商务文案写作的相关内容。

第 7 章：主要介绍软文的基础知识、软文的写作要求与技巧等软文类电子商务文案写作的相关内容。

第 8 章：主要介绍认识 AI 写作、使用 AI 写作文案的方法和技巧等内容。

第 9 章：以一家网店的真实业务为背景，指导开展多类型电子商务文案的写作综合实训。

2. 本书的特色

本书知识体系完整，理论、案例与实训相结合，具有以下特色。

（1）**理论与实践结合，注重实训**。本书采用"课前预习＋知识讲解＋案例分析＋课堂实训＋课后习题"的结构组织前 8 章内容，在编写过程中特别注重将电子商务文案的理论知识讲解与实际应用结合。前 8 章都由行业案例引入，然后介绍电子商务文案的基础知识，配以相关示例或范文。这些示例或范文都具有代表性且比较新颖，具有很强的可读性和参考性，可以帮助读者快速理解与掌握电子商务文案写作的方法。前 8 章章末均配有课堂实训与课后习题，以检验读者对知识的学习效果。第 9 章为综合实训，以一家网店的真实业务为背景，指导多种文案的写作实训，有助于读者全面、深入地掌握电子商务文案写作的技巧与方法。

（2）**知识系统，模式新颖**。本书从电子商务文案岗位的工作职责和能力要求出发，根据电子商务文案的课程标准，循序渐进地介绍了电子商务文案所涉及的知识，由浅入深，层层深入。本书采用了以不同类型的文案写作为主线、先理论后实践的编写模式，本模式注重以读者为主体，以培养读者的职业能力为核心目标，融"教、学、做、考"于一体，强调对读者电子商务文案写作能力的训练。

（3）**教学资源丰富，赋能立体化教学**。本书针对实操性的内容提供了微课视频，读者可以扫描二维码查看。此外，本书还提供 PPT 课件、教学大纲、电子教案、课后习题答案、题库及试卷系统等教学资源，用书教师可登录人邮教育社区（www.ryjiaoyu.com）免费下载。

（4）**贯彻立德树人，落实素养教学**。本书深入贯彻党的二十大精神，在内容布局、案例选取和栏目设计等方面融入了思想素养类元素，有助于培养读者遵纪守法、勇于奉献、诚实守信的良好品格，提升读者的职业道德和文化自信。

在编写本书的过程中，编者参考了电子商务文案写作的同类书籍和相关资料，在此谨向有关文献的作者致以诚挚的谢意。本书所引用的广告及文案，著作权归原作者所有，本书仅做分析使用。

本书由张润彤担任主编，陈亭每、肖强、李勇担任副主编。由于编者水平有限，书中难免存在不足之处，恳请广大读者批评指正。

编者
2023 年 11 月

目　录

第1章　电子商务文案基础

【课前预习】

预习课程	电子商务文案基础
预习方式	1. 在搜索引擎中搜索"电子商务文案"，初步了解电子商务文案的含义与特点。 2. 浏览本章内容，熟悉本章的知识结构。 3. 阅读下面的案例并回答问题。 淘宝和天猫时尚联合成立的"银发小烦恼研究院"（专门针对老年人的服饰需求）为推广"爷选白背心"栏目，发布了一系列文案，包括"有温度的白背心，从不让爷冷场""修身背心很有型，潮流街拍爷也行""大码背心很能装，肚子再大也不慌"等。 该系列文案从大爷们的视角出发，选取了大爷们真实的生活场景，表达了大爷们自己的生活要自己做主的态度。该系列文案与其他老年商品的文案风格不同，不仅更加活泼、跳脱，还表达了个性主张，塑造了一个个充满朝气的大爷形象，使人眼前一亮，加深了用户对"银发小烦恼研究院"的印象，取得了不错的营销效果。当前，各大电商商家都在利用文案来影响用户，促使用户对商品或品牌产生好感。由此可见，电子商务文案在电商领域中的作用是十分重要的。 **问题：**（1）该系列文案的语言有什么特色？ 　　　　（2）该系列文案为什么能打动用户？
预习目标	1. 能够通过搜索电子商务文案的相关信息，对电子商务文案有初步的认识。 2. 能够通过阅读本章内容，熟悉本章所讲述的知识。 3. 能够通过课前预习，回答案例后提出的问题。
预习时间	30分钟
疑难点总结	

1.1　了解电子商务文案

在互联网中，用户大多通过图文信息了解商品和品牌，要想吸引并说服用户认可品牌并购买品牌商品，商家就要为用户提供有价值的图文内容。电子商务文案作为图文信息的重要载体，承担着推广商品和品牌的重任。

了解电子商务
文案

1.1.1　电子商务文案的含义

在了解什么是电子商务文案之前，我们需要先知道什么是文案。文案主要用于商业领域，通常指企业中从事文字工作的职位，或用来表现已经制定的创意策略的文字。在现代，文案被赋予了新的含义。其来源于广告行业，是"广告文案"的简称，常以文字的形式来表现广告信息，包括广告标题、正文、口号等。作为目前主流的宣传手段之一，文案被广泛应用于企业宣传、新闻策划等领域。

电子商务文案是服务于电子商务领域的商业文案，不管是主题表达，还是具体的商品信息传播，都是为了促进电子商务交易。电子商务文案与商品和品牌的联系十分密切，它可以提升信息传递的效果，促进商品的销售，树立和宣传品牌形象。

1.1.2　电子商务文案的类型

电子商务文案种类繁多，不同的文案适用于不同的情境，所达到的效果也大不相同。根据内容和用途的不同，电子商务文案可以分为以下几类。

1. 展示类电子商务文案

展示类电子商务文案或用于详细描述商品信息，或用于传递商品的某种关键信息，以促进商品销售。商品促销活动文案、商品详情页文案、海报文案和商品评价回复文案等，都属于展示类电子商务文案的范畴。

（1）商品促销活动文案。商品促销活动文案为商家的商品促销活动服务，以刺激用户产生购买商品的欲望，常以口号的形式号召用户积极参与活动。因此，商品促销活动文案的用语相对简洁，内容较简短，以商品卖点、优惠价格、促销力度等为主。

示例　｜　简单直接地告知活动力度

（2）商品详情页文案。商品详情页文案是用户在电子商务平台中购买商品时的重要参考，文案内容通常涵盖商品的方方面面，全方位地展示商品信息。

示例　｜　包含商品多方面的信息，有助于用户详细了解商品

（3）海报文案。海报文案具有艺术表现形式丰富和视觉效果强烈等特点，常以震撼的视觉效果图配上简洁、生动的文字来展示商品和品牌的亮点。

以富有冲击力的图片和简洁的文字体现商品卖点，图片与卖点巧妙呼应

（4）商品评价回复文案。商品评价回复文案是商家在评论区对用户评论内容的回复，内容包括对用户评价的感谢、对负面评价做出解释，以及引导购买等。

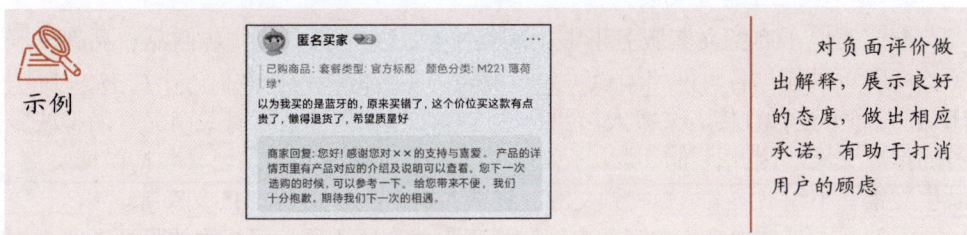

对负面评价做出解释，展示良好的态度，做出相应承诺，有助于打消用户的顾虑

2. 品牌类电子商务文案

品牌类电子商务文案为品牌服务，是以树立良好的品牌形象、提升品牌美誉度等为目的的文案类型。品牌是品牌类电子商务文案宣传的主要内容，如果品牌类电子商务文案不够出众，就会使用户忽略品牌，无法达成宣传目的。一篇优秀的品牌类电子商务文案能创造非常大的品牌影响力，有助于品牌形象的树立与传播，进而使用户了解品牌、认可品牌。在塑造品牌形象的过程中，文案人员可以先拟定品牌口号。透过品牌口号，用户能清晰地感受到品牌独一无二的形象。另外，品牌口号也可以通过简单的文字内容结合具体的商品展示品牌的商品形象。

京东：多快好省

格力：好空调 格力造

说明品牌定位结合具体商品的特点

品牌故事是品牌类电子商务文案的重要组成部分，一个好的品牌故事能够体现品牌的核心文化，并达到广泛传播的效果。

3

胡姬花品牌故事——坚守古法百余年，功夫不敢减半分

宫廷榨油工艺传入民间后，世代流传，胡姬花古法花生榨油工艺源承于此。

| 追溯品牌工艺源头 |

旧时的民间油坊手工艺者，尊重土地上长出来的食物，也秉承童叟无欺的诚实信条，不取巧、不投机，用尽功夫，在岁月长河中淬炼出了精妙的传统榨油技艺，让花生油飘香了一个又一个时代。

| 详细介绍传统榨油工艺 |

源自1918年的青岛胡姬花，不仅继承了传统的古法榨油技艺，也秉承了不取巧、不投机，老老实实榨好油的信念。胡姬花以"胖花生，佳产地；秘法炒，留纯香；小榨技，见精细；取初榨，得上品；正宗味，真地道；依古法，妙储藏；严控温，避光存"的理念，坚守古法百余年，功夫不敢减半分，榨出来的每一滴胡姬花古法花生油都凝聚着品牌的匠心。

| 展现品牌工艺与传统工艺的传承关系，体现品牌匠心 |

【点评】该文案是花生油品牌胡姬花的品牌故事，其讲述了品牌榨油工艺的由来，体现了品牌的历史感，以及品牌的理念、精神，有助于树立良好的品牌形象。

3. 推广类电子商务文案

推广类电子商务文案服务于整个网络平台，为了推广并宣传商品、品牌或服务，商家可以通过各种网络渠道（如目前较为主流的微博、微信、小红书、社群、H5页面等）进行宣传。文案人员要利用这些渠道写作并发布有关商品、品牌或服务的推广文案。因此，推广类电子商务文案涉及的范围非常广泛，包括微博文案、微信文案、小红书文案、短视频文案、直播文案、社群文案、H5文案等。

虽然不同平台中文案的写作方法和表现形式有所不同，但相同的是，这些文案都是通过具有吸引力的内容来吸引用户，在无形中将商品的特性、功能或品牌态度展示给用户，让用户产生好感的。有些文案人员还擅长借势热点，如热门事件、节日等，将热点与商品及品牌结合起来，吸引用户关注，并加深品牌在用户心中的印象。

示例

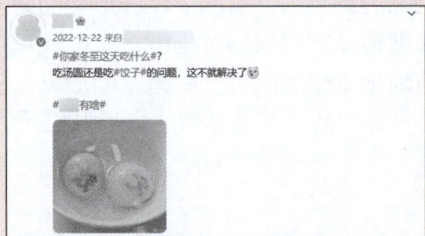

利用"你家冬至这天吃什么"话题的热度吸引用户关注，内容也非常幽默、有趣

4. 软文类电子商务文案

软文是相对于硬性广告而言的一种概念，是一种不直白的广告表达方式。软文

类电子商务文案强调内容与广告的完美结合，让用户在阅读文章的同时，不知不觉地接受广告宣传。这类文案更注重对用户观念和消费行为进行潜移默化的影响。常见的软文类电子商务文案有新闻报道、商品评测、与品牌或商品有关的深度专访、案例分析等。

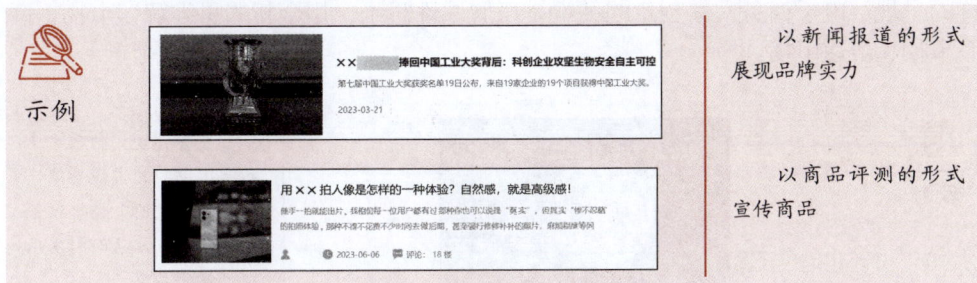

以新闻报道的形式展现品牌实力

以商品评测的形式宣传商品

1.1.3　优秀电子商务文案的特征

优秀的电子商务文案总是令人赏心悦目的，这些电子商务文案或洞悉人心，或短小精致，或独具创意，或图文精美，总是能够给用户留下深刻的印象，在不知不觉间向用户传递商品信息和品牌理念，使用户对商品和品牌产生好感。通常，能够刺激消费、影响力大的优秀电子商务文案具有表达通俗、富有创意、互动性强和语言简洁等特征。

1. 表达通俗

表达通俗是电子商务文案的基本要求。文案人员与其将文案写得"文艺十足"，让用户摸不着头脑，还不如将文案写得简单通俗一些，从而让每个用户都看得明白、看得懂。具体而言，表达通俗可以细化为以下 3 点要求。

（1）语言表达要规范和完整，避免语法错误和成分残缺。

（2）语言描述应准确，避免产生歧义。

（3）符合语言表达习惯，不可自行创造词语，并避免使用生僻、过于专业的词语。

浅显的口语化表述："买 2 瓶送 10 袋""一次带走 12 件"

2. 富有创意

创意是指独特而富有创造性的想法、概念、观点或设计，通常表现为对问题、挑战或情境的创新性思考和独特的解决方案。在广告、设计等行业，创意是企业能够取得成功并保持竞争优势的关键因素。就电子商务文案而言，好的创意不仅令人印象深刻，还能使文案拥有更好的传播效果。

创意的本质就是把别人不能联系起来的事物按照某种逻辑连接起来，进行不一样的呈现。电子商务文案创意的关键是摆脱惯性思维，用全新的思维解读事物、联系事物、表达事物。

示例

创意体现：打破"中秋=圆满"的常规思维，用有关"遗憾"的乐评诠释"圆满"，从而引发用户的情感共鸣

3. 互动性强

优秀的电子商务文案不仅要有说服力，还要能激发用户互动。能引发用户讨论的文案才具有更好的传播效果。

在能激发互动的电子商务文案中，用户不再只扮演围观者这一角色，他们也将成为内容的生产者和供应者。优秀的电子商务文案是时尚潮流的风向标，能够激发用户创作更多创意内容，通过二次传播吸引更多用户关注商品和品牌，提升商品和品牌的知名度。

示例

互动性体现：在文案中提出问题，并给予4个选项，邀请用户进行选择

4. 语言简洁

在互联网环境下，用户对于一篇文案的关注持续时间非常短暂。因此，对于电子商务文案而言，通过有限的篇幅尽快吸引用户注意力的关键是保证简明扼要、精练概括地传递广告信息。为了实现广告信息传播的有效性，方便用户阅读、理解和记忆，电子商务文案应言简意赅。

1.1.4 电子商务文案的传播渠道

随着移动互联网时代的到来，手机已经成为用户生活中必不可少的一部分，各大 App 也日益成为用户接收和传播信息的主要渠道。为了扩大电子商务文案的传播范围，商家通常会利用多种渠道。

1. 电子商务平台

电子商务平台是电子商务文案传播的主要渠道，商家大多会通过有吸引力的文案来吸引用户，包括商品详情页文案、商品主图文案、商品海报文案等。目前，主流的电子商务平台有淘宝、京东、拼多多、唯品会等。

2. 微信

微信是一款社交工具，也是具有社交功能、信息分享功能和信息接收功能的新媒体平台。微信目前拥有海量的活跃用户，商家可以通过微信朋友圈发布文案，也可以通过微信公众号来宣传推广商品和品牌。

3. 微博

微博是一个通过关注机制分享简短实时信息的社交网络平台，能够以文字、图片、话题、视频等媒体形式，实现信息的即时分享和传播互动。很多商家都会通过官方微博账号来发布时效性较强的文案，以更新自身动态、与用户互动等。

4. 短视频平台

随着短视频的火热，一批新兴短视频平台涌现，如抖音、快手、微信视频号、西瓜视频等。很多商家会制作短视频来传递营销信息，而短视频文案是电子商务文案的重要组成部分。

5. 直播平台

观看直播也是用户主流的娱乐方式，目前主流的直播平台有点淘、斗鱼、虎牙等。直播是商家广泛采用的营销方式，直播文案有助于提升直播营销的效果。

6. 小红书

小红书是一个以社区分享为主要功能的社交电商平台，用户可以在该平台上分享生活。小红书目前拥有大量女性用户，很多美妆、护肤、服装、旅游、宠物、美食等品类的商家都在小红书上发布文案。

7. 社群

社群以社交文化为基础，基于移动网络和社交工具，拥有特定的表现形式。常见的社群有微信群、微博粉丝群、抖音粉丝群、小红书粉丝群等。商家可以建立自己的社群，在社群中发布文案来维护用户关系。

8. H5 页面

H5 的全称是 HTML5（Hyper Text Markup Language 5），是一种用于构建网页的标准语言。H5 在以前版本的基础上增强了对移动端的支持，H5 页面集视频、音频、图片、文字于一体，能呈现复杂的交互动画。H5 文案以 H5 页面为载体，可以增强 H5 页面的感染力。

1.1.5 电子商务文案的发展趋势

目前，电子商务文案有以下发展趋势。

1. 定位精准

随着大数据等技术的成熟，各大平台都开始在分析用户行为数据的基础上，根据用户的个人喜好来为用户推荐其感兴趣的内容，实现了个性化推荐。在这样的大背景下，越来越多的文案人员不再通过"广撒网式"的文案来吸引用户，而是精准定位目标人群，根据目标人群的需求和内容偏好来写作文案，还会植入目标人群关注的关键词，因而电子商务文案呈现出定位日益精准的发展趋势。

2. 多媒体化

随着移动互联网和相关技术的普及，电子商务文案越来越趋向于多媒体化。除了传统的文字和图片，越来越多的平台开始采用音频、视频和直播等多种内容呈现方式。多媒体化的电子商务文案具有更强的表现力和趣味性，对信息的展示更加直观，带来的视觉冲击力也更强。

3. 人工智能辅助写作

随着人工智能技术的不断发展，其在电子商务文案写作中也得到了广泛的应用。基于大数据和自然语言处理技术，人工智能可以辅助文案写作，从而提升文案的质量和效果。目前，人工智能辅助文案写作的代表工具是 ChatGPT。

ChatGPT 是一款基于人工智能技术的自然语言处理工具。在电子商务文案写作中，文案人员只需要提供商品或品牌的相关信息，如商品卖点、品牌理念等（最好加上对文案的细节要求），ChatGPT 就可以根据这些信息自动生成文案。此外，ChatGPT 可以分析写好的文案，包括文案的语法、用词、情感等，进而提供针对文案的优化建议和指导，帮助文案人员提升文案的质量和效果。

示例

商品名称：除湿桶
商品卖点：350克大容量；桶内干燥剂用完可换补充包，桶身可重复利用；散发薰衣草香味。

请根据上面的内容，结合消费场景，写一篇小红书推广文案，可适当加入表情符号。要求层次分明，卖点清晰，语言精练、有趣、简洁、口语化。

小红书推广文案：

🌿🌿 超级好用的除湿桶来啦！🌿🌿

💧 家里易潮？来一个除湿桶解决！大容量350克，轻松除湿，还省心省力！

💧 桶内干燥剂用完了？别担心，我们还有补充包哦，它让你的除湿桶继续发挥作用！而且桶身可重复利用，环保又实惠！

💧 这个除湿桶不仅好用，香味还超级好闻！散发薰衣草香味，让你的家更加清新怡人！

别等了，赶紧来购买吧！让你的家常保持干燥舒适，让生活更美好！🌿🌿

文案人员提供：商品信息及具体写作要求（要求越具体、准确，越能提升文案质量）

ChatGPT 生成：一篇完整的小红书推广文案，虽不够完善，但已基本成形

1.2　认识电子商务文案岗位

　　文案人员的工作能力与职业素养决定了文案优秀与否。一名优秀的文案人员不仅可以写出有吸引力的文案、引发用户的共鸣，还能够配合企业其他部门宣传商品或服务。

认识电子商务
文案岗位

1.2.1　电子商务文案岗位的工作职责

　　电子商务文案岗位的工作内容主要包括为企业的商品等撰写文案，还包括为与电子商务的宣传、推广、营销相关的活动撰写文案。电子商务文案岗位的工作职责主要包括以下几项。

　　（1）根据企业或品牌的定位及商品风格，对商品进行创意思考及文案策划。

　　（2）分析市场上的同类竞争品牌，撰写品牌文案，提升品牌形象。

　　（3）挖掘商品卖点，跟进热点，撰写能突出商品特点、展现商品价值、使用户产生强烈购买欲望的商品描述。

　　（4）写作商品详情页文案、海报文案、促销文案、品牌文案等各类文案。

　　（5）写作新媒体平台（如微信、微博、抖音、快手、小红书等）的推广文案。

1.2.2　电子商务文案岗位的能力要求

　　一名合格的文案人员需要具备能够胜任该岗位的基本能力，具体的能力要求主要包括以下几项。

　　（1）写作能力。文案人员应具备一定的写作能力，具体包括：对语法、逻辑等基本知识的掌握；对文案语言风格的把控；在写作文案具体内容时具有灵活性，即根据不同的文案类型进行不同的描述；掌握文案写作的技巧，如善用图片、音频、视频、超链接等元素。

　　（2）软件操作能力。文案人员除了应具备写作能力，还应具备基本的软件操作能力，因为一些企业会让文案人员同时承担文案的写作与排版设计工作，所以文案人员最好要掌握美图秀秀、Office 等软件的操作。

　　（3）审美能力。文案人员只有具备欣赏美的能力，才能写出让用户觉得美的文案。对美的把握可从这些方面入手：文字排版（如版式的整体风格、文字大小、文字颜色、字间距、行间距等）、图文搭配、版面设计等。

（4）分析能力。文案人员需要具备一定的分析能力，包括对市场和商品的分析、对目标群体及其需求和消费心理的分析等。通过分析，文案人员能快速对文案做比较有条理的结构输出，使文案层次清晰、有理有据、具有针对性。杰出的分析能力能帮助文案人员抓住商品的核心卖点，写出转化率高的文案。

（5）学习能力。文案写作是一个不断积累与学习的过程。学习能力强的人能更快地吸收新知识，对新知识融会贯通，将学到的知识转化为自己所需的能力，并在此基础上推陈出新，创造出优秀的作品。

（6）创新能力。在市场中，新颖、有创意的内容可以使文案不落俗套，更容易引起用户的注意，让用户"叫好"。同时，创新能力强的文案人员可以更好地适应时代的发展变化，让创作出的文案始终保持竞争优势。因此，文案人员还要注意创新能力的培养。

☞ 素养提升

　　党的二十大报告指出，要深入实施人才强国战略，要尊重劳动、尊重知识、尊重人才、尊重创造，实施更加积极、更加开放、更加有效的人才政策。由此看出，我国非常注重培养高素质人才，读者要努力培养各方面的能力，争取成为优秀人才，为社会做贡献。

1.3　电子商务文案的传播与商业价值

在互联网时代，电子商务文案的传播力具有十分重要的地位。电子商务文案若拥有强大的传播力，则企业可以在投入较少的营销成本的情况下取得较好的推广效果。而电子商务文案的推广效果不仅关系到品牌的知名度，还直接影响着商品或服务的销售情况。由此可见，电子商务文案具有很大的商业价值。

电子商务文案的
传播与商业价值

1.3.1　电子商务文案的传播

在互联网快速发展的今天，利用移动网络进行交流已经成为人们主流的交流方式，信息的传播媒介已经从过去的电视、平面媒体变成基于互联网和移动互联网技术的社会化媒体，信息传播过程也随之发生改变。总的来说，影响电子商务文案传播过程的因素有以下4种。

1. 内容的传播性
内容的传播性指的是内容在传播过程中引起广泛传播的能力。具有较强传播性的内容能够被迅速传播并引起大量关注。内容的传播性受到多种因素的影响，如内容本身的价值、情感共鸣、时效性、趣味性等。

其中，内容本身的价值可以理解成其为用户带来的好处，具体包括两类：一是解决实际的痛点（用户在日常生活中碰到的困难、痛苦或问题）；二是为用户抚平痒点（用户不一定需要，但却特别感兴趣、渴望拥有的）。

2. 文案传播的动机

一般而言，文案传播的动机可以分为两类：货币动机与社交货币动机。文案要想获得广泛的传播，可以刺激用户产生货币动机或社交货币动机。

货币动机是指受到经济利益或金钱因素影响的心理需要或动机，常见的"分享得红包""帮我砍价""为好友助力使红包翻倍"等都是通过刺激用户产生货币动机来促进传播的。

社交货币动机是指用户希望通过分享优质内容获得大量社交货币（个体在社会互动中获得、产生和实现的一种资源，如声誉、信任、情感等）的动机，如分享古典文学方面的知识可以彰显文化素养、发布精致自拍可以展示良好形象等。成功刺激用户产生社交货币动机是许多文案得以广泛传播的原因之一。

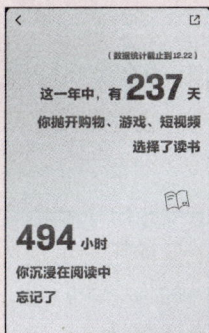

左图社交货币动机：展现自己在音乐领域涉猎广泛的形象

右图社交货币动机：展现自己爱读书的形象

3. 文案传播的渠道

电子商务文案的传播有许多渠道。在比较不同渠道的传播效率时，文案人员除了考虑投放产出比等数据，还应该考虑"关键人"这个因素。关键人指的是某些具有强大的传播能量的人，如网络达人和关键意见领袖（Key Opinion Leader，KOL）。关键人拥有很多忠诚度较高的粉丝，并且频频活跃在各大社交平台上。众多商家纷纷看中关键人的影响力，选择在关键人的微博、直播、短视频等内容中进行广告植入。

4. 接收方的反应

接收方是传播链条的末端，他们的反应在很大程度上决定了传播的效果。若文案能"唤醒"接收方，就说明接收方的反应达到了预期。典型的高唤醒情绪包括愉悦、兴奋、敬畏、生气、担忧等。

1.3.2　电子商务文案的商业价值

电子商务文案不仅可以展现品牌文化和商品，还能激发用户产生购买欲望。总的来说，电子商务文案的商业价值主要体现在以下 3 个方面。

1. 打造品牌

品牌如今已经成为企业发展必不可少的一部分，并且用户也更容易受到品牌的影响进而选择购买其商品。电子商务文案可以将品牌理念以形象生动的文字表达出来，让用户了解品牌的形成过程、品牌所倡导的文化精神、品牌所代表的意义等。长此以往，企业就可以逐渐累积起品牌美誉度，让用户对品牌在质量可信度、社会公信力、市场竞争力、服务诚意、致力公益和回报社会等方面产生良好的印象。

2. 获取忠诚度高的用户

很多电子商务文案是带有销售性质的文案，它的主要目的是让用户信任文案中描述的商品并产生购买欲望。因此，电子商务文案写作也可以看作一种销售行为。销售基于信任，而文案恰恰能够建立起商家与用户之间的信任，如详细的商品信息描述、第三方评价、权威机构认证等都是很好的建立信任的方式，这些方式能直接为商家带来较多忠诚度高的用户，这也是文案商业价值的体现。

3. 降低推广成本

商家可以通过各种免费渠道发布电子商务文案，通过输出优质的内容吸引用户关注，或者通过引起用户共鸣来促使用户主动传播文案。在这个过程中，商家还能及时获得用户的意见与回复，增加与用户的互动，甚至引发讨论或形成话题。如果商家和用户互动的范围和讨论的话题具有一定的热度，则还能促进宣传与营销，起到事半功倍的效果。由此可见，电子商务文案的整合与互动可以降低推广成本。

1.4　案例分析——奥利奥趣味文案引发传播

2023 年儿童节前后，奥利奥发布了一篇主题为"童心会长大，但不会消失"的文案，引发了广泛的传播。

【案例展示】

旁白：小时候许下的心愿，它实现了吗？

小孩甲：我要做超级英雄，拯救地球。

小孩乙：我想要开一家小卖部。

小孩丙：我想要和外星人做朋友。

小孩丁：一定要变成篮球大神。

大人甲：变成篮球大神，也是来自北京的大人七岁时的心愿。（画面中大人精准投掷纸团）

大人乙：成为超级英雄，也是来自郑州的大人十岁时的心愿。（画面中大人成为医生，照料生病小孩）

大人丙：找到外星人，也是来自成都的大人八岁时的心愿。（画面中大人救助流浪小猫，猫即"喵星人"）

大人丁：开一家小卖部，也是来自宁波的大人六岁时的心愿。（画面中大人与朋友分享零食）

旁白：童心会长大，但不会消失。奥利奥陪伴了一代代孩子成长，见证了他们始终拥有童心、怀有勇气、实践好奇。那些童真心愿最终以不同的样子实现，也挺好。童心只是长大了，不会消失。这个儿童节，一起吃块小饼干，做回小孩子。

【案例赏析】

该文案独具创意，令人眼前一亮。下面结合本章内容从以下两个方面对该文案进行赏析。

1. 文案特征

该文案体现了电子商务文案的几大特征：语言通俗、简练，视角独特，用简单的几句话就将长大成人解释为童心长大、心愿以不同形式实现，寓意发人深省。此外，该文案的互动性较强，在结尾以"做回小孩子"的名义号召用户"一起吃块小饼干"，为商品和品牌做了宣传。

2. 传播性

该文案抓住了目标用户（年轻人）的怀旧情怀，从几个小孩的童真心愿切入，表明了其实大人也怀有童心，很容易引起用户的共鸣。此外，该文案有些无厘头地将大人的行为与童真心愿关联起来，如救助流浪小猫就等于变相找到外星人，趣味性十足，很容易促使用户主动转发传播。

【案例思考】

根据上述材料思考并回答以下问题。

（1）该文案对于奥利奥有什么商业价值？

（2）该文案能引起接收方（年轻人）什么样的反应？

1.5 课堂实训——调研电子商务文案岗位

小孙是一名电子商务专业的学生，未来打算从事电子商务文案工作。目前他想要利用招聘网站调研当前的电子商务文案岗位，以更好地制定学习方案。

【实训目标】

（1）调研电子商务文案相关的岗位。

（2）调研电子商务文案岗位的工作内容和相关要求。

【实训思路】

（1）在招聘网站上搜索文案岗位。打开前程无忧首页，在搜索框中输入"文案""电商文案"等，单击"搜索"按钮，搜索结果页面中将出现目前正在招聘的相关岗位。选择任意一个文案岗位，查看岗位职责和岗位要求等，如图1-1所示。

岗位职责：
1. 对电商商品熟悉，能够科学地深挖商品卖点，提炼精华，通过商品详情页、KOL软文、短视频等进行商品的推广；
2. 独立完成商品定位分析、活动策划、页面框架规划、执行跟进、效果追踪，并在执行过程中提出调整和更新方案；
3. 了解内容营销，结合活动制定有效的内容营销方案；
4. 协助完成店铺推广的相关营销活动，并提供文案支持。
岗位要求：
1. 本科及以上学历，新闻、广告、营销等相关专业毕业；
2. 1年以上电商文案策划工作经验，如天猫、小红书、网易考拉、京东等平台工作经验；
3. 具备独立写作店铺文案的能力，能撰写相关软文、策划方案、文案等；
4. 有较强的理解能力，善于沟通，富有团队合作精神。

图1-1　文案岗位的具体描述

（2）浏览多个文案岗位的具体描述，可以看出文案岗位大多都涉及电子商务平台，如常见的淘宝、天猫等，因此文案人员需要掌握针对多种平台的文案写作方法。同时，岗位描述中还对任职要求和能力做了说明，如要求具备文字功底、相关专业背景，具备理解能力、沟通协调能力、创新能力、互联网思维、学习能力，以及责任心和敬业精神等。

课后习题

1. 选择题

（1）【单选】下列选项中，不属于电子商务文案的是（　　　）。

  A. 展示类电子商务文案　　　　　　　　B. 菜市场店铺招牌文字

  C. 推广类电子商务文案　　　　　　　　D. 软文类电子商务文案

（2）【单选】以下不属于展示类电子商务文案的是（　　　）。

  A. 商品详情页文案　　　　　　　　　　B. 海报文案

  C. 商品促销活动文案　　　　　　　　　D. 营销软文

（3）【多选】以下属于合格的文案人员必备能力的有（　　　）。

  A. 写作能力　　　B. 创新能力　　　C. 学习能力　　　　　D. 忍耐力

2. 填空题

（1）电子商务文案的特征包括_____、_____、_____、
_____。

（2）电子商务文案的商业价值包括_____、_____、_____。

（3）影响电子商务文案传播过程的因素包括_____、_____、
_____、_____。

3. 判断题

（1）文案传播的动机可以分为两类：货币动机与社交货币动机。 （　　）

（2）人工智能辅助写作是电子商务文案的发展趋势。 （　　）

（3）电子商务文案的一大特征是互动性强。 （　　）

4. 简答题

（1）电子商务文案可以分为哪几类？

（2）电子商务文案岗位的工作职责主要有哪些？

（3）电子商务文案岗位的能力要求主要有哪些？

5. 实践题

分析图 1-2 所示的文案并回答以下问题。

图 1-2　文案

（1）该文案属于哪种类型的文案，体现了哪些特征？

（2）该文案内容是否具有价值？若有价值，是如何体现的？

第2章 电子商务文案写作准备

【课前预习】

预习课程	电子商务文案写作准备
预习方式	1. 浏览本章内容，熟悉本章的知识结构。 2. 阅读下面的案例并回答问题。 味全每日C近两年降低了目标用户群体的年龄层，将目标用户定位为20～30岁的年轻公司职员。味全每日C经过深入调查，发现这部分用户群体思维活跃，喜欢轻松、可爱、新鲜的事物。因此，味全每日C推出了系列瓶身文案，如熊本熊系列的"当萌不让""夸我"，哆啦A梦系列的"睡到自然醒""稳住，能赢"，emoji（一种表情包）系列的"闪亮的你，要喝果汁""个性的你，要喝果汁""阳光的你，要喝果汁"等。轻松、幽默、可爱的文案风格让用户感到非常亲切、有趣，获得了很不错的反响。 问题：（1）写作文案前分析目标用户群体有什么意义？ 　　　（2）除了分析目标用户群体，文案写作还需要开展哪些准备工作？
预习目标	1. 能够通过阅读本章内容，熟悉本章所讲述的知识。 2. 能够通过课前预习，回答案例后提出的问题。
预习时间	30分钟
疑难点总结	

2.1 分析市场

在互联网中，用户大多通过图文信息获得对商品和品牌的认知。要想吸引并说服用户认可品牌并购买品牌商品，企业就要为用户提供有价值的图文内容。电子商务文案作为图文信息的重要载体，承担着推广商品和品牌的重任。

分析市场

2.1.1 市场调研

电子商务文案是为市场营销活动服务的，因此在写作电子商务文案前还需要开展市场调研。市场调研是指有目的、系统地收集市场信息，分析市场情况，从而为营销决策提供客观、正确资料的调查研究活动。通过市场调研，文案人员可以判断企业的营销决策、促销手段等是否切实可行，并及时了解用户需求，使文案更贴近用户。

1. 市场调研的对象

为电子商务文案写作而进行的市场调研以所售商品的市场营销活动为主体，调研对象以用户、商品、竞争对手、销售情况为主。

（1）用户。了解用户购买商品的数量、动机、渠道、方式等。

（2）商品。了解商品的性能、质量、定价、包装等。

（3）竞争对手。了解竞争对手商品的价格、质量、性能、市场占有率，广告宣传方式，提供的服务内容，企业的生产能力、经营规模、满足市场需求的能力等。

（4）销售情况。了解销售环境（如商品市场饱和度等）、销售渠道、广告宣传、促销活动等。

2. 获取调研资料的途径

文案人员可以从以下途径获取调研资料。

（1）内部管理系统。文案人员可以在企业内部管理系统的数据库中查询和采集与用户相关的数据信息，如利用商品采购和管理系统、用户服务管理系统、仓储管理系统、财务管理系统等。

（2）专业数据机构。许多专业数据机构会不定期地发布研究报告，如艾媒咨询等。这些报告具有较强的专业性、权威性，利用价值很高。

（3）社会调研。文案人员可以通过开展社会调研（如问卷调查等）来采集相关的市场信息，如制作用户满意度问卷调查表，将该表发放给用户，并做好问卷回收工作，这样就能得到较为准确的用户满意度数据。

（4）数据工具。当前一些网络平台会提供专门的数据工具供用户收集数据，如淘宝的生意参谋、百度的百度指数、字节跳动的巨量算数（收集抖音、今日头条等字节跳动旗下平台的数据）等。同时，企业也可以用一些数据采集工具（如八爪鱼采集器等）将网页中需要的数据抓取出来。

✍ 素养提升

《中华人民共和国民法典》第一千零三十二条规定："自然人享有隐私权。任何组织或者个人不得以刺探、侵扰、泄露、公开等方式侵害他人的隐私权。隐私是自然人的私人生活安宁和不愿为他人知晓的私密空间、私密活动、私密信息。"企业在调研和分析用户数据时，均需要获得用户的同意，切记要合法合理收集、保管和使用数据，以维护安全的数据环境。

2.1.2 分析市场环境

完成市场调研后，文案人员还需要开展市场分析，通过对企业或品牌所处的市场环境进行全面、系统的研究，并根据分析结果制定合适的营销策略，明确企业或品牌在市场中的实力。市场分析的方法较多，常用的是 SWOT 分析法。

SWOT 分析法是一种基于内外部竞争环境和竞争条件的态势分析方法，它依照矩阵式排列的方式，全面、系统地分析所评估对象，得到准确率较高的结果，进而根据结果制定及调整运营战略。SWOT 由 4 个英文单词的首字母组成，分别为 Strengths（优势）、Weaknesses（劣势）、Opportunities（机会）、Threats（威胁）。

SWOT 分析法是通过对各项内容、资源的有机结合与概括来分析企业或品牌优劣势、面临的机会和威胁的一种分析方法，如表 2-1 所示。

表 2-1　SWOT 分析法

外部环境	内部环境	
	内部优势（S）	内部劣势（W）
外部机会（O）	SO战略 依靠内部优势，利用外部机会	WO战略 利用外部机会，改善内部劣势
外部威胁（T）	ST战略 依靠内部优势，回避外部威胁	WT战略 克服内部劣势，回避外部威胁

（1）S（优势）：主要是分析企业或商品在成本、营销手段、品牌力等方面有什么长处，以及企业或商品本身有什么竞争点可以胜过竞争对手。

（2）W（劣势）：主要是分析企业或商品本身有哪些弱势，竞争对手是否避免了这点，竞争对手做得好的原因，还要分析用户反馈的不足之处，总结失败的原因。

（3）O（机会）：主要分析实现企业内部所规划目标的机会点，短期目标如何实现，中期目标如何实现，长期目标要依靠什么实现；分析企业外部有什么发展机会，包括用户观点的改变、商品的更新换代、新的营销手段出现、销售渠道拓宽等是否为文案的创意写作提供了机会点。

（4）T（威胁）：主要分析有哪些因素会不利于企业的发展或商品的营销，这些因素包括最新的行业发展、国家政策、经济形势，以及来自竞争对手的威胁，然后分析是否有这些因素出现并寻求规避方法。

下面以一家咖啡连锁店 SWOT 分析为例来对 SWOT 分析法予以说明，如表 2-2 所示。

表 2-2　咖啡连锁店 SWOT 分析

	内部环境	
	内部优势（S）	内部劣势（W）
外部环境	良好的地理位置和合理的店面装修 良好的口碑和忠诚的用户群体 独特的咖啡品种和烘焙工艺 专业的咖啡师和服务团队	咖啡的价格相对较高 非咖啡类饮品的种类不丰富 营销渠道单一，缺乏多样化的宣传方式
外部机会（O）	SO	WO
咖啡市场不断增长和用户对高品质咖啡的需求不断增加 社交媒体为品牌的传播和推广提供了新的渠道	利用咖啡店良好的口碑和忠诚的用户群体，进一步推广新品种的咖啡，提高销售额和用户满意度	开发更多种类的饮品，如茶饮等非咖啡类饮品 推出一些优惠活动，或者与其他品牌进行合作，吸引更多用户
外部威胁（T）	ST	WT
咖啡市场激烈竞争，以及咖啡店数量不断增加 咖啡豆价格的波动和成本的不断上涨	不断创新和优化，提供更高品质的咖啡，满足用户日益提高的需求	优化经营管理，降低成本，增强咖啡店的盈利能力和竞争力

2.2 认识商品

文案人员只有在熟悉商品的基础上写作文案，才能使写出来的文案符合商品的特点，体现商品与众不同的卖点，进而吸引有需求的用户。一般来说，文案人员需要了解商品的分类、属性、文化内涵等内容。

认识商品

2.2.1 商品的分类

电子商务市场中越来越丰富的商品种类和品牌使用户有了更加广阔的选择空间，为了找到更加符合商品的目标用户群体，商家需要明确自身商品在市场中的定位，做好商品分类。目前，电子商务平台中的商品分类多借助"类目"进行。类目是商品所属的分类，通常分为一级类目、二级类目和三级类目。

（1）一级类目。一级类目是类目的最高层次，指的是一个行业的总体分类，通常是一些大的品类，如服装、食品、家具等。

（2）二级类目。二级类目是在一级类目的基础上进一步细分的类别，通常是一些具体的子类别，如在服装类别下可能会有男装、女装、童装等子类别。二级类目可以进一步明确商品的类型。

（3）三级类目。三级类目是在二级类目的基础上进一步细分的类别，通常是更加具体的商品分类，如在童装类别下可能会有连衣裙、裤子、外套等子类别。

示例

一级类目：左侧"商品分类"列，包括女装/男装/内衣、女鞋/男鞋/箱包、护肤彩妆/个护、运动户外、家电数码……

二级类目：中间黑体字一列，如运动户外类别中的运动鞋、运动服、运动配件、儿童鞋服、瑜伽健身、游泳装备……

三级类目：右侧细分类别，如运动鞋中的徒步/登山鞋、跑步鞋、综训鞋……

2.2.2 商品的属性

商品的属性是指商品本身所固有的性质，是商品所具有的特定属性。例如，服装商品的属性包括服装风格、款式、面料、品牌等，这些属性可以看作商品性质的集合，可用于区分不同的商品。文案人员在写作文案前要熟悉商品的属性，找出自身商品与其他商品的差异性，突出自身商品的特点，这样才能吸引更多用户浏览内容，增加成交机会。

按照电子商务平台的标准商品单元（Standard Product Unit，SPU），商品属性可以分为关键属性、销售属性和其他属性。

（1）关键属性。关键属性是指能够唯一确认商品的属性。该属性可以是单一的属性，也可以是多个关键属性的组合。商品类目不同，用于确定商品的关键属性就不同，要注意区分和识别。例如，手机商品可采用"品牌（小米）＋型号（12S）"的属性作为关键属性；服装商品可采用"品牌（法曼丽）＋货号（10476）"的属性作为关键属性。

（2）销售属性。销售属性是指组成库存量单位（Stock Keeping Unit，SKU）的特殊属性，主要包括颜色、尺码等影响用户购买和商家库存管理的属性，如图 2-1 所示。

图 2-1　销售属性

（3）其他属性。其他属性是指除关键属性和销售属性以外的属性，如材质、面料、包装、价格等属性，是商品普遍具有的属性。

2.2.3　商品的文化内涵

商品的文化内涵是指商品所体现的文化元素，如品牌、文化符号、历史、传统等。当前，商品的文化内涵在用户的购买决策中发挥着越来越重要的作用。商品的文化内涵具有增加商品的附加值、塑造品牌形象、满足用户的文化需求等方面的作用。具体来说，商品的文化内涵包括以下几个方面。

（1）品牌文化。品牌文化是指商品所代表的品牌文化内涵，包括品牌理念、品牌历史、品牌传统等。例如，格力的品牌文化强调创新、品质和为人类创造更舒适的生活的品牌使命。

（2）文化符号。文化符号是指商品中所包含的具有文化代表性的符号，这些符号能够体现商品的文化背景和文化内涵。例如，月饼在中秋节时就成为一种文化符号，代表着团圆和美好的寓意。

（3）历史文化。历史文化是指商品所包含的历史元素，包括商品的历史、传统生产工艺等。这些历史元素能够为商品增加历史文化内涵，使其更具特色和独特性。例如，陶瓷作为我国的传统工艺品，其历史可以追溯到几千年前，这种历史文化已成为陶瓷的一种独特文化内涵。

（4）地域文化。地域文化是指商品产地的文化内涵，包括地域的民俗、历史、传统等。这些地域文化元素能够为商品赋予特定的地域特色和文化背景，使其更加具有地域特色和文化认同感。例如，四川的蜀锦、安徽的徽墨分别代表了不同地域的独特文化。

2.3　分析目标消费人群

　　电子商务文案需要吸引用户的注意，而这要建立在洞察用户心理和消费习惯的基础上，因此文案人员有必要分析目标消费人群，包括分析购买意向、购买心理及构建用户画像，这样文案人员才能写出真正打动用户的文案，从而促使用户做出购买决策。

分析目标消费人群

2.3.1　分析购买意向

　　购买意向是用户选择某种商品的主观倾向，表示用户愿意购买某种商品的可能性。用户对商品产生积极、支持的态度，就可能产生购买该商品的明确意向。一般来说，影响用户购买意向的因素主要有以下 3 个。

　　（1）环境因素。环境因素指文化环境、社会环境和经济环境等外在的社会化环境因素。环境因素会影响用户的购买意向，如夏天天气炎热，冰镇饮料的销量就会比在其他季节高很多；又如某热播剧引起用户对某个商品的关注，受该热播剧的影响，关注该商品的用户会增多。

　　（2）商品因素。商品因素主要有商品的价格、质量、性能、款式、服务、广告和购买便捷性等因素。通常来说，价格合理、质量好、性能出色、款式美观、服务有保障、广告有吸引力、购买便捷的商品更容易被用户购买，当然有时用户需要在上述因素中做出取舍，如购买质量合格、款式普通但价格更低的商品。

　　（3）用户个人及心理因素。用户由于自身经济能力（如购买能力）、兴趣习惯（如颜色偏好、品牌偏好）等不同，会产生不同的购买意向，并且由于心理、感情和实际的需求各不相同，也会产生不同的购买动机。当前很多商家会通过用户调研、收集后台数据等方式来获取用户的个人信息，包括需求、偏好、行为等。

2.3.2　分析购买心理

　　购买心理是指用户购买商品时的一系列心理活动。文案人员深入研究用户的购买心理，可以更加准确地分析用户的购买行为，撰写更加符合用户需求的文案。

1. 好奇心理

好奇心是一种探究未知、有求知欲的心理状态和行为倾向。不同人的好奇心的强烈程度不同，因此也会引起不同的购买行为。好奇心强烈的用户一般比较喜欢追求新奇，是各种潮流商品的常客。拥有这一心理的用户通常是青年用户，他们相对于商品是否经济实惠更看重商品能否满足自己的好奇心。针对这类用户，文案需要体现悬念感或新奇感。

| 示例 | 神秘盲盒，开盒有惊喜！
自动削皮好物，一键削皮，削完自动停止，给你意想不到的体验！ | 悬念感
新奇感 |

2. 崇美心理

崇美心理是一种用户关注商品欣赏价值或艺术价值的购买心理。有这类心理的用户可能既关注商品是否实惠耐用，也关注商品是否能美化生活，是否具备造型美、装饰美或包装美等。面对这类用户，文案人员需要强调商品的欣赏价值。

| 示例 |  | 迎合用户的崇美心理，强调商品的外观和质感 |

3. 实惠心理

有实惠心理的用户通常追求物美价廉。物美价廉是指商品功能实用且价格低，性价比高。有实惠心理的用户一般看重商品的功能和实用性，对商品外观、样式等不太注重，对价格低廉、经久耐用的商品很感兴趣，且购买力强。如果商品的目标用户是有实惠心理的用户，那么商家可以不断提高商品的性价比，丰富商品的效用和功能，或在适当的时候进行促销，搭配如"满两件打 8 折""第二件半价"等文案。

4. 从众心理

"随大流"就是典型的从众心理。个体受到外界群体行为的影响，而在自己的知觉、判断、认识上表现出符合公众舆论或多数人要求的行为方式，就是一种典型的从众心理现象。针对这类购买心理，一些电子商务文案常会借助数字等来表现某商品的受欢迎程度，如销量大、用户多等。

| 示例 | 一年卖出 3 亿多杯，杯子连起来可绕地球一圈
拼多多，3 亿人都在拼的购物 App | 销量大
用户多 |

5. 恐惧心理

恐惧指对某些事物或特殊情境产生比较强烈的害怕情绪。因为缺乏安全感，所

电子商务文案策划与写作 文案策划+内容传播+智能写作（附微课）

以用户会选择有安全保障的商品或服务；因为害怕变胖，所以用户会购买含糖量低的食品。在文案写作中，文案人员可以先引发用户的恐惧心理，再为其提供解决方案，或者采用更隐晦的叙述来暗示某种后果，让用户思考、琢磨。

6. 名人心理

名人心理指追求名人效应的一种心理现象。名人效应指名人的出现所达成的引人注意、强化事物、扩大影响的效应，或用户模仿名人的某些行为或习惯的心理现象的统称。名人代言、行业权威人士宣传商品等都是常见的利用名人效应的营销手段。在电子商务文案的写作中，文案人员常常通过"××（名人）同款"的文字描述来获得具有名人心理的用户的关注。

2.3.3　构建用户画像

任何商品都有它针对的、固定的消费群体，如书包的消费群体是学生、近视眼镜的消费群体是近视群体等。不同的商品又会涉及细分的消费群体，如香水的消费群体主要是女性，那么哪个年龄段的女性更需要香水？什么职业、状态下的女性是它的主要消费群体？对此，文案人员需要构建用户画像，明确商品的目标用户属于哪一类群体，他们在购买能力、行为上有什么特征，只有这样才能写出有针对性的电子商务文案。

为用户画像是根据用户的基本属性、生活习惯和消费行为等信息而抽象出的一个标签化的模型。用户画像包含以下5个方面的内容。

（1）用户固定特征。其包括性别、年龄、教育水平、职业等。

（2）用户兴趣特征。其主要指用户的兴趣爱好，如喜欢外观精致的物品、流行歌曲，热爱阅读、旅行，对美食、购物感兴趣等。

（3）用户社会特征。其包括生活习惯、婚恋情况、人际交往及家庭环境等。

（4）用户消费特征。其包括收入状况、购买水平，以及商品的购买渠道、购买频次和购买商品类型的偏好等。

（5）用户动态特征。其包括用户当下的需求、周边有哪些商户等信息。

为用户构建画像后便可为其贴上"标签"，然后用"标签"对用户进行分类。

文案人员基于用户画像及用户"标签"就可以确定电子商务文案的风格，撰写出对目标消费群体有吸引力的内容。

文案风格：浪漫文艺

文案内容：抒发对生活的热爱

对应用户画像：生活在一、二线城市的年轻女性，追求有品质、富有情调的生活，喜欢有"颜值"的商品

"即使不需要纪念 也要在平凡的日子里保持浪漫"

2.4 提炼商品卖点

对于电子商务文案而言，商品是关键要素，而展示商品的最好方法就是展示商品卖点，因此文案人员应掌握提炼商品卖点的方法。

提炼商品卖点

2.4.1 提炼商品卖点的切入点

商品的信息很丰富，涉及属性、使用体验、售后服务等方方面面，文案人员要掌握正确的切入点，这样才能提炼出有吸引力的卖点。

1. 价格

价格是影响用户决策的重要因素，在价格上具有优势的商品可以以价格作为卖点，能够吸引价格敏感型用户，如××商品的卖点是"3折清仓价""49元买一赠一"。

2. 服务

服务也是用户购买商品时重点考虑的因素。商品服务涉及售后服务（如7天内无理由退换货）、个性化服务（如根据用户需求定制包装）、配套服务（如购买课程附送一对一答疑）、培训服务（如购买家具提供安装指导服务）、社群服务（如加入相关社群与他人交流）等。

3. 质量

商品质量是决定用户是否选购商品的主要因素之一。商品只有在保证质量的前提下，才能获得用户的认同。商品质量可以从产地、耐用性、工艺、检验标准等方面体现。

××橄榄油：西班牙原装进口	质量体现：产地
××牛仔裤：水洗不变形，变形包退	质量体现：耐用性
××纯净水：纳米级净化	质量体现：工艺
××牛奶：生产全过程质量检测	质量体现：检验标准

4. 稀缺性

所谓"物以稀为贵"，不管是原材料的稀缺性还是商品数量的稀缺性，都会极大地提升商品在用户内心的价值感。

××燕窝：优选壮年健康金丝燕所产轻毛原料	稀缺点：原材料
××手机：采用全新芯片，首批只有2万台	稀缺点：商品数量

5. 便捷性

当前用户对于方便快捷的要求越来越高。如果商品能为用户减少麻烦，就可以以便捷性作为卖点。

××洗发水：一次性满足清洁、去屑、补水、滋养四大需求	便捷体现：一次性满足多种需求，省事
××烧水壶：不用时折叠起来，可以随身携带	便捷体现：收纳、携带便捷

6. 赠品

好的赠品能成为商品的有力卖点，甚至有些用户会因为赠品而下单。以赠品为卖点，要体现赠品的价值感，否则其对用户的吸引力就不强。

××教材：赠送全套课程PPT/教案+配套资源电子版+20个课程案例+50个素材模板	给用户一种赠品十分丰富、物超所值之感

7. 外观

商品的外观是对商品自身最显性的表达，也是用户第一印象的直接来源。如果商品在颜色、造型、包装上有独特之处，可将其作为卖点。

××帽子防晒伞：伞包设计为帽子形态	外观特点：造型
××枸杞：高端烫金礼盒包装	外观特点：包装

2.4.2 使用九宫格思考法提炼商品卖点

九宫格思考法是一种利用九宫格矩阵图发散思维、帮助创意产生的简单练习法，有助于人的思维发散。很多文案人员都使用这种方法来提炼商品卖点。

利用九宫格思考法提炼商品卖点时，首先需要绘制一个正方形，然后将其分割成九宫格，并在中间方格内填上商品名称，最后使用以下两种思路来扩充九宫格其他 8 个方格内的内容。

（1）在其他 8 个方格内填写所能想到的有助于商品销售的优点（卖点），不用刻意思考优点之间的关系，如图 2-2 所示。

（2）以不同的思考角度或方向来扩展九宫格其他 8 个方格内的内容，如围绕商品的功能、商品获得的荣誉、商品的外观等方面的优势来构思电子商务文案的创作要点，如图 2-3 所示。

优点	优点	优点
优点	**商品**	优点
优点	优点	优点

图 2-2　任意填写商品优点

功能	荣誉	数量
价格	**商品**	技术
材料	外观	质量

图 2-3　从不同角度或方向构思创作要点

范例阅读

某品牌取暖器的详细信息和特点为：使用蜂窝快热型电暖气片，整体升温，达到恒温只需 6 秒，不会散发异味；使用过程中没有噪声，比其他同类商品功耗更低，可以遥控调节功率，使用方便；无棱角设计，不易磕碰，有防烫罩和 30 度倾斜断电保护，使用安全；可作为烘衣架使用，烘干衣物耗时短，并具备空气加湿功能。

使用九宫格思考法提炼该商品卖点：

无异味	6秒加热	多功能
无噪声	**某取暖器**	防烫
低功耗	倾斜断电	防磕碰

提炼时忽略次要信息，抓住重点
每条信息只用 2～4 个字进行表述

【点评】该范例使用九宫格思考法提炼取暖器的卖点，从丰富的商品信息中提炼出的都是用户比较关注的内容，如噪声、功耗、安全性等，表述准确且精练。

电子商务文案策划与写作　文案策划+内容传播+智能写作（附微课）

2.4.3 使用FAB法则提炼商品卖点

FAB法则，即属性（Feature）、作用（Advantage）和益处（Benefit）法则，它是一种说服性的销售技巧，在商品卖点的提炼中也十分常用。FAB法则中，F、A、B代表的含义如下。

（1）F代表商品的具体属性、技术规格或功能，是商品的内在性质，如超薄、体积小、防水等。

（2）A代表商品的属性发挥的作用，如便于携带、方便操控等。

（3）B代表商品的属性、作用带给用户的好处、益处。叙述时应该以用户利益为中心，强调用户能够得到的利益，以激发用户的购物欲望，如视听享受、价格低等。

一般来说，从商品的属性来挖掘用户所关注的卖点是常用的方法。每个商品都具有"F"，每一个"F"都可以对应一个"A"和一个"B"。需要注意的是，用户最关注的往往是商品的作用和直接的益处。

范例阅读

某品牌皮鞋的详细信息：经典U字形圆头设计，知名设计师设计作品，款式经典，适用于多种场合；鞋面采用精选牛皮（光泽度高，凸显档次），鞋底采用高耐磨橡胶且有防滑底纹设计，有增高鞋跟设计。

现使用FAB法则提炼该商品卖点。

序号	F	A	B
1	经典U字形圆头设计，知名设计师作品	时尚美观	便于穿搭，呈现个人穿着风格
2	鞋面采用精选牛皮	柔软、耐磨	彰显品质和品位
3	鞋底采用高耐磨橡胶，具有防滑底纹设计	轻便防滑、减轻行走疲惫	带来畅然舒适的行走体验
4	增高鞋跟设计	隐形增高	调整人体比例，美化个人形象

每行的F与A、B相对应，逻辑上有因果关系

每行选择的角度都不同

表述精准

【点评】该范例使用FAB法则提炼皮鞋的卖点，其中F列主要选择的是适合挖掘作用和益处的属性，而A列是根据F列的属性推导出的作用，B列则是站在用户需求和体验的角度总结提炼的益处。

2.5　掌握电子商务文案的写作思维

好的文案离不开文案人员的创造力，而创造力又与思维方式有直接关系。运用不同的写作思维写作文案，可以实现创新，为文案添彩。下面介绍文案人员应该掌握的写作思维。

2.5.1　发散思维与聚合思维

发散思维亦称扩散思维、辐射思维，是指在解决问题的过程中，从已有的信息出发，尽可能向各个方向扩展，不受已知或现存的方式、方法、规则和范畴的约束，并且从这种扩散、辐射和求异式的思考中，求得多种不同的解决办法，衍生出不同的、新的设想、答案或方法的思维方式。进行发散思维需要拥有丰富的想象力，常用的发散思维方式包括用途发散和因果发散。

示例	曲别针→作为临时鱼钩、别在两个拉链之间防裂开，挂日历、挂窗帘、扭成心形做装饰…… 教室里的日光灯不亮了→灯丝坏了、停电了、有人偷偷关灯 / 拉闸……	以物品的作用为发散点，设想它的多种用途 围绕某个事件发生的原因进行发散

聚合思维又称求同思维，是指从已知信息中产生逻辑结论，从现有资料中寻求正确答案的一种有方向、有条理的思维方式。它与发散思维正好相反，是一种异中求同、由外向里的思维方式。例如，科学家在科学实验中，要从已知的各种资料、数据和信息中归纳出科学的结论；侦查人员破案时，要根据各种迹象，从各类嫌疑人中找出作案人和作案事实等。聚合思维体现在文案中，就是在众多的信息里找出关键点，由此提炼商品核心卖点，从而达到一击即中的目的。

示例	某品牌筋膜枪信息：全身通用、8 种专业级按摩、液晶智能显示屏、55mm 大电机、大容量持久续航、进口 AI 智能芯片、低噪静音、3 种流行色、深层冲击酸痛肌肉等。核心卖点："即刻缓解肌肉酸痛""专业级"。	聚合思维的体现：对商品功能的取舍

2.5.2　顺向思维与逆向思维

顺向思维就是常规的、传统的思维方法，是指人们按照传统的从上到下、从小到大、从左到右、从前到后、从低到高等常规的序列方向进行思考的方式。顺向思维应用到文案中能给人因果关系明确、有理有据的感觉。

示例	因为专业，所以卓越 前后 2000 万像素，拍照更清晰	专业→卓越 像素高→拍照清晰

然而顺向思维也有局限性，因为顺向思维会沿袭既有的思维模式和行为方式，所以使用顺向思维写作的文案可能缺少冲击力。此时就可以使用逆向思维，逆向思

维也叫求异思维，是对人们几乎已有定论的或已有某种思考习惯的事物或观点进行反向思考的思维方式。使用逆向思维，文案人员敢于"反其道而思之"，让思维向对立的方向发展，从问题的相反面进行探索，从而找出新创意与新想法。

示例	××牛奶：内蒙古乳业第二品牌	与宣传"领先"的常规思维相反
	××手机：在尝试2018次之后，我们终于把手机砸烂了	与宣传"手机砸不烂"的常规思维相反

2.6　明确电子商务文案的推广策略

电子商务文案的营销效果除了与文案本身的质量、创意有关，还与电子商务文案的推广有紧密关联。因此，文案人员要学会使用正确的策略来推广电子商务文案。

明确电子商务
文案的推广策略

2.6.1　借势推广

借势推广是指利用热点事件、热门话题等因素进行推广的方式。这种推广方式可以让电子商务文案在短时间内获得较高的曝光度和较大的影响力。

1. 借势点

品牌青睐的借势点大致可分为以下两类。

（1）节日、节气和大型事件。节日、节气和大型事件长期受到用户的关注，主要包括元旦、春节、劳动节、国庆节等重要节日，立春、立夏、冬至、大寒等节气，以及奥运会、世界杯、高考、日食等大型事件。

（2）突发性新闻或事件。此类突然出现的新闻或事件往往能瞬间引爆网络讨论，获得广泛关注，包括热播影视剧/综艺、重大社会新闻、网络热梗等。

2. 建立关联的方法

在进行借势推广时，需要在品牌或商品与借势点之间建立关联，其关联性越强、越合理，越容易被用户接受。具体来说，文案人员可以按照以下步骤来操作。

（1）提炼品牌或商品的关键元素，一般可以从品牌服务特征、商品类型和优势、用户画像等维度进行盘点和梳理。

（2）提炼借势点的关键元素，包含关键标志物（跟借势点有关的符号、文化、习俗、历史、人物、地点、时间、食物等）、关键话语（由借势点衍生出来的口号、谚语、诗词、故事、歌曲等）。

（3）把品牌或商品和借势点的关键元素结合在一起，挖掘出一个共有的且具备传播力的连接点。

29

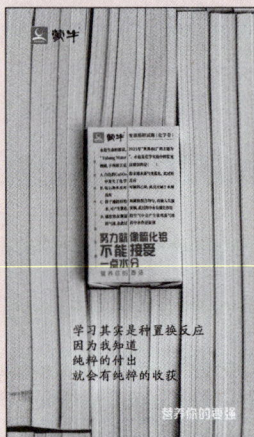 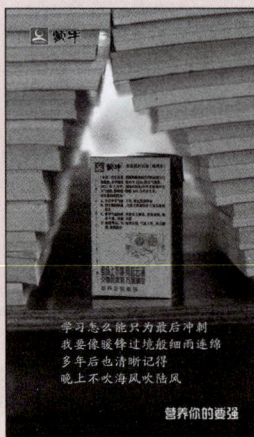

示例

蒙牛借势高考的文案
"营养你的要强"
"高考"的关键元素：
要强
蒙牛的关键元素：
营养
连接点：要强需要
营养

学习其实是种置换反应
因为我知道
纯粹的付出
就会有纯粹的收获

学习怎么能只为最后冲刺
我要像傲锋过境般细雨连绵
多年后也清晰记得
晚上不吹海风吹陆风

营养你的要强

营养你的要强

2.6.2 多平台推广

多平台推广是一种在多个平台上发布电子商务文案的推广方式。这种推广方式可以将文案传播到更广泛的用户群体中，吸引更多的用户关注，以提高文案的曝光度，增大文案的影响力。而且从用户心理来讲，如果商家长期在单一的渠道发布文案，即使不断创新内容，用户也很快就会产生视觉审美疲劳，因此多平台推广文案是很多商家所采用的策略。文案人员在开展多平台推广时要注意以下两个方面。

1. 根据平台特点发布不同文案

不同的平台有不同的特点和用户群体，文案人员可以在不同平台注册账号，发布不同作用的文案。例如，微博是一个媒体平台，在微博可以发布简洁明了的"官宣"消息；小红书生活气息和购物气息浓，在小红书可以发布精致美观的商品图片和实用测评；抖音等短视频平台中的内容娱乐性强，在抖音可以发布植入了广告的搞笑短视频；淘宝网店专注于销售，在淘宝网店可以发布有说服力的、图文并茂的商品详情页文案。

2. 各平台联动

单一平台的推广不能满足品牌推广的需求，因此不同平台上的账号要形成联动，实现相互引流。例如，在微博文案中号召用户关注品牌的微信公众号，或者号召用户前往淘宝网店购买商品；在淘宝网店商品详情页文案中放置微信公众号二维码，邀请用户扫码关注微信公众号等。

2.6.3 合作推广

合作推广是指通过与其他企业或个人合作，借助其他合作方的资源和影响力，将电子商务文案推广给更多的用户。常用的合作推广方式包括品牌联合推广、媒体合作推广和博主合作推广等。

1. 品牌联合推广

品牌联合推广是指两个或多个品牌进行合作推广，常见的形式是合作写作并发布文案。品牌通过与其他品牌合作，可以扩大自身的影响力和用户群体，进而提高销售额和知名度。

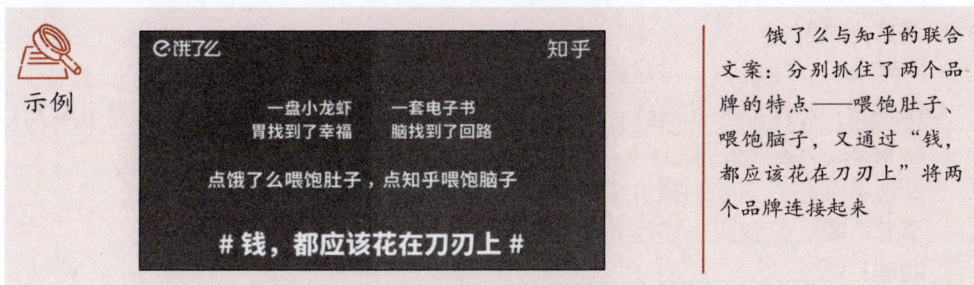

示例

饿了么与知乎的联合文案：分别抓住了两个品牌的特点——喂饱肚子、喂饱脑子，又通过"钱，都应该花在刀刃上"将两个品牌连接起来

2. 媒体合作推广

媒体合作推广是指与媒体合作，借助媒体的影响力和流量，提高电子商务文案的曝光度。合作的媒体包括门户网站，微博、微信、小红书等社交平台。这些媒体多提供广告展位，企业可以付费获取展位（多为首页醒目位置或者穿插于信息流的位置），将文案展示在展位中或者在展位中设置超链接，为文案引流。

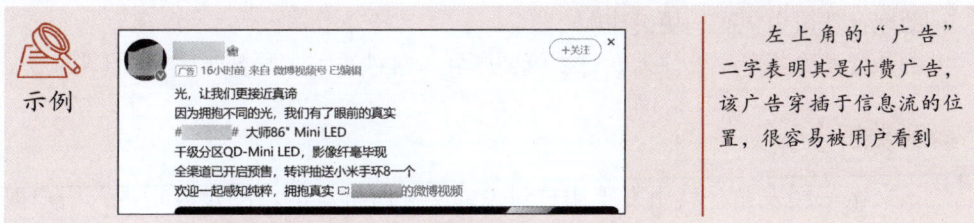

示例

左上角的"广告"二字表明其是付费广告，该广告穿插于信息流的位置，很容易被用户看到

3. 博主合作推广

博主合作推广是指与知名博主合作，邀约博主发布电子商务文案，让博主粉丝看到文案。这些博主具有较多的忠实粉丝，能对粉丝产生较大的影响，因此往往能取得明显的推广效果。不同博主吸引的用户群体不同，品牌推广时要考察博主的粉丝分布情况，选择与自身定位相符的博主，如推广火锅底料可以选择美食博主，推广服装可以选择穿搭博主。

2.7 案例分析——瑞幸创意文案
为新品"开路"

瑞幸为推广新品厚乳拿铁发布了一则视频文案。文案围绕"厚"字大做文章，借助几个场景中发生的有趣对话来展现商品，创意十足。

【案例展示】

场景 1：大会议室

李总：贵司的人很年轻，都是后浪啊。

年轻员工：李总，要不要来杯厚乳拿铁。

李总：啊？

年轻员工：厚乳啊，是拿铁再升级的版本，您也尝尝。

画外音：冷萃厚牛乳注入，拿铁就要厚乳。拿铁进入"厚乳时代"，厚乳拿铁。

场景 2：李总办公室

助理：李总。刘总的报价在后面。

李总：嗯。给我买一杯厚乳拿铁吧。

助理：啊？

李总：年轻人要跟上时代的步伐，厚德载物，厚积薄发，去吧，买一杯。

画外音：冷萃厚牛乳注入，拿铁就要厚乳。拿铁进入"厚乳时代"，厚乳拿铁。

场景 3：助理家

闺蜜：这瑜伽垫有点厚，不舒服。

助理：最近流行的厚乳拿铁，你喝了吗？

闺蜜：啊？

助理：乳蛋白更高，更健康呢。

画外音：冷萃厚牛乳注入，拿铁就要厚乳。拿铁进入"厚乳时代"，厚乳拿铁。

【案例赏析】

该文案一经发布，就引发了用户讨论，文案所推广的商品也成功进入用户视线。具体来说，该文案取得成功的原因主要有以下 3 个方面。

1. 发散思维体现创新

该文案采用了人物两两对话的形式，每当某人提到"厚"或者它的同音字（如"后"）时，另一人就会立马化身瑞幸咖啡的推销员，毫无逻辑地向对方推荐厚乳拿铁。从"厚"的同音字联想到"厚"，这应用了发散思维，使人物的对话跳脱出了正常的逻辑，巧妙地引出对商品本身的介绍，十分富有创意，令人眼前一亮。

2. 契合用户喜好

由于文案采用了发散思维，很容易给用户一种搞怪、无厘头的感觉，具有较强的趣味性，十分契合品牌目标用户—— 一、二线城市年轻人的喜好。

3. 通过重复突出商品属性

文案的每个场景都加入了画外音："冷萃厚牛乳注入，拿铁就要厚乳。拿铁进入'厚乳时代'，厚乳拿铁。"画外音重复出现加深了用户对商品"厚乳"属性的认知，对于突出商品卖点十分有帮助。

根据上述材料思考并回答以下问题。

（1）该文案展现了商品的哪些卖点？

（2）如果让你就"厚乳拿铁"进行思维发散，你会如何入手？

2.8　课堂实训

2.8.1　使用巨量算数获取市场调研信息

某网店有一款大码连衣裙，售价为199元，版型是A字形，颜色有白色和黑色，面料为97.5%的聚酯纤维和2.5%的氨纶，袖口采用蕾丝设计。该网店打算为该连衣裙写作电子商务文案，需要使用巨量算数来获取市场调研信息。

【实训目标】

（1）获取连衣裙的市场需求信息。

（2）获取连衣裙的用户分布信息。

【实训思路】

（1）进入巨量算数首页，单击上方的"算数指数"选项卡，在打开页面中的搜索框中输入"连衣裙"，按【Enter】键。

（2）在打开页面中的"关键词搜索指数"栏中查看"连衣裙"的热度指数变化情况，如图2-4所示。从图2-4中可以看出，连衣裙的搜索指数一直维持在较高的水平，且呈现缓慢上升的趋势，这说明连衣裙有一定的市场需求，且随着气温的上升，其需求会越来越大。

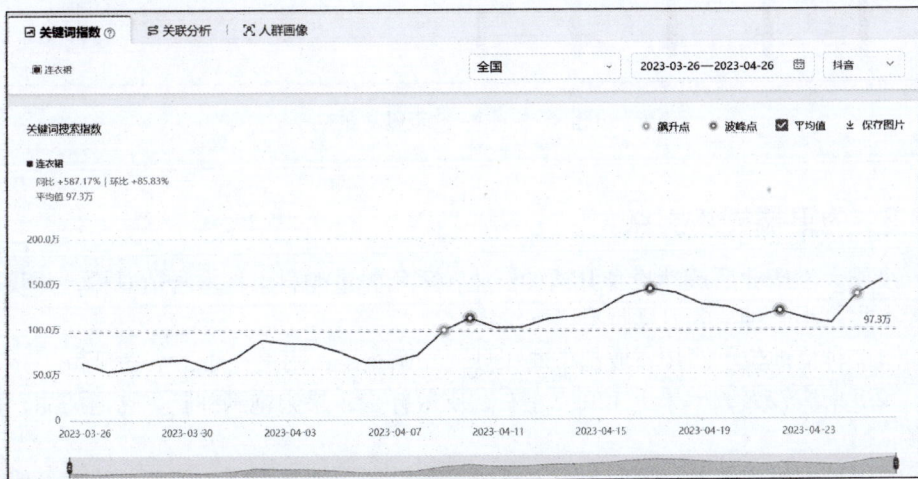

图2-4　关键词搜索指数

（3）单击"关联分析"选项卡，在打开页面中的"内容关联词"栏中查看与"连衣裙"相关的热门关键词。在下方的"相关度排名"栏中查看相关关键词的排名情况，如图2-5所示。从图2-5中可知，连衣裙的关联热词包括气质连衣裙、显瘦连衣裙、大码女装、显瘦穿搭等，这说明气质、显瘦、大码是连衣裙的热门属性，拥有这些属性的商品具有较大的市场需求，网店连衣裙的文案也可以重点突出这几点。

（4）单击页面上方的"人群画像"选项卡，在打开的页面中通过"地域分布"板块了解到用户主要分布在广东、山东、江苏等省份，如图2-6所示；通过"年龄分布"板块可知用户的年龄主要为24～50岁，通过"性别分布"板块可知用户主要为女性，如图2-7所示。后续写作文案时需要考虑这部分用户的喜好。

图2-5　相关度排名

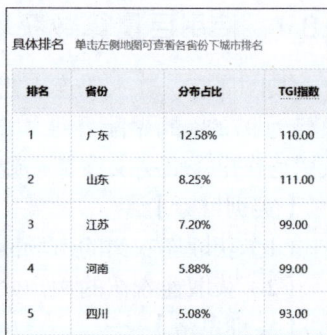

具体排名　单击左侧地图可查看各省份下城市排名

排名	省份	分布占比	TGI指数
1	广东	12.58%	110.00
2	山东	8.25%	111.00
3	江苏	7.20%	99.00
4	河南	5.88%	99.00
5	四川	5.08%	93.00

图2-6　地域分布

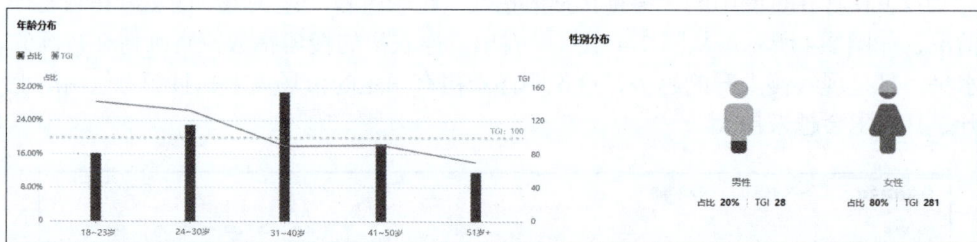

图2-7　年龄和性别分布

2.8.2　为丑橘提炼卖点

小施大学毕业后毅然投身丑橘种植业，采用先进的科学技术种植丑橘，并获得了大丰收。小施种植的丑橘具有以下特点。

（1）种植地位于四川省成都市蒲江县，光照充足，雨量充沛，空气湿润。

（2）果实较大，单果重120克左右，皮薄籽少，果肉饱满细腻，味道清甜，汁水多。

（3）含有维生素C、胡萝卜素、果胶、蛋白质、铁等丰富的营养成分，一般人群均可食用。

（4）引进先进科学技术种植，由专业人员管理，采用物理除虫，施用农家有机肥，使用天然山泉水灌溉，没有喷洒任何农药和催熟剂。

（5）基地采摘后直接发货，不新鲜或破损果包赔。

【实训目标】

（1）使用九宫格思考法提炼该商品卖点。

（2）使用 FAB 法则提炼该商品卖点。

【实训思路】

（1）使用九宫格思考法提炼该丑橘的卖点，如图 2-8 所示。

新鲜	个大	绿色种植
营养价值高	丑橘	基地直发
肉质细腻	口感清甜	售后无忧

图 2-8　丑橘卖点提炼

（2）使用 FAB 法则提炼该丑橘的卖点，如表 2-3 所示。

表 2-3　丑橘卖点提炼

序号	F	A	B
1	果肉细腻、清甜、汁水多	口感好	带来愉悦和幸福感
2	科学种植、原生态种植	绿色、天然	健康、吃着放心
3	基地直发，坏果包赔	保证新鲜	无售后之忧
4	种植地位于四川省成都市蒲江县，光照充足，雨量充沛，空气湿润	适合果实生长	享受特产水果

课后习题

1. 选择题

（1）【单选】下列关于 FAB 法则的说法中，不正确的是（　　）。

　　A. F 代表商品的特征、特点，是商品的基本功能

　　B. A 代表商品的特征发挥的优点及作用，需要从商品自身的角度来考虑

　　C. B 代表商品的优点、特性带给用户的好处、益处

　　D. F 是属性（Feature）的缩写

（2）【多选】用户画像包含的内容有（　　）。

　　A. 用户固定特征　　　　　　　　B. 用户兴趣特征

C. 用户社会特征　　　　　　　　D. 用户消费特征

（3）【多选】用户主要的购买心理包括（　　）。

A. 从众心理　　　　　　　　　　B. 实惠心理

C. 求异心理　　　　　　　　　　D. 好奇心理

2. 填空题

（1）SWOT 由 4 个英文单词的首字母组成，它们分别为＿＿＿＿＿＿＿、
＿＿＿＿＿＿、＿＿＿＿＿＿、＿＿＿＿＿＿＿。

（2）＿＿＿＿＿＿就是常规的、传统的思维方法，是指人们按照传统的从上
到下、从小到大、从左到右、从前到后、从低到高等常规的序列方向进行思考的
方式。

（3）文案合作推广的方式有＿＿＿＿＿＿、＿＿＿＿＿＿和＿＿＿＿＿＿。

3. 判断题

（1）品牌联合推广是指两个或多个品牌进行合作推广，常见的形式是合作写作
并发布文案。　　　　　　　　　　　　　　　　　　　　　　　　（　　）

（2）影响用户购买意向的因素不包括地域因素。　　　　　　　（　　）

（3）用户画像包括用户的性别、年龄、兴趣爱好、收入状况等内容。（　　）

4. 简答题

（1）获取调研资料的途径有哪些？

（2）商品的文化内涵包括哪些方面的内容？

（3）什么是恐惧心理？如何利用恐惧心理写作文案？

5. 实践题

图 2-9 所示为某品牌充电宝的用户评价，请分析其体现了怎样的购物心理。

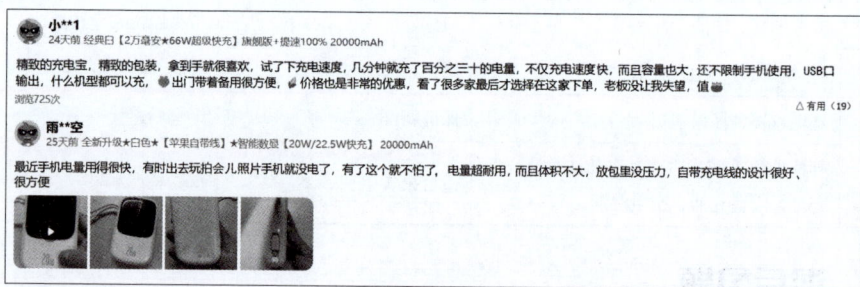

图 2-9　用户评价

第3章 电子商务文案策划与写作

【课前预习】

预习课程	电子商务文案策划与写作

预习方式	1. 搜索微信公众号"成都周边游"，查看其文案标题，点击感兴趣的标题，阅读文案正文。
	    2. 浏览本章内容，熟悉本章的知识结构。
	    3. 阅读下面的案例并回答问题。
	<div align="center">**回乡创业大学生借助文案助力网店销售**</div> 小秦大学毕业后选择回乡创业，管理家里的果园，并开了一家水果网店。正值丑橘上市，小秦认真写作了一篇文案，向用户介绍自家丑橘，以促进丑橘销售。该文案的标题为"来尝鲜啦！个大多汁的丑橘新鲜上市，给你初春的甜蜜！"，直截了当地介绍了丑橘的特点，让用户一眼就能了解文案的主题。
	    文案开头部分讲述了一个简单的小故事：自己大学毕业后工作不顺心，郁闷之际回家看到家乡满山的果树开着花，有种被治愈的感觉，于是决定留乡种植丑橘。文案正文部分介绍自家丑橘，分别介绍了丑橘的外观、味道、种植环境、包装等，让用户直观地体会丑橘的特点。文案结尾部分号召用户购买丑橘，并承诺给予8折的优惠。该文案发布后，获得了不错的反响，很多用户表示被这篇文案打动，小秦网店的丑橘销量也有了明显增长。
	    问题：（1）小秦写作的文案标题有什么特点？
	            （2）文案正文开头部分的小故事能起到什么作用？

预习目标	1. 能够通过查看微信公众号"成都周边游"的文案，对电子商务文案的标题和正文有初步的认识。
	    2. 能够通过阅读本章内容，熟悉本章所讲述的知识。
	    3. 能够通过课前预习，回答案例后提出的问题。

预习时间	30分钟
疑难点总结	

3.1 电子商务文案的写作步骤

    电子商务文案的写作并不是简单地堆砌材料，也不像写说明文那样追求把事物描绘得客观准确，重点是要写得有吸引力。在

电子商务文案的
写作步骤

实际写作中，电子商务文案有一套较为规范的写作步骤。参考这些步骤，文案人员便可以写出一篇语言流畅、结构清晰、逻辑严密并且能吸引用户的电子商务文案。

3.1.1　明确写作目的

通常，电子商务文案都有明确的写作目的。写作目的不同，文案的具体写法和侧重点也有较大区别。具体来说，文案的写作目的有以下几种。

（1）商品销售。很多企业写作文案最直接的目的都是对商品进行展示、宣传，突出商品的卖点和优势，促使更多的用户对商品产生购买欲望，进而促进商品的销售。

（2）品牌塑造。很多企业会写作并发布品牌文案用于引起用户好感，在用户心中树立良好的品牌形象，拉近与用户之间的距离，让用户成为品牌的忠实粉丝。

（3）活动宣传。企业的各种活动（如征集活动、新品发布会、线下粉丝见面会等）也需要写作文案来进行宣传，从而增强用户对活动的兴趣，促使用户关注或参与活动。

（4）引流增粉。当前很多企业都会在各大新媒体平台上开设账号进行运营，而运营的效果很大程度上取决于粉丝的数量，因此有必要写作文案来为账号引流。

3.1.2　确定写作主题

明确文案的写作目的可以帮助文案人员明确文案的写作方向，但在正式写作之前，还应当明确写作主题。所谓的主题就是该篇文案所要表达的观点和中心意思，是贯穿全文的主线。一篇文案如果没有明确的主题，就容易变成"一堆散沙"；没有突出的重点，也就无法吸引用户。确定文案写作主题的方法主要有以下几种。

（1）直接围绕商品、品牌或活动主旨提炼主题。

示例

旅游不一定要花多少钱，1299 元带你游遍云南

求索进取 护佑众生——奋进中的扬子江药业集团

千百年来，长江奔腾不息，以无私的情怀哺育着中华大地上的生灵，孕育了位于长江之畔的扬子江药业集团，赋予了扬子江人"求索进取，护佑众生"的使命追求。

扬子江药业集团创建于1971年，是科技部命名的全国首批创新型企业。集团总部位于江苏省泰州市，现有员工16000余人，旗下20多家成员公司分布在泰州、北京、上海、南京、广州、成都、苏州、常州等地，营销网络覆盖我国各省、市、自治区。集团践行"高质 惠民 创新 至善"检定研究值观，致力于向社会提供优质高端的药品和健康服务。

集团拥有4个国家级创新研发平台，获3项国家科技进步二等奖、5个中药材进入欧洲药典标准，大力弘扬工匠精神。扬子江药业集团被中国食品药监局、江苏省食品药品监督管理等等规定为"实训基地"。

扬子江水缘育中华，扬子江药缘惠中华。在党的二十大精神指引下，扬子江药业集团将不断深化绿色低碳创新型改革，加速大健康产业战略，不忘初心，奋楫笃行，砥砺前行，立志成为健康领域高质量发展的制药企业。

母爱无价，礼物有心

提炼点：围绕旅游产品的价格提炼"特价旅游"

提炼点：从品牌的历史、研发实力、企业文化、发展愿景等角度体现品牌精神

提炼点：母亲节活动主旨"感恩母亲，送上爱心礼物"

（2）对商品或活动主旨进行延伸，如延伸至商品背后的价值、情感与意义等。

示例

不要活得一成不变，去看看世界吧！

提炼点：从旅游的意义切入，延伸至体验丰富多彩的生活、拓宽眼界

（3）围绕目标人群关注点进行挖掘。不同的人群有不同的关注点，在确定文案主题时，文案人员可以从对应目标人群的关注点入手，如妈妈群体关注育儿、食品

安全，健身人士关注运动技巧、科学饮食，职场人士关注升职、技能提升，老年人关注养生、养老等。

高蛋白低脂肪，轻松控制热量	目标人群：健身人士
营养双蛋白，自然健康	目标人群：老年人

（4）挖掘网络热点。互联网中的热点能够迅速获得大量用户的关注，并产生迅速扩散的效果，因此文案人员可以将热点相关话题作为主题来提高文案的关注度。当然，热点与推广对象之间需要建立起关联。

父亲不善于表达，但一直默默爱着孩子	热点：父亲节
母亲的爱，点点滴滴汇进心里	热点：母亲节

3.1.3 明确表达方式

在信息时代，文案人员只有准确而独到的表达才能瞬间击中用户的心，引发用户共鸣，进而促进用户查看文案。文案人员在明确文案的写作目的和主题后，就可以选择一种合适的表达方式创作文案了。针对不同的商品、不同的目标人群，文案人员需要选择与之契合的表达方式。一般而言，文案表达方式主要有以下两种。

1. 力量型

力量型表达方式是指文案的表达精练有力，可以有效唤起行动。文案人员在文案中使用力量型表达方式有两个技巧。

（1）多用短句。短句的结构简单，句义明晰，简洁明快。文案中大量使用短句，可以起到引人入胜、吸引眼球的作用，这类文案读来节奏分明、铿锵有力，自然充满力量感。短句的结构一般为：主语＋谓语＋宾语。文案人员写短句时可以先将想表达的信息写出来，再进行文字的优化和提炼，如删除多余的形容词、将主语放在句子的前面、删除不需要的状语等。

学会自律能让你对人生有更强的掌控力，享受自由自在的人生	提炼点：自律给你自由

（2）多用动词。动词具有极强的表现力，运用得当可以使文案更加生动形象，更具表现力和说服力。

打出荣耀	动词：打
勇闯天涯	动词：闯

要恰当地使用动词，可以参考以下步骤：第1步，根据主题写出一句文案；第2步，试着将其改写成含有动词的句子；第3步，对动词加以斟酌，看能不能找

到更好的动词替换它。

2. 迂回型

迂回型表达方式是指文案的表达委婉，不直接说明主题思想，而是通过暗示、隐喻等方式引发用户的联想。迂回型表达方式不像力量型表达方式那样直接有力，却能通过构建场景、侧面烘托或设置悬念，让用户产生好奇并想要一探究竟，可以很好地加深用户的印象。

示例

小朋友给我画的画像中，牙齿被涂成了褐色

有思想的年轻人在哪儿都不太合群，直到他们来到××英语

暗示点：牙齿疾病的尴尬

暗示点：集结有思想的人

迂回型表达方式的关键点是具体，即文案要注重细节的描写，能够唤起用户对场景的感知，多进行准确、详细的描述，少用泛指名词，如用"蜂蜜柚子茶"而不是"饮料"。

3.1.4　完善内容构思

确定文案写作目的、主题和表达方式之后，文案人员就可以完善文案的内容构思，确定文案的大致内容了。文案人员完善文案内容构思的具体步骤如下。

（1）搜集相关资料和信息，了解相关背景和商品特点，为文案写作提供参考依据。

（2）列出关键词和重点句子，便于后续思考和组织文案。

（3）制定明晰的文案写作计划，包括文案的主题和结构、段落分布、字数限制等内容。

（4）按照文案结构，先搭建文案的大致框架，再逐步添加细节和示例来支持和阐述文案重点。

（5）多次修改和润色，确保文案连贯、通顺、简洁明了，符合品牌形象和文化。

（6）审查和校对文案，避免语法、拼写和标点符号等错误。

3.2　电子商务文案标题的写作

在互联网时代，用户每天都会浏览大量信息。标题是用户浏览文案时的第一个接触点，它能让用户一眼看出文案的主题和内

电子商务文案标题的写作

容，从而决定是否继续阅读。因此，标题对于文案至关重要。文案人员要多在标题写作上下功夫，写出有新意、有吸引力的标题。

3.2.1 常见的电子商务文案标题类型

优秀的电子商务文案标题都有一些写作模板，文案人员只要掌握这些写作模板，就可以快速写出有吸引力的标题。

1. 故事型标题

故事型标题的吸引力一般比较强。故事型标题中的人物往往有着戏剧化的标签，并且还会添加一些细节描写，让用户可以快速判断故事的大致发展方向，忍不住想要点击标题阅读完整的故事情节。文案人员写作故事型标题时可以采用"人物＋事件"的模板。

- 人物：不一定要指明人物是男人、女人、老人或小孩，可以用他代替，以增强悬念感。
- 事件：可以直接点明事件（如将废弃厂房改造成了雅致民宿），也可以说得含糊一些（如做了一件事），保留悬念。

示例	4个农村小伙将废弃厂房改造成了雅致民宿	人物（4个农村小伙）＋事件（改造厂房）
	潍坊70岁老人，50年来只做了一件事	人物（70岁老人）＋事件（做了一件事）

2. 观点型标题

观点型标题以表达观点为核心，往往能吸引对该观点感兴趣的用户。为了增强说服力，观点型标题通常会引用名人或资深／专业人士的观点。

示例	导演××：最怕你的梦想只有一腔热血	"××："＋观点
	专家指出，豆浆不能代替牛奶	"××指出，"＋观点
	心理学家称成功的秘诀在于不断走出舒适圈	"××称"＋观点

写作观点型标题时要注意：观点一定要精练、击中要害；标题可以适当长一些，确保观点表达完整；标题中的观点要与文案内容保持一致。

> **素养提升**
>
> 部分文案人员为了吸引眼球，会刻意在标题中传达一些偏激、标新立异的观点，这很可能会引发不和谐的争论。文案人员在写作标题时应秉持社会主义核心价值观，输出正面观点，传递正能量。

3. 认同型标题

认同型标题是有意制造让目标用户产生认同感的标题，主要包括地域认同、职业认同和年龄认同等。

（1）地域认同。地域认同型标题中一般会加入地域名称，并选取带有该地域特色的元素作为认同点。

示例	广东人也太会煲汤了吧！	地域（广东）+认同点（会煲汤）
	咱们成都的茶馆就是这么舒服！	地域（成都）+认同点（茶馆舒服）

（2）职业认同。职业认同型标题往往会加入职业身份（如教师、医生、律师、会计人员等），并选取职业普遍现象或行为作为认同点。

示例	会计人员的年末到底有多忙？	职业（会计）+认同点（年末忙）
	程序员找 Bug 到底有多难？	职业（程序员）+认同点（找 Bug 难）

（3）年龄认同。年龄认同型标题会加入如"30 岁""90 后""95 后"等带有独特意义的年龄符号，覆盖一定范围的用户群体，并选取该群体普遍关注的事物或行为作为认同点。

示例	30 岁开始给生活做减法	年龄（30 岁）+认同点（给生活做减法）
	"95 后"在过一种很新的年	年龄（"95 后"）+认同点（过很新的年）

4. 揭露真相型标题

揭露真相型标题是指为用户揭露一些不为人知的秘密的标题。这种标题通过揭秘让用户感到好奇、惊讶，可以很好地勾起用户的阅读兴趣。揭露真相型标题应显示出冲突性和巨大的反差，突出展示真相的重要性，并运用一些醒目的关键词，如秘密、秘诀、真相、背后、爆料、绝招儿等。

示例	学霸悄悄传授一个月考过会计从业资格证书的秘诀！	真相：短时间通过考试的方法
	助理爆料：××（某名人）是这样和供应商谈判的！	真相：××与供应商谈判的过程

5. 警告型标题

警告型标题是通过一种严肃、警示、震慑的语气来说明内容，以起到提醒、警告作用的标题，常用于事物的特征、功能、作用等属性的内容写作。警告型标题可以给予具有相同症状或心里有某种担忧的用户强烈的心理暗示，引起他们内心的共鸣。警告型标题的写作模板有以下几种。

（1）X（事/物）你一定不能做/用，否则会引发 Y（后果）。

电子商务文案策划与写作 文案策划+内容传播+智能写作（附微课）

示例	发霉的菜板一定不能用，否则很危险！ 千万不要这样看书，否则视力会严重下降！	X: 发霉的菜板 Y: 危险 X: 以某种方式看书 Y: 视力下降

（2）如果你正在做 X（行为），那就赶紧停止！否则，将引发 Y（后果）。

示例	如果你正在用它洗衣服，那就赶紧停止！否则，你将糟蹋更多衣服！ 如果你天天吃泡面，那就赶紧停止！否则，你的身体健康将大受影响！	X: 用它洗衣服 Y: 糟蹋更多衣服 X: 天天吃泡面 Y: 影响身体健康

（3）X（人/行为）要小心了！否则会引发 Y（后果）。

示例	用酒精擦屏幕要小心了！否则你的屏幕将变成这样！ 长期不报税的个体户要小心了！否则税务局会找上门！	X: 用酒精擦屏幕 Y: 屏幕受影响 X: 个体户长期不报税 Y: 税务局找上门

（4）远离 X（人/物），不要让他/它（们）毁掉你的 Y（重要的事物）。

示例	远离这些高糖饮料，不要让它们毁掉你的皮肤！ 远离负能量博主，不要让他们毁掉你的进取心！	X: 高糖饮料 Y: 皮肤 X: 负能量博主 Y: 进取心

🎓 **专家指导**

　　写作警告型标题的关键是密切联系用户，如在标题中列出用户经常做的事情、用户忧虑的事情、用户想做但没有做的事情等，通过警告的形式给予用户一种紧迫感和危机感，提高文案的点击率。此外，写作警告型标题时不能过分夸大或扭曲事实，危言耸听以博取关注，否则会引起用户的反感。

6. 提问型标题

　　提问是一种快速激起用户求知欲的方式。提问型标题就是用提问的方式来引起用户的注意，引导他们思考问题并想阅读全文以一探究竟。文案人员在写作提问型标题时，要从用户关心的利益点出发，这样才能引发他们的阅读兴趣。提问方法有很多，如反问、设问、疑问等都是常用的提问方法。提问型标题十分常见，类型也有很多，文案人员在写作时可以参考以下模板。

　　（1）为什么……？（目标人群关注的问题）+ 相关权威怎么说。

示例	为什么每个月你做的资产负债表总是不平？听10年资深会计人员怎么说 为什么你记单词总比别人慢？专业翻译是这样解释的	目标人群（会计人员）+ 问题（资产负债表做不平） 目标人群（外语学习者）+ 问题（记单词慢）

（2）如何用+××秒/分/时/天+理想状态。

| 示例 | 如何用一周时间变成不加班的PPT高手？这篇文章告诉你！ | 理想状态：不加班 |
| | 如何用10分钟在家"复刻"××奶茶店新品？这个省钱绝招你必须学会！ | 理想状态："复刻"奶茶店新品，省钱 |

（3）取得惊人成绩+××（人/机构）凭什么？

| 示例 | 计算机专业毕业，一年内通过会计从业资格考试，这个"90后"女孩凭什么？ | 惊人成绩：非科班出身，一年通过会计从业资格考试 |
| | ××进军电动汽车行业，这家以生产手机出道的企业凭什么？ | 惊人成绩：手机企业进军电动汽车行业 |

（4）起因+常见结果+为什么不……（采用某种方法或手段）？

| 示例 | 孩子一哭，难道就只能妥协吗？为什么不试下这个方法？ | 起因（孩子哭）+常见结果（父母妥协）+某种方法 |
| | 减肥难道就只能饿肚子吗？为什么不试试这款营养餐？ | 起因（减肥）+常见结果（节食）+手段（营养餐） |

（5）你没用/吃过它（不直说出商品，保留悬念）？+商品好处。

| 示例 | 你没用过它？轻轻一喷，发黄的领口立马变白！ | 好处：领口变白 |
| | 你没用过它？我家很早就换上了，出门再也不用带钥匙了！ | 好处：出门不用带钥匙 |

7. 命令型标题

命令型标题直接给用户指示或者要求，多使用明确的动词，具有祈使的意味，语气坚定，让用户感觉到有必要做出该行为。写作命令型标题时可以参考"行为+利益点"模板。

| 示例 | 新品超低价，就在今天，一定要来买！ | 行为（买新品）+利益点（超低价） |
| | 报名羽毛球课程，让你的球技突飞猛进，惊艳所有人！ | 行为（报名课程）+利益点（球技提升） |

8. 证明型标题

证明型标题就是以见证人的身份阐释商品或品牌的好处，以增强用户的信任感。见证既可以是自证，也可以是他证。该类型的标题常使用口述的形式传递信息，语言自然且通俗。

示例	亲测！这款洗面奶洗了真的不紧绷！ 加入××PPT社群，他学到的绝不仅仅是PPT！	自证洗面奶效果好 他证加入社群收获大

9. 直言型标题

直言型标题就是直接点明文案宣传意图的标题。这种标题常开门见山，直接告诉用户为其提供了哪些服务或好处，让用户一看标题就知道文案主题。这种标题常见于某些折扣促销活动、商品上新活动的推广文案。

示例	99元购价值12800元超值学习大礼包 包包合集|适合春夏背的4款高质感新包分享	主题：低价购买学习礼包 主题：新包推荐

10. 紧迫型标题

紧迫型标题通过渲染紧张气氛，制造紧迫感来刺激用户阅读文案。紧迫型标题一般用来推广商品或服务（如新品促销、季节性清仓、近期即将开始的活动等），并且不能为了设置悬念而使用过于笼统的描述。此外，此类标题中需要加入能令人产生紧迫感的词汇，如"即将售罄""只剩××个""仅此一次"等，但需要在遵守真实的原则下加入相关词汇。

示例	店铺5折促销最后一天！错过等一年！ 即将售罄！新款水桶包，还有50个，卖完不会再上架了！	紧迫感来源：促销时间即将截止 紧迫感来源：商品数量有限

3.2.2 电子商务文案标题的写作技巧

除了掌握不同类型标题的写法，文案人员还应熟悉一些有利于提升标题吸引力和点击率的技巧，将其融入标题写作，使文案标题的写作事半功倍。

1. 使用符号

符号主要指"！""？""【 】""/"等标点符号和"√"等特殊符号，这些符号往往带有一定的标志性意义或感情色彩。在标题中灵活使用这些符号，可以为标题附加一些感情色彩，促进标题主题分类，丰富标题的表现形式，提升标题的表现力。

示例	直播|周三（1月18日）晚7点【×××的虎年最后一场直播·第124期】 女装|2023年春节前最后一次女装特卖 新书|一部晚清铁路认知史，也是近代科技思想史	"|"符号可以划分标题的不同主题，便于用户区分文案类型；"【】"符号可以使相关内容更醒目

2. 制造反差

制造反差可以增强用户对当前描述对象的认知，使描述对象的特点更突出，从而加深用户对所比较事物的印象。制造反差的方法主要有以下 3 种。

（1）与同类事物相比。

（2）与对立或与之截然不同的事物相比。

（3）直接使用程度副词。

通过制造反差写作文案标题时还可以直接参考以下模板。

（1）……（小事物 / 事件）导致了……（大后果）。

示例	一句话让领导彻底崩溃了……	小事物（一句话）+ 大后果（领导崩溃）
	这个小小的工具让我成为销售冠军！	小事物（小工具）+ 大后果（成为销售冠军）

（2）从……（差状态）到……（好状态）只用了……（较短时间、较简单的方法、较少金钱等），到底经历了什么？

示例	从 200 个粉丝到 200000 个粉丝只用了半个月，他到底经历了什么？	差状态（200 个粉丝）+ 好状态（200000 个粉丝）+ 短时间（半个月）
	从摆摊卖炸土豆到承包小饭馆只花了 1 万元，他到底经历了什么？	差状态（摆摊卖炸土豆）+ 好状态（承包小饭馆）+ 少金钱（1 万元）

（3）只花……（较短时间、较少金钱等）就……（达成较大的目标）。

示例	只花了 7 天，我就学会了视频剪辑！	短时间（7 天）+ 大目标（学会视频剪辑）
	只花了 49 元钱，我就明白了《红楼梦》隐含的人生智慧	少金钱（49 元）+ 大目标（明白《红楼梦》隐含的人生智慧）

3. 巧用数字

数字自带一种精确感，确切的数字信息往往比较引人注目。标题中加入数字可以增强标题的条理性和可信度，提升文案表现效果。文案人员在使用数字时可以打开思路，用数字来描述不同方面。

示例	文案没人看？学好这 5 个步骤，助你流量猛增！ 1 种优质食材，5 种天然配料，6 道古法工序，才能成就一碗美味的酸辣粉 15 分钟，让米饭飘香 1 台空气炸锅顶 6 台厨房电器！	用数字描述方法 用数字描述原料和制作过程 用数字描述使用便捷 用数字描述功能全面

电子商务文案策划与写作 文案策划+内容传播+智能写作（附微课）

需要注意的是，标题中的数字切勿过大，应是用户看起来可以轻松辨识的数字。例如，标题"6个方法教你做好收纳"，会让用户觉得学习6个方法收获不小，而且学起来并不难；如果是16个方法，就会给用户一种无形的压力，使其放弃阅读。

4. 借力与借势

借力是指利用其他资源或平台（如专家、社会潮流或新闻媒体），对自身商品或服务进行推广营销，达到快速销售自身商品或服务的目的，如"××都在玩的乐器，一礼拜就能学会啦！""××电视台都在推荐的书，你还不读吗？"等。

借势主要是借助最新的热门事件、新闻，如世界杯、奥运会、热播电视剧和时事热点等，以此为文案标题创作源头，通过用户对社会热点的关注，引导用户关注文案，提高文案的点击率和转载率。借势热点写作标题时，一定要注意将热点与文案主题合理地联系起来，避免过度"蹭"热点而引起用户反感。

示例	在成都，寻找"有风的地方" 今年年初，电视剧《去有风的地方》上了热搜，治愈的风景、诱人的美食、闲适的小院，掀起了一阵有风小院打卡热，带火了大…… 文旅成都　2023-2-27	标题借助热播电视剧《去有风的地方》，将"有风的地方"作为一个象征恬静美好之地的符号来使用

5. 加入网络流行语

网络流行语是指在一定的时间、范围内被用户在互联网上或者现实生活中广泛使用的词、词组等。其大多来源于某些社会热点话题或热门事件，因而吸引了大量用户的关注。在社交网络中，每年都会诞生大量的网络流行语，如"嘴替""炫""无所谓，我会出手"等。文案人员如果将这些网络流行语巧妙地与商品或品牌结合，并应用到文案标题中，自然就能引起用户的关注，还可以增加标题的趣味性。

示例	"无所谓，我会出手"，年夜饭厨艺展示	网络流行语：无所谓，我会出手
	我是你的"嘴替"，替你吃遍各地	网络流行语：嘴替

选择网络流行语时要紧跟热点，用当前流行的词语，同时避免低俗的词语。

6. 渲染情绪

文案人员在写标题的时候打"感情牌"，可以让用户产生情绪变化，引发用户的情感共鸣，吸引用户点击。文案人员可以从以下两个方面来渲染情绪。

（1）积极情绪。文案标题可以通过对某人或某事的积极正面的描写，来引发用户产生积极情绪（包括骄傲、自豪、兴奋等）。

| 示例 | 不好意思，我们好像又把世乒赛打成了全运会
终于！成都人民也能喝到正宗 ×× 奶茶了！ | 积极情绪：自豪
积极情绪：兴奋 |

（2）消极情绪。消极情绪也能引起用户情绪变化，如孤独、恐惧、焦虑、失落等。文案人员在文案标题中可以适当地渲染消极情绪来引发用户情感共鸣，吸引用户的关注。

| 示例 | 为什么升职的总是你的同事？
你是不是像我一样，一个人住，每天两点一线，没有朋友？ | 消极情绪：焦虑
消极情绪：孤独 |

🖊 **素养提升**

消极情绪不一定就是负面、不健康的，其可以提醒用户正视一些问题，促使用户做出改变，但文案人员在渲染消极情绪时一定要把握好尺度，不能过分夸大，更不能刻意制造焦虑来吸引用户眼球。另外，文案人员也不能一味抱怨，要为用户提供解决相关问题的方法，帮助用户消除消极情绪。

7. 使用修辞手法

使用比喻、夸张、拟人等修辞手法可以增强文案标题的吸引力和趣味性，使文案标题显得更有创意。

（1）比喻。比喻也就是打比方，用浅显、具体、生动的事物来替代抽象、难以理解的事物。文案人员在写作标题时使用比喻修辞手法，要求喻体和本体应具有可比性和相似性。

| 示例 | 父亲是一本我未曾读懂的书，直到我成为父亲
创业就像在薄冰上舞蹈，你感到恐惧时，才会更仔细地注意脚下的步伐 | 父亲→深刻的书
创业→在薄冰上舞蹈 |

（2）夸张。夸张是为了达到某种表达效果，对事物的形象、特征、作用程度等方面特意扩大或缩小的修辞手法。文案人员采用夸张修辞手法的方法是基于商品特性或使用场景，以挑战常识或制造冲突的方式来制造新奇、出人意料的效果，激发用户产生丰富的想象。

| 示例 | 隔着千山万水，都能闻到家里的汤汤水水

本公司在世界各地的维修人员闲得无聊 | 夸张（嗅觉）+ 形容（思乡之情）
夸张（售后维修需求少）+ 形容（商品质量好） |

（3）拟人。拟人就是把事物（如商品、品牌或某个元素）人格化，赋予其人的言行或思想感情。文案人员采用拟人修辞手法写作文案标题，可以把事物的特点生动形象地表达出来。

专家指导

　　标题的各种写作技巧可以综合使用，如"巧用数字＋借势""使用符号＋加入网络流行语""夸张＋巧用数字＋使用符号"等。文案人员在写作标题时还可以尽量多写几个，然后从中挑出最合适的。

3.2.3　电子商务文案标题写作的注意事项

　　很多文案人员知道标题对于文案的重要意义，因此想尽各种方式利用标题吸引用户眼球，但却出现了一些写作误区，反而影响了标题的质量和效果。总的来说，文案人员在写作标题时应注意以下几点。

1. 标题不能夸大其词

　　很多文案人员为了让文案在众多文案中脱颖而出，便使用各种夸大其词的标题来夺人眼球，有的标题严重偏离事实（如"价值千万的销售秘籍""一周瘦20斤"等），有的标题则与正文内容关系不大或完全无关，这些做法都是不可取的。虽然这类标题能够吸引用户点击，但是用户发现"上当受骗"后，就会立马停止阅读文案，并产生反感，这会严重影响品牌和企业在用户心中的形象。

2. 注意避开敏感词

　　一些文案人员为了吸引用户关注，可能会在标题中添加"最佳""第一""首次""极致""独家"等词语，以凸显商品或服务的价值，如"全球首发！绝无仅有的保温杯，你值得拥有"等。然而根据《中华人民共和国广告法》的规定，这些词语都属于广告禁用词，不得出现在文案中。

3. 标题长度要适中

　　标题过短，往往不能完整地呈现信息，因而可能会缺乏吸引力；而标题过长，虽然能够详细地显示关键信息，但可能会导致标题显示不全，并给用户一种信息量很大的感觉，使其失去耐心，直接放弃阅读文案。

　　避免标题过长的有效方法是，在保留核心信息的基础上，不断删减字数、调换句式，或者用短词语替换长词语等。

4. 标题要言之有物

　　很多文案人员认为在标题中使用华丽的形容词（如"价值非凡""优良品质""卓

越不凡"等）来夸奖商品或品牌，文案就会有吸引力，其实不然。文案的标题最好平实、生活化，对事物的描述要生动直观，多用动词、名词或具体的数字，少用抽象的形容词。

示例	××充电宝，一周只充一次电	反面案例：××充电宝容量大
	有10年实操经验、服务过××公司、获得过××奖	反面案例：专业的技术团队

5. 标题要聚焦于一个立意点

很多文案人员认为标题是对文案主题的概括，而文案主题往往很丰富，因此写出来的标题同时包含了多个立意点，这很容易给用户眼花缭乱之感。文案标题保留一个恰当和醒目的立意点即可，并且必须与文案主题和内容密切相关。

素养提升

文案标题能够起到宣传效果，因此也属于广告宣传。《中华人民共和国广告法》第三条规定："广告应当真实、合法，以健康的表现形式表达广告内容，符合社会主义精神文明建设和弘扬中华优秀传统文化的要求。"文案人员在写作文案标题时要避免出现歧视性、冒犯性、低俗露骨或违背社会公序良俗的内容，要避免涉及争议较大的话题。

3.3　电子商务文案正文的写作

有吸引力的标题可以引导用户继续浏览文案正文，但如果文案正文的吸引力不足，用户也不会接受文案所传达的信息。因此，文案人员有必要掌握文案正文的写作方法，包括正文开头、正文内容和正文结尾3个方面的写作方法。

电子商务文案
正文的写作

3.3.1　正文开头写作

正文开头直接决定着用户在打开文案的一瞬间是继续阅读文案还是离开。文案人员要精心设计正文开头，以充分吸引用户的注意力，激发用户的好奇心，引导用户继续往下阅读文案。具体来说，文案正文开头有以下几种常见的写作方法。

1. 以故事引入

正文开头以故事引入，容易让用户代入某种情景，引发用户的联想，激发用户的阅读兴趣。故事可以是富有哲理或教育意义的寓言故事，或者其他有助于表现主旨的真实故事或虚拟故事。

在正文开头讲故事，有以下两个关键点。

（1）贴近生活，让用户产生一种真实感和代入感。

（2）为故事增加细节，这样才能在最大限度上唤醒用户对故事的记忆与情感共鸣，让用户产生身临其境之感。具体来说，文案人员可以用写日记的方式展示故事细节，即在故事中加入日记的主要元素——时间、天气、地点、人物、事件等。

范例阅读

事情要从 2023 年的一天说起。小晨急需打印一份资料，在赶往打印店的路上突然天降大雨，他没带伞，被淋得全身湿透。好不容易狼狈地赶到打印店，他却发现背包进了水，背包里的 U 盘也湿哒哒的。他心想，要是 U 盘坏了就麻烦了！他双手颤抖着拿起 U 盘，忐忑地将其插在笔记本电脑上。不出所料，U 盘已经无法识别，里面的资料也找不回来了，小晨不得已加班到凌晨 3 点重新做了一份。这个惨痛的教训给了小晨一个启发，他找到从事电子行业多年的老同学，二人一同研发了一款防水 U 盘，现打算将其推向市场……	细节：天气、时间、人物、地点 细节：人物心理活动、动作

【点评】正文开头讲述了主角的 U 盘被水泡坏的故事，情节很简单，但故事由于加入了很多细节而显得很生动，可以让用户感同身受，进而继续阅读文案。

讲故事不能平铺直叙，要讲究起承转合，文案人员可以参考以下写作思路。
（1）故事主角起点低，但心中一直有一个目标。
（2）主角为实现目标做出了很多努力，但效果不佳，主角非常痛苦。
（3）某事物（可以是商品或服务）让主角发生了改变。
（4）主角改变了现状，实现了目标。

2. 内心独白

内心独白即把内心的真实想法表露出来。一般来说，内心独白会给用户一种正在亲身经历此种感受或故事的感觉。内心独白被认为是内心活动的真实反映，不掺杂虚伪和矫情，所以容易给用户以情真意切、真诉肺腑的印象。要在文案中写出内心独白，可以将文案写成对白，或者借第一人称或第三人称描述人物的想法或潜意识，展示其内心活动，如其对往事的回忆、对外部世界的印象、对自我或他人他物的看法、在某种情境下的情绪感受等。

写作内心独白型的正文开头需要注意以下几个方面。
- 人物：可设置一人独白，也可设置二人对白以相互补充情节。
- 情节：可描述相对完整的内心历程。
- 氛围：语调要娓娓动听且舒缓亲切。
- 语言：通俗易懂，不使用矫揉造作的文字。

范例阅读

小时候，我很喜欢坐在桌边仰着头看爷爷写毛笔字。爷爷总是和蔼地摸摸我的头，然后在桌上铺好纸，摆好墨盘，提笔在纸上挥洒自如地写上好几十个字。我十分羡慕，心想有一天我写的毛笔字	口吻：第一人称独白

也要像爷爷写的一样行云流水。后来上了小学，老师布置了书法作业，我总是想让老师表扬我，因此一遍又一遍地写，直到写到满意为止，连妈妈喊我休息我也不理会。

在高中，我有更多的时间接触网络，我便开始学习网上的一些书法课程，但是我始终觉得自己写得不够好……

完整内心历程：
从儿时讲到高中

【点评】正文开头以人物的内心独白讲述了其对书法的热爱，语言平实真挚，拉近了与同样喜欢书法的用户的距离，同时为下文引出书法课程的显著效果做铺垫。

3. 击中用户痛点

在正文开头击中用户痛点，可以引发用户的强烈共鸣，吸引其继续阅读文案。文案人员可以参照SCQA模型（见图3-1），用一个特定场景中的冲突来展现用户痛点，让用户产生"这说的就是我啊！"的感觉，并替用户发出"该怎么做？"的疑问，再引出"使用××商品就能解决"来予以回答，从而打造引人注意的正文开头。

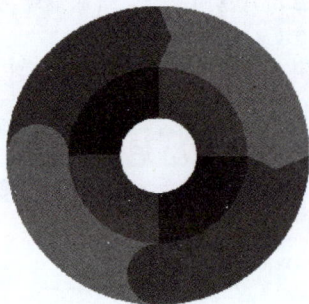

S（Situation）情景
为接下来要讲述的内容
搭建好特定的时间和空间

C（Complication）冲突
推动故事的发展，有意
凸显两个事物间的矛盾、
冲突

Q（Question）疑问
在"冲突"的指引下，
替用户发出"为什么"
"怎么做"等疑问

A（Answer）回答
针对用户的疑问提出解决方案

图 3-1　SCQA 模型

范例阅读

前几天我刚搬了新家，顺便在网上买了床品四件套，收到货后，喜滋滋地把它们清洗并晾在了北阳台上。今天我迫不及待去收床品，没想到它们有股难闻的霉味，远远就能闻到！仔细一想，北阳台的光线不好，床品晒不到太阳，只能阴干，难怪会这样。

那怎么办呢？总不能又搬家吧？我把这个烦恼告诉了闺蜜。闺蜜给我推荐了××牌洗衣液，并说这款洗衣液带有杀菌功能，衣服阴干也无异味。于是，我买了一袋来试试。

情景：买床品
清洗、晾晒
冲突：床品阴
干有异味
疑问：怎么办
回答：买××
牌洗衣液

【点评】正文开头使用了SCQA模型来击中用户痛点，让受到同样问题困扰的用户产生强烈共鸣，进而继续阅读文案了解该洗衣液。

4. 开门见山

开门见山指的是在正文开头就直接揭示主题或点明说明的对象，不拖泥带水。

若是商品文案，则文案人员要在正文开头直接表述某商品的好处，介绍如何解决某种问题等。这种开头简单明了，让用户一目了然，但文案的主题必须要有足够的吸引力，且语言要朴实简洁、干净利落。此外，这种开头常与标题相呼应，让被标题吸引而来的用户不会产生落差感和跳脱感。

示例	美到不真实的油画牡丹，一眼就陷进去了！ 有人因牡丹的国色天香而钟爱不已，也有人因牡丹的艳丽花色而避之不及，但谁说牡丹都是大红大紫？油画牡丹就是你想象不到的"清新可人"的样子。	标题：点明油画牡丹 正文：开门见山地介绍了油画牡丹，呼应了标题

5. 以热点引入

用户总是对新发生的或受到广泛讨论的事情有较高的关注度，所以在正文开头借助热点也不失为吸引用户注意力的好办法。例如，在推荐衣服时，从最近热门的影视剧引入；在推荐书籍时，从最近的社会现象或事件引入。一般来说，文案人员可以从微博热搜、百度风云榜、抖音热搜等获取热点信息。

在借助热点时，文案人员要注意将热点与文案主题自然地结合起来，不要强行"蹭"热度，具体可以使用以下两种方式。

（1）纵向结合。纵向结合是深层次分析热点中的事件和人物，探讨其背后的问题和本质，得出一些道理来说服用户购买某商品或服务，这种方式适用于理性说服类的文案。例如，某推广书籍的文案正文开头借助"高考作文考了《红楼梦》"的热点，得出"学生要重视传统文化学习"的道理，进而引出后文对相关书籍的推荐。

（2）横向结合。横向结合是先从热点中找到与文案主题相关的、令人意想不到的关联点，然后过渡到对商品或服务的介绍。

示例	近期，电视剧《××》播出后，猪脚面也受到了无数人的关注。取景地广东省江门市顺势推出"到《××》取景地打卡"的文旅线路，吸引了五湖四海的游客纷至沓来，带旺了五邑地区的旅游业和餐饮业。在江门台山，比起《××》中的猪脚面，当地人更推荐特色美食——煎面。	挖掘出某热播剧中出现的食物，将其与推广对象关联起来，显得十分自然

3.3.2 正文内容写作

正文是文案的主体部分，其主要功能是解释或说明文案主题。就正文内容而言，其主题是多种多样的，但结构却应当清晰连贯。

1. 对比式结构写作

对比式结构是把两种人或事物、同一人或事物的前后不同的方面组合在一起进行对比。对比可以使文案的观点更有说服力。在进行对比式结构写作时，文案人员要围绕主题确定对比点，如写作冰箱除味剂推广文案时，主题是突出商品卖点——除味彻底，可以将冰箱除味剂使用前后的气味情况进行对比，以体现出该商品的作用。

去哪儿网：走，去哪儿都行	前半段：讲述主角在家中的平淡生活和对旅行的向往
当"多久"和"去哪儿"相聚成一场命题，这就是我们要讲的故事。	
不出门的日子，味蕾说太久没有探访各地的美食了。	
青春用倒计时的方式催促你去一座时髦的城市，你说再等等吧。	
你的确在家也能运动，却骗不了你的DNA。这里不是你曾经到过的山川，真的很想出门旅行。	转折，引出后半段
走，去哪儿都行。	后半段：主角在旅途中放松自我，张扬青春，感受别样的生活
从这个房间开始，把你和他的成长留给最美的地方。	
终于出发了，让青春回到潮流里打卡。	
你用味觉行走，将那些色香味俱全的风景收入人生。	
……	
多久没旅行了，走，去哪儿都行。	

【点评】文案的前后两部分形成强烈对比，让用户感受到旅行的美好，促使用户产生旅行的需求。

2. 递进式结构写作

递进式结构即正文中材料与材料间的关系是层层推进、纵深发展的，就像剥洋葱一样，一层一层地深入，后一个材料的表述只有建立在前一个材料的基础上才有意义。这种写作结构的优点是逻辑严谨、思维缜密，按照某种顺序一步步铺排，给人一气呵成的感觉。递进式正文着重于层递关系的呈现，只有层次分明、节奏感强，才能让文案更有感染力。递进式正文有不同写法，如图 3-2 所示。

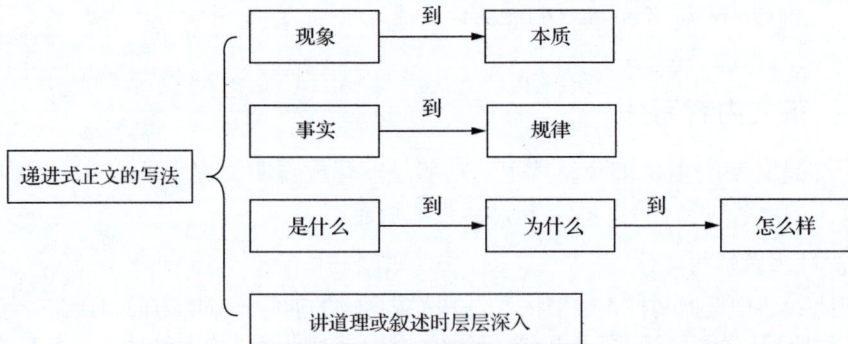

图 3-2　递进式正文的写法

阿里巴巴：一起打开有意思的未来

旁白：在阿里，兴趣可以当工作吗？

宠物运营人员：当然可以啦，我的兴趣就是我的工作。从爱猫人士变成宠物运营人员……在这里，我为热爱打工。

旁白：在阿里做技术是怎样的体验？

技术实验室员工：我在升级小蛮驴的安全性能，联动多传感器，多模型增强安全冗余。通过我的努力，不管大的、小的、远的、近的事物，它都可以"看"得到。

旁白：阿里有什么有意思的员工福利吗？

儿子（阿里员工）：爸妈，这次陪伴假，我带你们去踏青。

父母：孩子的工作有意思，把我们也安排得明明白白的。

旁白：阿里的日常工作有什么有意思的体验吗？

寻找远方的美好设计团队：重要的是解决问题，如帮助农户把特产更好地卖出去。真正去经历，一起去做点有意思的事儿。

第1部分：兴趣当工作	
第2部分：发挥个人创造力	
第3部分：关怀家人	
第4部分：帮助农户卖特产	

【点评】该文案分4个部分，从满足个人兴趣、实现自我价值、照顾家人到为社会做贡献，层层递进，展现了从个人到家人再到社会的升华。

3. 并列式结构写作

并列式结构从推广对象的各方面特征入手，不分先后顺序和主次，并列平行地叙述各部分。它的各组成部分是相互独立、完整的，能够从不同角度阐述推广对象。并列式正文的各材料间联系紧密，可以共同为文案主旨服务，具有知识概括面广、条理性强的特点。

并列式正文的布局形式有两种：一是围绕中心论点，平行地列出若干个分论点；二是围绕一个论点，列出多个有并列关系的论据。不管采用哪种方法写作，并列部分要各自独立且紧紧围绕中心，并且各部分间不能产生从属或交叉的关系。很多商品文案和分享推广类的文案采用的就是并列式结构的布局，其正文各部分分别介绍商品的各个卖点。

示例

卖点1：折叠后体积小　卖点2：定时洗涤　卖点3：洗衣效果好

3.3.3 正文结尾写作

对于文案而言，标题和正文开头能够吸引用户完整阅读正文内容，但正文结尾最好能总结全文、突出主题或与开头相呼应，从而充分展现文案意图，或使用户留下深刻的印象，引导用户关注商品、购买商品。文案人员可参考以下几种方式写作正文结尾。

1. 首尾呼应式

首尾呼应式写法是将文案开头和结尾对应起来。例如，文案开头提出某个观点，那么在文案结尾时会再次解释、总结或强调该观点。这种方法既可以让文案结构更完整，逻辑更严谨，主题更突出；同时也可以提升用户的阅读体验，使用户将注意力再次转移到主题上，加深用户对文案的印象。对于文案写作而言，首尾呼应式写法主要有以下两种。

（1）复现式呼应，即结尾重复开头，首尾相比只是略有不同，以强化文案主题。

（2）递进式呼应，即结尾在开头的基础之上更进一层，以升华文案主题。

🔍 范例阅读

闲鱼文案：只晒不卖 请别见怪	
闲鱼上的年轻人，真的很爱晒，还……只晒不卖。 坐北朝南的田园生活，不卖。 装在口袋里的 300 首青春，不卖。 微瑕但很会撒娇的猫咪，不卖。 ……	开头：只晒不卖
这一年，280 万人在闲鱼上晒自己的宝贝。 只晒不卖，请别见怪。	结尾：只晒不卖，请别见怪

【点评】文案开头首先引出了一个奇怪的现象，闲鱼上很多年轻人"只晒不卖"，然后对这一现象进行了展开描述和解释，结尾则呼应了开头的"只晒不卖"，同时用"请别见怪"表明了这种"只晒不卖"的行为也是值得被尊重和接纳的，传递出了一种乐观、开放的态度。

2. 请求号召式

请求号召式写法是指在前文铺垫的基础上，最后向用户提出某种请求，或者发出某种号召，促使他们做出某种行动，如关注账号、购买商品、在评论区留言互动、实践前文所讲的道理等。

文案人员在写作请求号召式结尾时，可以多使用没有主语的祈使句，句式要短，多用动词，以增强文案的力量感；行动号召的内容要具体、明确，要包含清晰、具体、明确的行动指令。

🔍 示例

赶紧识别下方海报中的二维码订购××套装吧！	反面案例：赶紧购买商品吧！

成功地号召用户行动，常用的方式有以下两种。

（1）利用好处吸引用户，如说明优惠力度、强调福利的稀缺性等。

（2）提出愿景，即告诉用户购买之后会怎么样。

示例	点击购买，每天不到5元钱，换自己一个安心的未来！ 买一双送妈妈，让她过个幸福年。	愿景：对未来安心 愿景：让妈妈过个幸福年

范例阅读

市面上质量好的空气炸锅至少都要400元，这款空气炸锅官方价为159元，今天发放福利，只要99元！有了空气炸锅，可以自己在家烤鸡翅、蛋挞，便宜又卫生！别犹豫了，赶快点击下方链接买起来！	强调好处：发放福利，只要99元 给予愿景：在家做美食

【点评】该结尾首先强调了空气炸锅的优惠力度大，然后告诉用户购买后可以制作美食，让用户代入相关场景，最后号召用户购买，具有强大的号召力。

3. 总结式

总结式写法比较常见，大多是先阐述和分析，然后用简洁的语言归纳总结全文，得出一个凝练且有启发性的结论，起到深化文案主题的作用。

文案人员在写作总结式结尾时，可以参考如下"三段式"写作思路。

（1）总结前文的关键点。

（2）升华主题，引发用户共鸣。

（3）告诉用户应该怎样做。

范例阅读

说了那么多，其实我想表达的就是，年轻人要学会爱惜自己，不要过度消耗身体。	总结前文
放轻松，人生不是一场百米赛跑。累了，可以停下来休息休息。 每个城市里的年轻人都应该体验一下理疗按摩。	升华主题 要怎么做

【点评】该结尾应用了"三段式"结构，首先总结了前文的观点——年轻人应该爱惜身体；然后升华主题——人生不是百米赛跑，累了应该休息；最后告诉用户可以体验理疗按摩。

4. 排比式

排比是把结构相同或相似、意思密切相关、语气一致的词语、短语或句子成串地排列在一起的一种修辞方法。排比式结尾一气呵成，具有强烈的形式美，而且气势十足，更利于表达强烈的感情。此外，排比式结尾还可以关联多种素材，可拓展性强，有利于植入商品或品牌。

具体来说，排比式结尾的写作可以参考以下步骤。

（1）找到核心概念，可以是从商品或者品牌中提炼出的利益点，或基于用户的精神需求提炼出的共鸣点，如某书店推广文案的核心概念是读书对人有益。

（2）确定诉求场景，即核心概念可以在哪些场景中体现，如读书后学会了多种语言、能辩证地看待问题等。

（3）确定排比句式，常用的排比句式有"××是××"，如母爱是一把伞；"××不是××，而是××"，如爱不是占有，而是付出；"××不能××，但可以××"，如2580元不能让你环游全世界，但可以让你拥有世界性的视野。

范例阅读

美团优选：真的真的省 省是对天赋物产与他人辛苦的敬畏， 省是对日常生活的依依不舍， 省是深藏在内心的小诚恳， 省是最绵长的在意和珍惜。 为大地，也为小日子， 真的真的省。	排比句式："省是 ……" 主题：真的真的省

【点评】该结尾通过排比将核心概念"中国人的勤俭节约"体现在劳动、日常生活等场景中，最后升华主题"为大地，也为小日子，真的真的省"，显示出浓厚的文化意蕴，令人回味。

5."金句"式

"金句"通常指名言警句或其他有哲理、有价值、有意义、有诗意的句子。"金句"在形式上对仗工整，在内容上生动、精练。采用"金句"式结尾可以帮助用户更深入地领悟文案思想，引起用户共鸣，并引发用户转发文案。下面介绍几个写作"金句"的方法。

（1）否定法，即推翻常识，提出颠覆性的观点。

示例	我以为人是慢慢变老的，后来发现不是，人是一瞬间变老的。	常识：人是慢慢变老的
	简约不是简单和少，而是搭配得刚刚好。	常识：简约等于简单和少

（2）具象法，即把原本模糊不清的、抽象的内容用具体的画面、行为、事物描述出来，变成用户熟悉的内容。

示例	亲情是什么？家人闲坐，灯火可亲。	具象化：亲情 → 温馨家庭场景
	孤独是什么？一个人吃火锅、看电影、去医院……	具象化：孤独 → 一个人的生活场景

电子商务文案策划与写作 文案策划＋内容传播＋智能写作（附微课）

（3）拆字法，即将一个汉字拆开，然后将拆开的部分根据其含义排列组合，组成一个符合其原本含义的新句子。拆字法的要点是将拆分的汉字变成实物和场景，营造出共鸣感和场景感。

示例	勤耕心上田，思想才会获得丰收。	拆解字："思" → "田" "心"
	工作不卖力，你还想成功？	拆解字："功" → "工" "力"

（4）搜词法，即先抓住一个关键字，然后搜索与该关键字相关的词语，将这些词语进行排列组合，组成押韵又有内涵的句子。

示例	世界上最好的套路，就是顺路。	关键字"路" → "套路" "顺路"
	去征服，所有不服。	关键字"服" → "征服" "不服"

3.4 电子商务文案排版

文案的创作并不只是撰写文字内容，还需要排版。文案的排版对于传达信息、吸引用户，以及提升用户阅读体验都非常重要。文案的排版应当注重布局、字体、配图等多个方面，必要时还应借助排版工具。

电子商务文案排版

3.4.1 规划排版布局

所谓布局，就是指合理安排文案的各种元素，并突出重点。就电子商务文案的排版而言，大体上可以分为文字式文案和图片式文案两种，二者在排版规划方面有较大不同。

1. 文字式文案

文字式文案是以文字为主的文案，如微信公众号文案、软文等。为了提升用户的阅读体验，文案人员可以从以下几点来规划文字式文案的排版布局。

（1）标题。标题文字应使用相对较大的字号（一般为 20px 以上），并在视觉上与正文形成明显的区别。

（2）分段。文字式文案的字数一般较多，应适当分段（每段 3 ~ 5 行为宜），且每个段落的段首都应该缩进两字符。

（3）图片与文字结合。图片和文字所占版面的比例要协调，具体比例取决于文案的主题、用户的阅读习惯，以及文案人员的审美等。一般来说，长文案可搭配较小的图片，以适当缓解长文案的压迫感，而短文案可以选择更大的图片来吸引用户眼球。

（4）留白。在规划排版布局时，文案人员还应该在版面内适当留白，以给用户轻松、舒适的阅读感受。一般而言，恰当的文字留白是页边距为40mm，段落间距为1～2行，行距为1.5倍。此外，图片和文字之间也要有适当留白。

（5）字体、字号。文字式文案常用的字体为宋体和黑体，文案人员可以根据文案主题和风格选择字体，并搭配适当的字号（正文字号以14～16px为宜）。

（6）段落对齐方式。一般情况下，段落对齐方式为左对齐，部分文艺风文案可以考虑居中对齐。

（7）引导视线。为了突出文案中的重要内容，文案人员可以使用少量形状（如箭头等），或为文字设置其他颜色/加粗，或为段落添加下画线、底纹、框线等，以引导用户视线，促使用户查看某些内容。

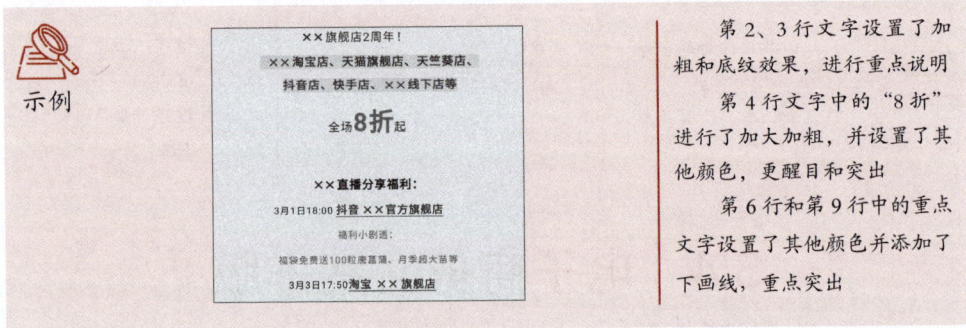

示例

第2、3行文字设置了加粗和底纹效果，进行重点说明

第4行文字中的"8折"进行了加大加粗，并设置了其他颜色，更醒目和突出

第6行和第9行中的重点文字设置了其他颜色并添加了下画线，重点突出

2. 图片式文案

图片式文案主要包括商品详情页文案和海报文案等，其受限于图片，排版时应注意以下3点。

（1）文字。字数不宜过多，占比一般不超过整个画面的1/2。文字大小要均匀、合理，比例恰当。标题与说明性文字可以通过设置不同的字号来突出显示，使画面主次分明、主题突出。此外，字体不应该超过3种，并且要与整体风格相适应。

（2）色彩。整体色彩的搭配要和谐，要符合商品或品牌的定位。另外，文字与图片的颜色要有一定的差别，若背景颜色或图片颜色是深色，文字就用浅色；若背景颜色或图片颜色是浅色，文字则用深色。

（3）图片。图片在画面中的比例应该适当，不能遮挡文字，且要构图美观，重点突出。文案人员一般可以采用中心分布、左右/上下分布或对角线分布等方式放置文字和图片。

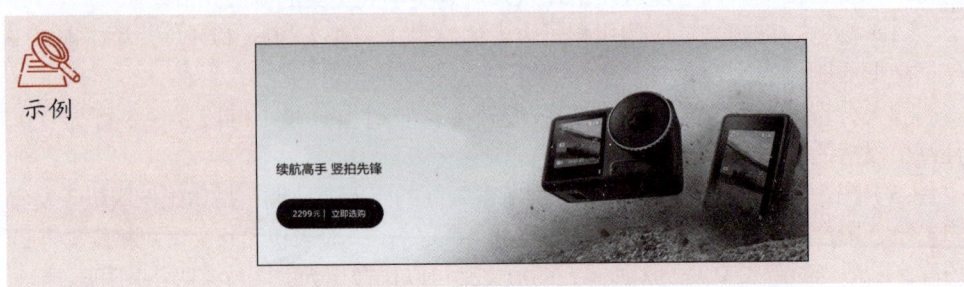

示例

文字：①主标题是商品型号，简洁直观；②副标题是商品卖点，文字简短、卖点突出；③说明性文字是价格和购买引导，明确且醒目。整体字体搭配得当，方便用户阅读。

色彩：浅蓝色与浅褐色搭配作为背景，浅色背景搭配深色文字，深色底纹搭配浅色文字，便于用户识别。

图片：整体采用左右分布的方式，左侧放文字、右侧放商品图，文字与商品图的颜色相互呼应，使画面的视觉效果更加平衡，让用户的视线自然地流动。

3.4.2　字体设置

对于图片式文案来说，字体的设置十分重要，和谐美观的字体设置能增强文案的视觉冲击力，吸引更多用户关注。

1. 字体选择

不同字体的文字在视觉上会带给用户不同的感受。文案人员选择合适的字体，可以更好地体现文案主题，并向用户准确地传达商品的设计理念和营销信息。具体来说，文案人员选择文字的字体时可以从以下角度入手。

（1）根据行业属性选择字体。不同行业带来的视觉联想是不一样的，如科技行业是现代的、精致的、理性的、高端的，所以适合笔画和结构都比较简洁、严谨、精锐的字体，如思源黑体、阿里妈妈数黑体、金山云技术体等；餐饮/食品行业多给人朴实感或历史感，所以比较适合柔和、复古的字体，如宋体、楷体、隶书等；而母婴/宠物用品行业给人的印象多是可爱的、活泼的、柔软的，所以比较适合圆润、结构灵活的字体，如圆体、娃娃体、少儿体、手写体等。

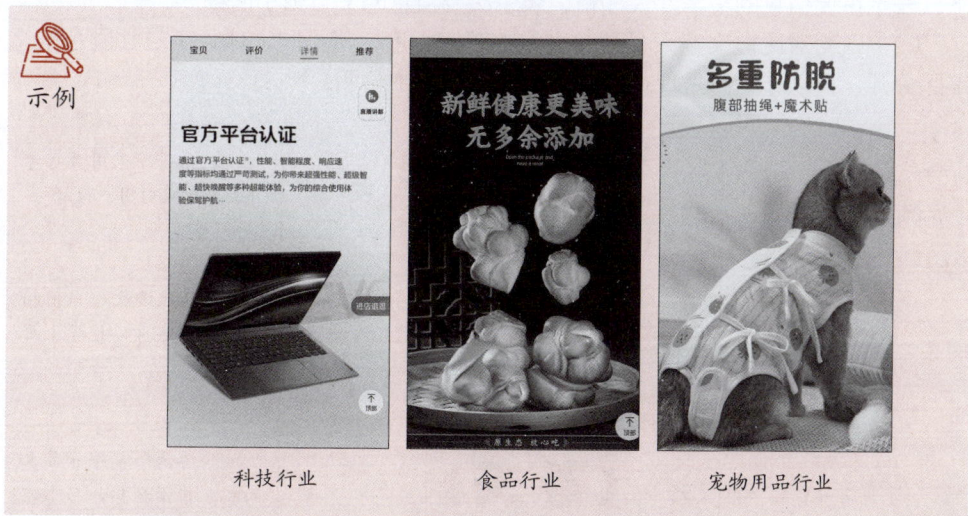

示例

科技行业　　　　　食品行业　　　　　宠物用品行业

（2）根据品牌调性选择字体。不同品牌呈现出的品牌调性是不一样的，如时尚、高端、温情等，因此文案人员可以根据品牌调性选择字体。

- 时尚、潮酷的调性对应的是个性、打破常规的风格，所以适合使用笔画很张扬的字体。

61

- 高端、大气的调性对应的是精致、优雅的风格，所以适合笔画较细、字形修长、重心偏高、较专业和经典的字体，如宋体和黑体等。
- 温情、走心的调性更适合柔和、朴实的字体，如笔画较细的手写体等。

示例

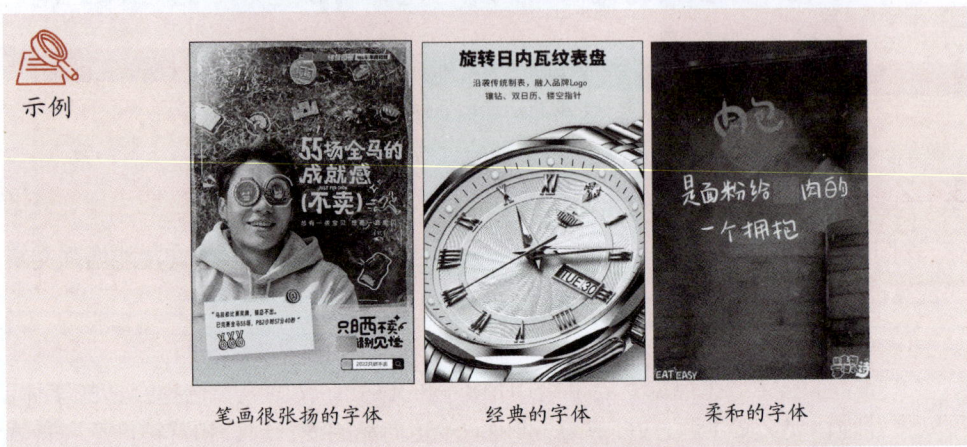

| 笔画很张扬的字体 | 经典的字体 | 柔和的字体 |

（3）根据配图选择字体。如果文案中有配图，可以根据图片的风格选择字体，如插画风格的图片可以选择手写体，中国风的图片可以选择书法字体等。

2. 文字对比

文字对比可以让文案具有层次感，从而更好地引导用户浏览、记忆文案内容。总的来说，文字对比主要体现在大小粗细对比、疏密对比和方向对比3个方面。

（1）大小粗细对比。文字的大小粗细是体现信息重要性的主要依据。通常情况下，表示重要信息的文字要大和粗，表示次要信息的文字则小而细。

（2）疏密对比。文案人员调整文字的疏密程度，将不同字体、字号和颜色的文字区分开，可以让信息呈现得更加清晰，层次更加分明。

示例

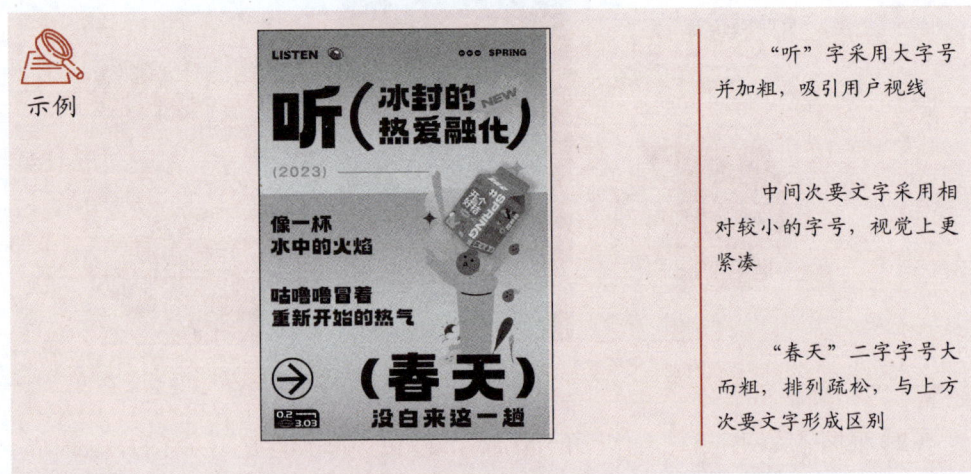

"听"字采用大字号并加粗，吸引用户视线

中间次要文字采用相对较小的字号，视觉上更紧凑

"春天"二字字号大而粗，排列疏松，与上方次要文字形成区别

（3）方向对比。文案人员将不同的文字经过设计后进行不同方向的呈现，可以有效增强版面的动感和空间感，向用户展示文字信息的不同层次和重要性。

左侧为主标题，竖向排列

右侧为说明性文字，横向排列

3.4.3　为文案配图

对于文字式文案来说，文案人员通常是先写文字内容，再配上说明性的图片，一方面吸引用户眼球，另一方面直观地传达信息，使文案更易懂、更具可读性。文案人员在为文案配图时需要注意以下要点。

（1）清晰。一定要使用清晰的图片，模糊、低质的图片会拉低整篇文案的质量和阅读体验。不仅仅是图片本身要清晰，图片中的主体也要清晰可辨。文案人员可以选用背景简单的图片，图片中背景元素过多会干扰图片主体、分散用户的注意力。

（2）尺寸恰当。各大平台都对文案图片的尺寸有一定的要求，不论文案发布在哪个平台，图片都要符合相应平台的要求，不能过大或者过小。

（3）数量适当。图片过少会使用户觉得单调、枯燥，甚至失去继续阅读的欲望；但图片过多也会使文案显得过于臃肿，降低文案加载速度，影响用户的阅读体验。因此，图片的数量应适当。

（4）匹配。图片是对文字的辅助说明，图片应和文字内容相匹配。例如，一篇描写城市人文风情的文案，可以选择展现城市标志性建筑、地方特色美食等的图片，让用户直观地领略城市风貌，并增强文案的趣味性和可读性。

（5）连贯。插入文案中的图片要和上下文联系得当，同时应尽量在完整的段落后插入图片，不要在两个段落中间添加过多的配图，否则会破坏文案的连贯性，影响用户的阅读体验。

范例阅读

展现成都标志性场所——茶馆，让用户体会成都安逸闲适的生活氛围

展现地方特色美食肥肠粉，让用户感受美食的诱人

【点评】这是一篇描写成都慢生活的文案，其配图与文字描述相辅相成，既说明了文字所表述的内容，又清晰直观、大小合适，便于用户阅读和查看。

（6）适当美化。如果插入的图片存在画面歪斜、曝光不足等情况，建议用图片编辑软件适当美化图片，如调整色彩明度或为图片添加滤镜等，使图片看起来更赏心悦目。同时，如果是同一主题的图片，可以统一图片色彩基调。

示例

▶ 客厅

来到客厅，顶部为无主灯设计，可以让空间看起来更加简约、干净。电视背景墙留白，并将底部的地台与阳台连接成一个整体，在保证整体性的前提下，也让空间多了一丝惬意的属性，从而使整个生活氛围更加轻松、休闲。

一篇介绍房屋装修风格的文案，其配图十分精致美观，采用了淡雅、清新的色调，营造了静谧美好的氛围，给用户以视觉享受

3.4.4　使用排版工具排版

前面所讲的排版设计内容对文案人员的审美能力和设计软件操作能力有较高的要求，新手文案人员一时难以达到这样的要求。然而当前网络上有很多专业的排版工具，文案人员可以使用其提供的模板来快速完成排版，并保证排版的美观性。

使用排版工具排版

主流的排版工具有 135 编辑器、稿定设计等。135 编辑器侧重于文字式文案排版，尤其适合微信公众号推文排版。稿定设计侧重于图片式文案排版，文案人员可以利用其中的模板快速制作海报文案、商品详情页等。这里使用 135 编辑器来为一篇微信公众号推文排版，其具体操作步骤如下。

（1）进入 135 编辑器网站，单击右上角的 登录/注册 按钮，在打开的对话框中使用微信扫码的方式登录。

（2）在首页上方导航栏中选择"进入编辑器"选项，在打开页面左侧的导航栏中选择"模板"选项，在样式展示区中单击选中"免费"复选框，在打开的界面中选择模板样式（编号 133800），将鼠标指针移到该样式上，单击 整套使用 按钮，如图 3-3 所示。

（3）在编辑区中将出现该模板的所有样式模块，选择第一个模块，在打开的面板中单击 删除 按钮将其删去。在第二个模块中删去所有文字，将素材文件（配套资源：\素材\第 3 章\排版文章 .docx）中的第一段复制后粘贴过来，选择该段文字，

单击出现面板中的第一个列表右侧的下拉按钮，在打开的列表中选择"默认字体"选项，如图3-4所示。

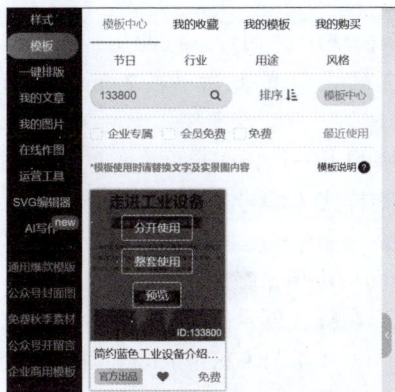

图3-3 选择并使用内容模板

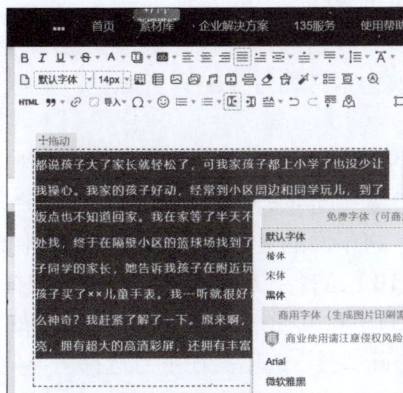

图3-4 设置字体

（4）选择该模块，在打开的面板中单击 更换样式 按钮，在页面左侧的导航栏中选择"样式"选项，在样式展示区中单击选中"免费"复选框，然后在打开的界面中选择模板样式（编号117782）。修改样式后的效果如图3-5所示。

（5）在下方的模块中选择黄色标题文字"机械设备介绍"，将其修改为"视频通话和实时微聊"，然后选择该模块的图片，在打开的面板中单击 换图 按钮，在打开的"多图上传"对话框中单击"本地上传"选项卡，在打开的选项卡界面中单击 普通图片上传 按钮，在打开的"打开"对话框中选择需要的图片（配套资源：\素材\第2章\儿童手表1.png），单击 打开(O) 按钮，返回"多图上传"对话框，单击 确定 按钮。

（6）选择图片下方的文字，将其删除，并将素材文件中"一、视频通话和实时微聊"段落的内容复制后粘贴过来。按照步骤（3）的方法调整文字的字体为默认字体。排版后的效果如图3-6所示。

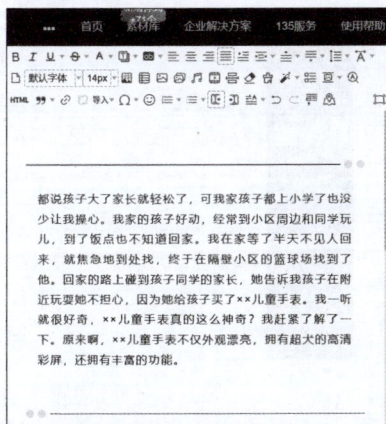

图3-5 修改样式后的效果

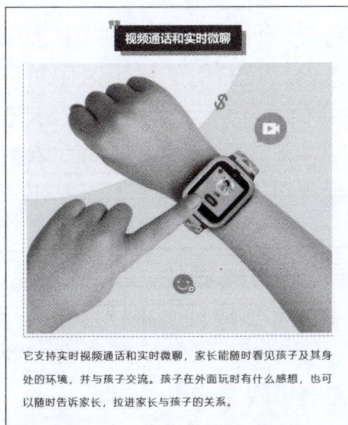

图3-6 排版后的效果

第3章 电子商务文案策划与写作

65

（7）在标题为"设备对生产的作用""提高设备质量的好处"的模块中按照相同的方法将标题修改为"智能定位""移动支付"，将模块中的文字内容修改为素材文件中对应标题下的内容。

（8）分别选择"智能定位""移动支付"模块中的图片，按照步骤4的方法将其更换为素材图片（配套资源："\素材\第2章\"下的儿童手表2.png、儿童手表3.png）。

（9）将鼠标指针定位到"移动支付"模块的下一行，在页面左侧的导航栏中选择"样式"选项，在样式展示区中选择需要的样式（编号122779），将其插入到版面中，将里面的文字修改为素材文件中的最后一段内容。

（10）选择下方的二维码模块，在打开的面板中单击 删除 按钮将其删去。

（11）将鼠标指针定位到下方合适的位置，在样式展示区上方导航栏中选择"引导/基础引导"选项，在下方选择引导分享的样式（编号92839），将其插入版面中。

（12）在编辑区右侧单击 快速保存 按钮保存排版文章，如图3-7所示，此时排版文章将以草稿形式保存。

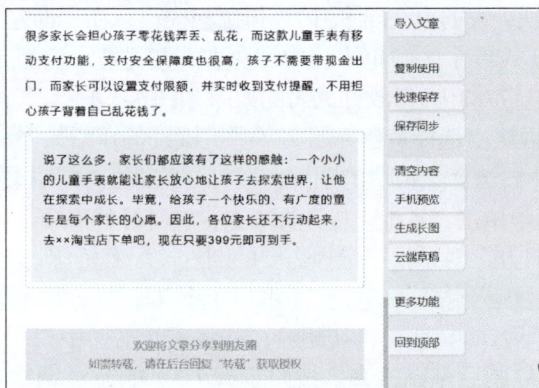

图 3-7　快速保存

（13）在页面左侧导航栏中选择"我的文章"选项，在右侧的展示区中可以看到刚保存的草稿，单击"编辑文章标题"按钮 ✎，如图3-8所示，在出现的文本框中输入文章标题"还在担心孩子走丢？小小手表来帮您"，单击"保存"按钮 🖫。

（14）单击标题下方的"预览"按钮 📄，即可在打开的页面中预览该文章的排版效果，如图3-9所示（配套资源:\效果\儿童手表文案排版.png）。

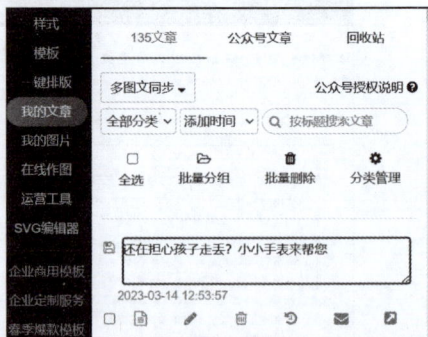

图 3-8　修改标题

（15）返回排版页面，在功能区中单击 微信复制 按钮或 外网复制 按钮，在对应的微信公众号或者网站内容发布页面中按【Ctrl+V】组合键粘贴内容，然后即可进行发布。

还在担心孩子走丢？小小手表来帮您

2023-10-14

临时预览链接，有效期剩余5时57分51秒
请勿包含诱导分享、虚假中奖、违法违纪等信息。

都说孩子大了家长就轻松了，可我家孩子都上小学了也没少让我操心。我家的孩子好动，经常到小区周边和同学玩儿，到了饭点也不知道回家。我在家等了半天不见人回来，就焦急地到处找，终于在隔壁小区的篮球场找到了他。回家的路上接到孩子同学的家长，她告诉我孩子在附近玩要她不担心，因为她给孩子买了××儿童手表。我一听就很好奇，××儿童手表真的这么神奇？我赶紧了解了一下。原来啊，××儿童手表不仅外观漂亮，拥有超大的高清彩屏，还拥有丰富的功能。

它的智能定位功能能让家长随时掌控孩子的位置，还支持大型商场、高铁站等室内场所的定位呢，而且它的系统安全防护做得很好，不仅用户数据会加密，而且家长也可以设置各种应用权限，让孩子的隐私不被泄露。

视频通话和实时微聊

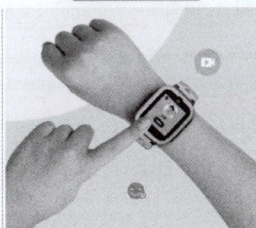

它支持实时视频通话和实时微聊，家长能随时看见孩子及其身处的环境，并与孩子交流。孩子在外面玩时有什么想法，也可以随时告诉家长，拉近家长与孩子的关系。

移动支付

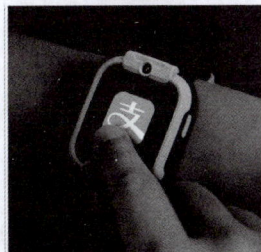

很多家长会担心孩子零花钱弄丢、乱花，而这款儿童手表有移动支付功能，支付安全保障度也很高，孩子不需要带现金出门，而家长可以设置支付限额，并实时收到支付提醒，不用担心孩子背着自己乱花钱了。

说了这么多，家长们都应该有了这样的感触：一个小小的儿童手表就能让家长放心地让孩子去探索世界，让他在探索中成长。毕竟，给孩子一个快乐的、有广度的童年是每个家长的心愿。因此，各位家长还不行动起来，去××淘宝店下单吧，现在只要399元即可到手。

智能定位

上下学守护　安全区域　历史足迹

欢迎将文章分享到朋友圈
如需转载，请在后台回复"转载"获取授权

图 3-9　预览排版效果

3.5　案例分析——一篇优秀文案的"凤头""猪肚""豹尾"

　　某品牌在3月28日"咽喉健康日"发布了一则视频文案"每一句嘱咐都是守护"，文案使用温馨的语言讲述了几个药房工作者与买药者的故事，描绘了一群温柔坚守的医务人员，以此向他们致敬。

开头：

今日我市晴，最高温 20 摄氏度，最低温 9 摄氏度，南风 3 ～ 4 级，适合户外郊游运动。在东城街涟水弄里，比天气预报更准确的是陈大爷的肩膀。这超能力肩膀，让他每天下午 3 点都准时到药房报到。这里对于独居的陈大爷来说，算得上第二个家。

正文：

可今天上岗值班的不是他熟悉的店长，而是新来的实习生方瑞。陈大爷一定没想到，新来的方瑞以前是练排球的（画面是方瑞替陈大爷贴膏药，见图 3-10）。天气多云转晴，这么看来，有时陈大爷的肩膀也不太准。（方瑞说）"大爷，您颈椎不好，有空多去公园锻炼锻炼，活动活动筋骨。"

不太准的还有运营部小徐的下班时间。老板随口加的需求，就像说下就下的雨。忙晕头的小徐当然不知道这些药怎么用。幸好，（药店工作者嘱咐说）"加班再忙也不要忘记吃药，熬坏身体可不行。"（见图 3-11）

……

人们习惯了奔忙，忙得都忽略了自己。（药店工作者说）"喂，你东西忘拿了！"（快递小哥说）"就是送到这儿的！"（原来有人给药店工作者送了一杯奶茶，附上的小纸条上还写着：照顾别人，也要照顾好自己！加油！）虽然早就习以为常，却也有了温暖的回响。

结尾：

看似平常的嘱咐，藏着治愈的光。

有的嘱咐还很生疏，却及时抚平了酸痛。

有的嘱咐很温柔，舒展了疲惫的心。

有的嘱咐很操心，因为有一颗守护的心。

他们频繁用嗓，每天都用心嘱咐每一位顾客。每一句嘱咐，都闪着治愈的光。

有光的声音，需要被守护。"3·28"咽喉健康日，守护有光的声音。

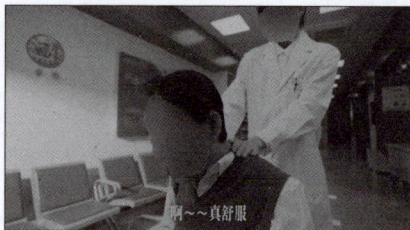

图 3-10　贴膏药

图 3-11　小徐被嘱咐

【案例赏析】

文案开头以故事引入，首先通过一句天气预报来交代故事背景，然后话锋一转，以一句"比天气预报更准确的是陈大爷的肩膀"引出第一个故事的主角——陈大爷，交代了他与药房之间的渊源，还留下了悬念，让用户好奇接下来陈大爷将会

电子商务文案策划与写作　文案策划＋内容传播＋智能写作（附微课）

在药房发生什么故事。

接着，正文讲述了药店的实习生为陈大爷贴膏药并叮嘱陈大爷多锻炼；加班的小徐冒雨前往药店，医生为她开药后贴心地为她写明了用量与医嘱，还给了她一把伞；有人为忙碌的药店工作者送上一杯奶茶，并为他加油打气。在这几个感人的小故事中，均呈现了一个核心要素——"嘱咐"，表现了人与人之间的关爱与温情，共同表现了"每一句嘱咐都是守护"的主题。

结尾则属于排比式结尾，使用了3个"有的嘱咐很××，××"的排比句式，文字对应的视频画面都呼应着故事中的药店工作者（见图3-12），进一步加深了用户对故事的印象，引发了用户的情感共鸣。同时排比句的语调是舒缓温和的，能让用户感受到嘱咐背后的温情和治愈力量。接着，文案从嘱咐转到嘱咐的人频繁用嗓，自然地引出需要推广的对象。最后以一句精练的"有光的声音，需要被守护。"3·28"咽喉健康日，守护有光的声音"点出主题关键词"守护"，不仅树立了品牌有温度的形象，还拉近了品牌与用户的距离。

图 3-12　排比句对应的画面

【案例思考】

根据上述材料思考并回答以下问题。

（1）该文案以故事开头，有何作用？

（2）该文案正文采用的是哪种结构？

（3）该文案结尾的排比句起到了什么样的作用？

3.6　课堂实训——为空气炸锅写作文案并为文案排版

随着我国经济的发展，人民的生活水平越来越高，很多人开始追求健康、高品质的饮食。空气炸锅凭借方便的操作方法和独特的原理赢得了很多用户的青睐。某家电品牌××推出了一款空气炸锅，其卖点有：支持定时控温，旋钮操作，十分便捷；内部空气360度循环布热，受热均匀；分离式炸篮，加热同时剥离油脂，使食物不油腻；5L大容量，炸篮加长加深。空气炸锅原价为699元，促销价为299元（活动期只有3天）。现为了促进该空气炸锅的销售，文案人员需要为其写作一篇推广文案并为文案排版。

【实训目标】

（1）写作有吸引力的文案标题。

（2）确定文案正文结构，写作文案正文，并配上合适的图片。

（3）使用 135 编辑器进行排版。

【实训思路】

（1）写作文案标题。根据主题，多写几个不同类型并结合多个写作技巧（如加入数字或符号、制造反差、使用修辞等）的标题，然后选择最合适的。

示例

写作不同类型的标题：

（1）命令型标题：花 299 元买下它，自己在家烤鸡翅！

（2）提问型标题：从没下过厨，却能烤出高水准的鸡翅，她凭什么？

（3）证明型标题：下单空气炸锅两个月，我成了家人眼中的大厨。

选择标题：

对比这几个标题，其中，"从没下过厨"与"烤出高水准的鸡翅"形成了强烈的反差，而且没有说明缘由，有一定的悬念，可以吸引用户点击。

（1）用"花""买"等动词凸显命令，结合数字、标点符号加强号召

（2）设置悬念和疑问，提升标题吸引力

（3）以"成了大厨"增强信任感

最终选择更具有吸引力的提问型标题

（2）写作正文开头。由于选择的标题中留有悬念，因此文案开头可以讲故事，如构思一个从不下厨的女生用该品牌空气炸锅烤出美味鸡翅的故事。

示例

正文开头：

小芳是个"好吃嘴"，喜欢到路边小摊买小吃。闺蜜告诉她，用空气炸锅自己做美食更卫生，操作也简单。小芳不信，认为这对自己这个厨房小白来说是不可能的，但还是买了一台××空气炸锅，只是放在家里闲置着。

一天，小芳被路边卖的烤鸡翅吸引，又想起了闲置的空气炸锅，于是她回家按照网上的教程用空气炸锅烤鸡翅。没想到，小芳烤出的鸡翅外酥里嫩，朋友尝了都称赞说特别好吃。这是小芳第一次感受到下厨的乐趣，她也体会到了××空气炸锅的神奇之处。你要问它到底神奇在哪儿？别急，咱们慢慢说。

内容：以讲故事的方式简单塑造了一个生动的人物形象，呈现其内心活动。此外加入了细节，包括故事的背景、食物味道的细致描写

配图：烤鸡翅的图片给予用户视觉上的冲击；让用户结合文字描述联想烤鸡翅的口感

（3）写作正文内容。空气炸锅具有多个卖点，因此可以采用并列式结构来展开介绍。具体来说，正文内容可以分为3个部分。

示例

第一部分：

转动旋钮就上菜，制作超简单

把食材放入空气炸锅后转动旋钮，选择好温度与时间，然后你可以敷面膜、做家务，或者看会儿短视频，只待"叮"声响起，你的晚餐就可以上桌了。

标题：展示商品卖点
内容：通过构建场景和画面感的方式让内容更有代入感

配图：操作展示图

示例

第二部分：

独特原理和设计，让食物少油、口感佳

这款空气炸锅采用了一种内部空气循环加热技术，可以将空气加热并使其在食物四周循环，好像一道360度旋风，使食物内外都能得到均匀加热，从而变得脆嫩可口。通过这种方式，我们可以在不加油的情况下获得炸食类食物的口感，避免传统油炸对身体的危害，同时可以更好地保留食物的营养价值。

标题：展示商品卖点
内容：介绍时不过度追求专业、严谨，而是要生动形象，可以采用比喻等方式

配图：空气炸锅原理图，帮助用户快速理解空气炸锅的原理

示例

第三部分：

超大容量，各色美食皆能炸

这款空气炸锅容量超大，就算是家人聚餐、朋友聚会等各种大场面，也能轻松胜任。想想看，朋友聚会时，你偷偷用这款空气炸锅烤一只3斤的大鱼，炸篮又长又深，将鱼放进去刚刚好，半小时后端出来惊艳所有人。朋友们聚在一起，与朋友们分享美食，本来就很令人愉快，而空气炸锅可以让烹饪过程变得更加轻松愉悦。

标题：展示商品卖点
内容：借助具体的场景来加深用户对空气炸锅容量大的认知

配图：炸篮尺寸图，增强说服力

（4）写作正文结尾。正文结尾可以简单直接，如直接强调促销价很优惠，且只有3天优惠期，让用户产生紧迫感，促使其赶紧下单。注意下单的方法要说清楚，语气要干脆。

示例	这款空气炸锅正在做活动，原价699元，现在只要299元！只有3天，机不可失，失不再来。赶紧前往力明淘宝店购买吧！	①强调原价与现价的差距，体现优惠力度；②强调活动时间有限，营造紧迫感

（5）使用135编辑器排版。进入编辑页面后，可以先在样式展示区的搜索框中搜索"美食"相关模板，然后选择简约、不花哨的模板，如编号94579的模板，保留原有的标题样式，修改文字内容，更换其中的图片，删去多余的模块，最后快速保存，修改文案标题。

示例

正文开头部分将模板样式更换为更简洁的编号124840的模板，框线和底纹设计使文字更醒目

正文内容部分精简了模板中的样式，仅保留了标题的样式，使版面更清爽

正文结尾部分保留模板样式，并将文字加粗，吸引用户的注意

课后习题

1. 选择题

（1）【单选】（　　）标题是通过一种严肃、警示、震慑的语气来说明内容，以起到提醒、警告作用的标题。

　　A. 警告型　　　　B. 认同型　　　　C. 提问型　　　　D. 揭露真相型

（2）【单选】标题"一个小数点让总监彻夜难眠"运用的是（　　）技巧。

　　A. 借力　　　　　B. 借势　　　　　C. 制造反差　　　　D. 渲染情绪

（3）【多选】下列关于文案标题的说法中，正确的有（　　　　）。

    A. 不能夸大其词　　　　　　　　　　B. 可以使用"首次"一词

    C. 要多使用"高端""卓越"等词　　　D. 长度要适中

（4）【多选】常用的正文结尾方式有（　　　　）。

    A. "金句"式　　　B. 排比式　　　C. 首尾呼应式　　　　D. 递进式

（5）【多选】下列关于文案排版的说法中，正确的有（　　　　）。

    A. 可以根据行业属性选择字体

    B. 文字对比主要体现在大小粗细对比、疏密对比和方向对比 3 个方面

    C. 对角线分布更具有稳定感

    D. 大行距给人紧张、刺激的感觉

2. 填空题

（1）首尾呼应的方式有＿＿＿＿＿＿＿、＿＿＿＿＿＿＿。

（2）正文内容写作的方式有＿＿＿＿＿＿＿、＿＿＿＿＿＿＿、＿＿＿＿＿＿＿。

（3）排比式结尾的写作步骤为＿＿＿＿＿＿＿、＿＿＿＿＿＿＿、＿＿＿＿＿＿＿。

3. 判断题

（1）以故事开头时没有必要介绍故事的时间、地点、人物等细节。　　　　（　　　）

（2）请求号召式结尾要有明确的行动指令。　　　　　　　　　　　　　（　　　）

（3）文案的配图越多越好。　　　　　　　　　　　　　　　　　　　　（　　　）

4. 简答题

（1）电子商务文案有哪些写作技巧？

（2）写作内心独白型的正文开头需要注意哪些问题？

（3）写作"金句"的方法有哪些？

5. 实践题

（1）现有一款新上市的家用智能吸尘器，其卖点有：拥有智能清洁功能，只要按下启动按钮，不需要人工辅助，便可自动吸尘；作业噪声仅为 50 分贝，且充电 5 次仅耗电 1 度；在处于卡顿停滞状况时，10 秒后会自动断电，以保证安全。

请根据商品卖点介绍写作直言型标题、提问型标题、证明型标题。

直言型标题：＿＿＿＿＿＿＿＿＿＿＿＿＿＿＿＿＿＿＿＿＿＿＿＿＿＿＿＿＿。

提问型标题：＿＿＿＿＿＿＿＿＿＿＿＿＿＿＿＿＿＿＿＿＿＿＿＿＿＿＿＿＿。

证明型标题：＿＿＿＿＿＿＿＿＿＿＿＿＿＿＿＿＿＿＿＿＿＿＿＿＿＿＿＿＿。

（2）某款空气循环扇的信息为：采用大倾角螺旋扇叶配合定向导流罩，送风集中，风距可达 8 米；风力强劲，能使室内空气形成对流循环；可配合空调、暖气等使用，达到快速制冷、制热、平衡温度的效果；优质电机可有效减少运行噪声（控制在 35dB 左右），功率为 35W；原价为 199 元，促销价为 129 元，活动一周后结束（配套资源:\素材\第 3 章\空气循环扇\）。

请为其写作一篇电子商务文案，要求正文开头要击中用户痛点，正文内容采用并列式结构，正文结尾采用请求号召式。

第4章 展示类电子商务文案写作

【课前预习】

预习课程	展示类电子商务文案写作
预习方式	1. 浏览本章内容，熟悉本章的知识结构。 2. 阅读下面的案例并回答问题。 　　某旗舰店中某款章丘铁锅的详情页文案以图文结合的方式进行呈现，利用简洁的文字和精美的图片等，向用户介绍了章丘铁锅所获取的荣誉，以及章丘铁锅的锻造手法等，能增加用户在页面停留的时间，有效吸引用户购买商品。 　　除了以上内容，商品详情页文案还对章丘铁锅的各卖点做了详细介绍，并对章丘铁锅的真假辨别方法、具体参数、开锅方法、使用注意事项等用户关注的信息做了比较详细的说明，让用户可以放心购买。 问题：（1）该商品详情页文案包括哪些内容？ 　　　　（2）商品详情页文案能起到什么作用？
预习目标	1. 能够通过阅读本章内容，熟悉本章所讲述的知识。 2. 能够通过课前预习，回答案例后提出的问题。
预习时间	30分钟
疑难点总结	

4.1　商品详情页文案的写作

商品详情页文案的写作

　　商品详情页是指在淘宝、京东等电子商务平台中，商家以文字、图片或视频等展示所销售商品信息的页面。由于电子商务平

台的特殊性，用户无法接触实物，只能通过商品详情页来判断该商品是否值得购买，所以商品详情页文案将直接影响商品的销量和转化率，对商家来说至关重要。

4.1.1　商品详情页文案的组成

商品详情页文案是对商品信息的表述，越全面越好，并且要详细描述消费者感兴趣的关键信息。商品详情页文案通常由以下 3 个部分组成。

1. 图片

图片是商品详情页文案的主要构成要素和载体。清晰直观的图片可以准确地展现商品的特点，让用户看到商品的全貌和细节。商品详情页文案中常见的图片类型有以下 4 种。

（1）商品展示图。商品详情页文案不可或缺的就是商品展示图，商品展示图可以让用户直观地认识商品，对商品产生整体印象。

示例

将沙发放置在具体的场景中进行展示，增强氛围感，有助于用户产生联想

（2）商品细节图。商品细节图是指表现商品局部的图片，包括款式细节、做工细节、面料细节、辅料细节和内部细节等。用户在网购时不能接触实物，若只能在商品详情页文案中看到商品整体外观，难免会心存疑虑，因此商品细节图能让用户对商品的品质更加放心。

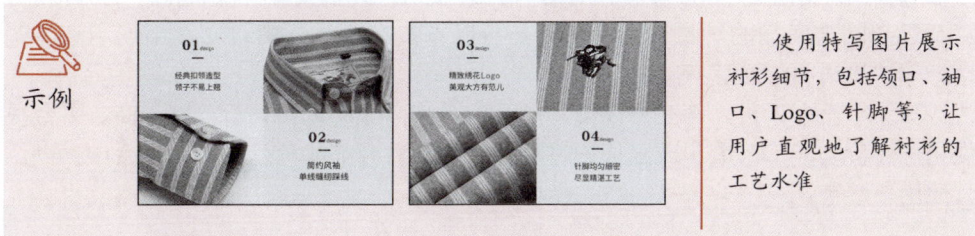

示例

使用特写图片展示衬衫细节，包括领口、袖口、Logo、针脚等，让用户直观地了解衬衫的工艺水准

（3）商品功能及设计图。商品详情页文案很多时候都是在介绍商品功能、材质和规格等，将这些信息作为卖点列出来，可以使用户更加全面地了解商品。

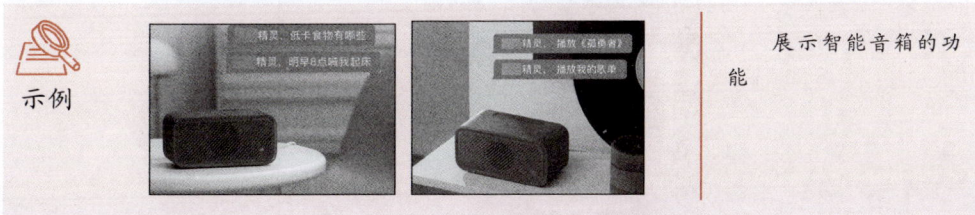

示例

展示智能音箱的功能

（4）操作演示图。有些商品详情页文案会介绍商品的操作步骤。例如，部分灯饰和书桌的详情页文案会介绍其结构与组装步骤；钢笔的详情页文案会介绍墨囊和吸墨器的使用方法；等等。

分步骤介绍尿酸测量仪器的使用方法，清晰明了，参考性强

2. 商品介绍

商品介绍是商品详情页文案的核心。商品详情页文案需要通过文字元素，将商品的全貌、性能和特点创造性地展现出来，并以此引起用户的购买兴趣。一般而言，商品介绍涉及商品的材料、功能、类型及使用说明等。除此以外，文案人员还需要在商品详情页文案中向用户展示商品的性价比、优点、售后服务和品牌故事等信息，这些信息可以单独展示，也可以结合商品的功能、材料进行说明。特别是对于家电、家居类商品，文案人员还需要让用户了解商品的使用寿命、保养技巧、物流情况和售后服务等方面的信息。

3. 其他要素

除了上述两个组成部分，还有一些要素也会展示在商品详情页文案中，包括商品销量、第三方评价、实体店情况、权威机构认证和关联推荐等。

（1）商品销量。商品如果前期销售势头强劲，其销量在同类商品中名列前茅，甚至远超同类商品的销量，则文案人员可以直接在商品详情页文案中展示商品销量，如"热销10万只"等。

（2）第三方评价。第三方评价是指已购买某商品的用户评价。电子商务平台提供用户评价功能，商家也鼓励用户将购物经历和对商品的感受发布到平台中，以供其他用户参考。

展示用户好评，并提炼其中的关键语句进行展示

（3）实体店情况。实体店情况是指实体店的规模、团队人员、独特技术和产地等方面的信息。一般而言，用户对开设有实体店的网店更信任，因为能开设实体店意味着网店有一定的经营实力和品质保证。在商品详情页文案中展示的实体店情况，可以作为其商品质量保障的有力依据。

展现茶叶品牌的线下门店数量多，体现品牌实力

（4）权威机构认证。许多用户都对具有公众影响力的机构有一种不自觉的信任和支持。在商品详情页文案中添加权威机构对商品的认证信息，有助于增强商品的权威性，取得用户的信任。

借助专业机构的认证证书来证明商品品质

（5）关联推荐。文案人员在商品详情页文案中关联推荐一些同类商品或搭配套餐，可以激发用户的购买欲望，提高客单价（指每一位用户在网店中平均购买商品的金额）。

4.1.2 普通商品详情页文案的写作

普通商品详情页文案通常从商品核心卖点出发，站在用户的角度，按照用户的购物心理和逻辑顺序，进行循序渐进的页面内容布局。这类商品详情页文案十分常见，文案人员需要重点掌握其写作方法。

1. 叙述逻辑

商品详情页文案涉及的商品信息很多，很多文案人员往往不知道从何入手。其实，文案人员可以参考以下叙述逻辑。

（1）吸引关注。用户进入商品详情页，通常会快速浏览，以判断自己是否感兴

趣，因此商品详情页文案首先要快速抓住用户的眼球，吸引用户关注。较直接的手段就是展示焦点图。焦点图的设计要美观、有视觉冲击力，其内容通常是总括性地展现商品的核心卖点或者展示商品的使用场景。

左图：展现商品的核心卖点

右图：展示商品的使用场景

（2）激发购买欲望。商品详情页文案的主要任务是促使用户购买。通常用户购物时会十分关心商品的品质，如果商品质量好、能满足各种需求，用户就很可能会产生购买欲望。因此，要想激发用户的购买欲望，商品详情页文案要围绕商品本身展开介绍，包括商品的主要卖点介绍、商品全方位展示、商品细节展示、商品规格参数介绍、同类商品对比/使用前后对比等。

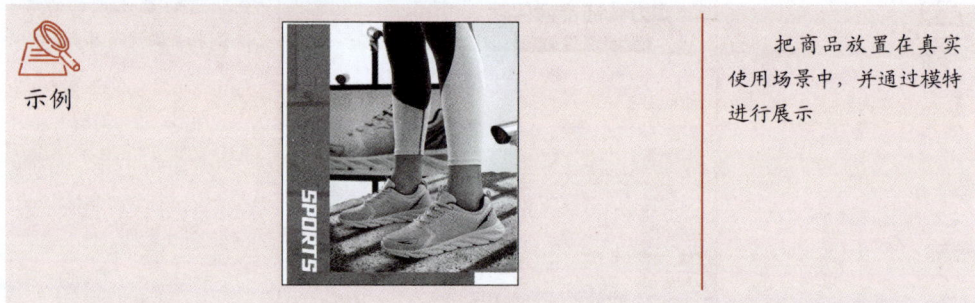

把商品放置在真实使用场景中，并通过模特进行展示

（3）强化购买信心。用户对商品产生兴趣后，可能还会有所顾虑，因此需要强化用户的购买信心，主要手段是展示品牌实力或权威背书。前者适用于知名品牌或有一定历史的品牌，通过展示品牌故事、品牌内涵可以很好地加强用户对商品的信任；后者主要是借助专业机构的证书/报告，或者专业人士的测评来佐证商品的优秀品质。

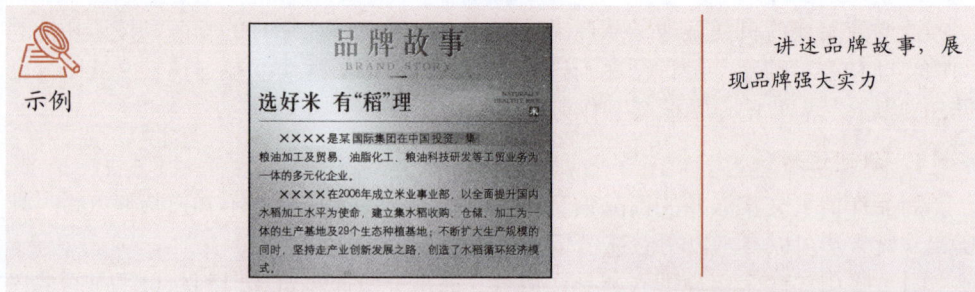

讲述品牌故事，展现品牌强大实力

（4）促进下单转化。经过前面的铺垫，文案人员要想促进用户下单，可以展示优惠券领取入口，还可以同时强调优惠力度大、优惠名额有限等。此外，文案人员还可以展示关联商品，吸引用户购买其他相关商品，以提高客单价。

示例

展示下单可获得的丰厚礼品，促使用户下单

2. 写作注意事项

写作普通商品详情页文案时需要注意以下几点。

（1）商品描述要简洁。描述商品的文字要尽可能简单、直白。一般来说，商品详情页应一屏一主题，每一屏中的核心文案最好是一个醒目的短句或词组，仅描述商品的核心卖点，表述要直观、清晰、具体，切忌抽象。其他非核心文案可以进一步阐述卖点或者描述场景，但字号应该小于核心文案。

示例

一纸三层
5张纸可吸干半易拉罐水

表现：纸张足够厚
表现：纸张吸水性强

（2）语言风格要统一。商品详情页是一个整体，各屏间的文案要保持统一的语言风格，最好是能紧贴品牌的定位。例如，针对年轻群体的潮流服装品牌，文案人员可以采用活泼俏皮的语言风格；主打文艺风的服装品牌，文案人员可以采用清新舒缓的语言风格。

（3）要善于运用对比。商品质量、材质和服务等都可以作为对比的对象，文案人员应该从用户关心的角度出发，将自身商品与同类商品可能引起用户关注的方面进行对比，以突出自身商品的优点。例如，服装类商品可从做工、面料、厚薄、质地等方面进行对比，食品类商品可从产地、包装、密封性、新鲜程度、加工和储存等方面进行对比，家具类商品可从使用感受、材质等方面进行对比。

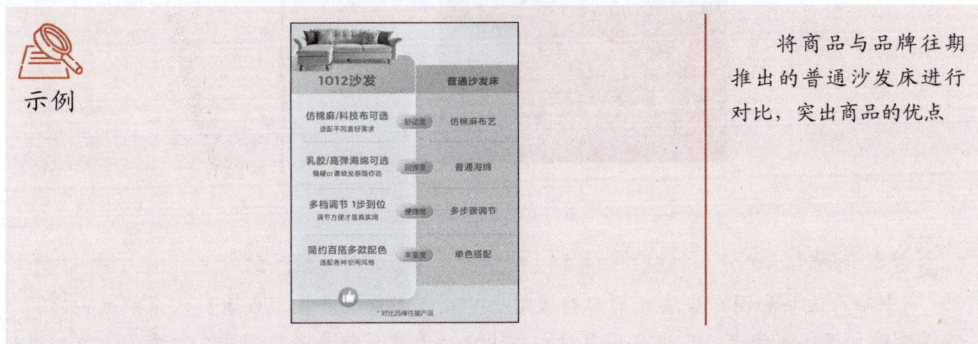

示例

将商品与品牌往期推出的普通沙发床进行对比，突出商品的优点

（4）要构建场景。构建场景即通过营造特定的场景，将用户带入某种氛围或者

情绪中去，增强用户的代入感，勾起用户的购物欲望。可以构建的场景大体上分为两大类：一类是拥有商品后的舒心场景，另一类是没有购买商品的糟心场景。而文案是否有代入感，很大程度上取决于细节是否丰富，细节越丰富，用户在脑海中勾勒出的画面越清晰，越容易产生代入感。

示例

左图：舒心场景，夏日在户外与朋友小聚，使用场景灯照明，氛围感十足

右图：糟心场景，没有使用除湿盒导致衣柜、书籍、鞋柜、墙壁等受潮发霉

（5）要注意虚实结合。普通商品详情页文案首先要做到商品信息描述符合实际情况，特别是商品的细节描述、材质和规格等基本信息，一定要真实可信，不能肆意夸大，也不能隐瞒或弄虚作假。但这样过于"老实"的文案可能很难打动用户，因此文案人员需要对商品进行"包装"，此时就需要结合"虚"的手法。"虚"是指可以对商品的文化背景等方面进行适当的美化和加工，让商品显得更加有内涵。

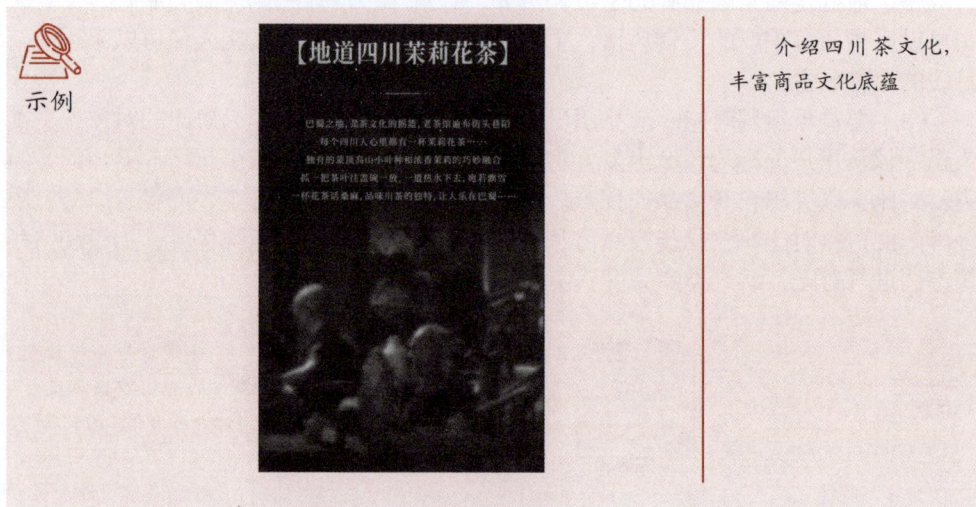

示例

介绍四川茶文化，丰富商品文化底蕴

素养提升

《中华人民共和国广告法》第四条规定："广告不得含有虚假或者引人误解的内容，不得欺骗、误导消费者。广告主应当对广告内容的真实性负责。"因此，文案人员在写作文案时要如实描述商品，不能夸大商品的功能或功效，否则将会受到法律的惩罚。

电子商务文案策划与写作 文案策划+内容传播+智能写作（附微课）

4.1.3　解决痛点型商品详情页文案的写作

不同于普通商品详情页文案从商品卖点切入，解决痛点型商品详情页文案从用户的痛点切入，以解决用户的实际顾虑为出发点介绍商品，并用逻辑严密的文字给出用户立即购买的理由。这类商品详情页文案需要具有创意性的设计和生动的表达，这样才能直击用户痛点，引发用户产生情感共鸣。

写作解决痛点型商品详情页文案的关键点是击中用户痛点，文案人员可以参考第 3 章介绍的 SCQA 模型。不过，这类商品详情页文案是以图片为主的（构建场景可以由图片来完成），文字要更精简，表达要更直接，因此可以将 SCQA 模型简化，其写作具体可以分为以下 3 步。

（1）提出与用户切身利益相关但用户可能尚未发觉的问题。

（2）增加用户对该问题的恐惧感（不宜过分夸张，否则容易引起反感）。

（3）向用户提出解决方案。

示例

提出问题　　　　　　增加恐惧感　　　　　　提出解决方案

4.1.4　故事型商品详情页文案的写作

近年来，随着普通商品详情页文案和解决痛点型商品详情页文案的同质化程度越来越高，故事型商品详情页文案逐渐开始流行。故事型商品详情页文案通过"讲故事卖商品"这种模式，加深商品在用户心中的印象。一个优秀的故事可以很好地调动用户的情绪，使他们不知不觉地认同商品的价值，最后下单购买。

通常来说，故事型商品详情页文案可以有以下写作角度。

（1）设计理念。讲述商品背后的设计理念，如讲述设计师从灵感产生到战胜困难的设计过程。

（2）原材料选择。讲述品牌如何选择高品质的原材料，如何保证原材料的安全和健康的故事，如讲述生产者如何挑选优质黄豆制造黄豆酱的故事。

（3）生产工艺。讲述商品的生产过程，包括制造工艺、生产线、质量检测、流程标准等。例如，讲述生产者如何使用家传手工技艺制作扎染服装的故事。

（4）生产工人和工厂。讲述商品生产过程中工人和工厂的故事，表现他们努力奋斗的精神和精益求精的态度。例如，讲述工人如何通过改进生产流程来提升生产质量和生产效率的故事。

（5）创始人创建品牌。讲述创始人为何决定创业、创业过程中体现出的良好品质（如追求环保、承担社会责任、传承传统文化等）。例如，讲述创始人看到家乡的农产品卖不出去烂掉，于是决定开设网店销售农产品，回馈养育自己的家乡。

当然，写作故事型商品详情页文案时不一定要拘泥于以上角度，文案人员可以综合几个角度进行写作，如首先介绍品牌创始人和品牌信念/情怀，然后讲述商品的生产过程，还可以加入一些趣味性、情怀性的内容，使故事更有感染力。

示例

四川家乡味

我是×××

感谢您对四川宜宾农家特产的支持与信任
我是土生土长的川妹子
扎根蜀南竹海宜宾长宁县 守护故乡故土
坚持手工传承 坚守农家手艺
让远离家乡的您 能感受到故乡的美味
希望这份家乡的味道能温暖

昨天晚上下了小雨
一大早勤劳的爸爸就去山上
收集树丫
为今天熏制腊肉准备好柴火

这是我们农村的土灶
小时候
吃着妈妈用大锅做出来的
香喷喷的饭菜是
最幸福的事情了

（1）介绍创始人及其家乡，朴实大方
（2）介绍腊肉的制作过程，富有生活气息
（3）回忆童年，使用户感受乡村风情，使故事更动人

素养提升

故事有打动人心、在潜移默化中影响他人的作用。品牌在创立以及生产商品的过程中会有很多故事，文案人员要有意识地选择其中积极向上的故事作为素材，这样一方面可在用户心中树立良好的品牌形象，另一方面可传递正能量和正向的价值观。

4.2　海报文案的写作

就电商行业而言，海报是指宣传商品或服务的广告性海报，其文案设计要符合商品的格调和吸引目标消费群体的关注，并根据商家的诉求为其商业目标服务。海报文案主要是指海报中的文字，它是海报的主题，用来展示海报的设计意义，海报中的图片起着辅助表达的作用。

海报文案的写作

4.2.1　商品海报文案的写作

商品海报文案是一种特殊的展示类电子商务文案，其功能是通过展示商品的性能特点或主要卖点，刺激用户产生购买商品的欲望。作为将商品展示给用户的直接方式，商品海报文案在很大程度上决定了商品海报传播的广度。好的商品海报文案能够在短时间内吸引用户的目光。文案人员可以使用以下4种方式写作商品海报文案。

1.　利益诉求

利益诉求是一种常用的商品海报文案写作技巧，是将所售商品的利益诉求直接明了地展示出来，句子不能太长，文字表达要干净利落。

2.　语言幽默诙谐

使用幽默诙谐的语言，引出需要宣传的商品，从而巧妙地展示商品特点，赋予商品鲜明的个性，这种方式有利于用户在轻松愉悦的氛围中主动阅读和接收商品的关键信息。

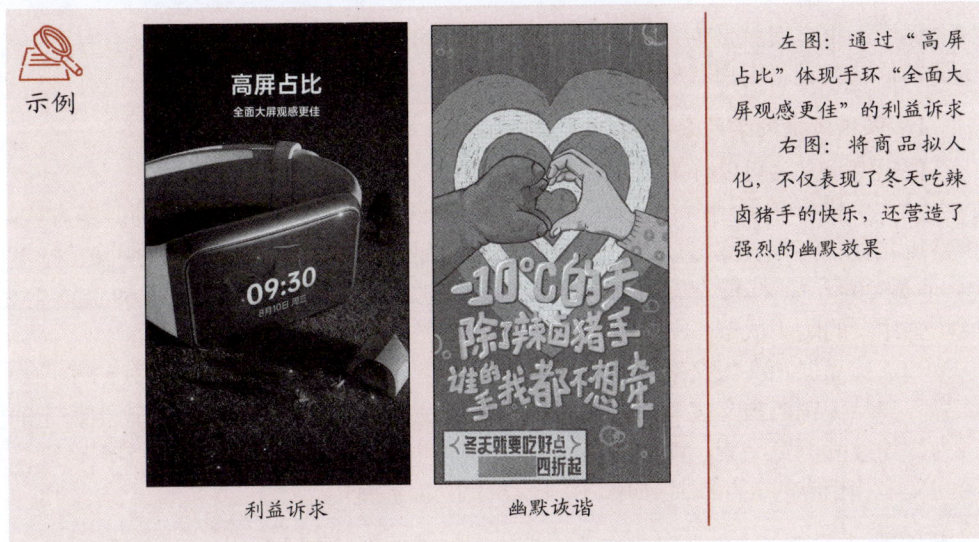

示例

左图：通过"高屏占比"体现手环"全面大屏观感更佳"的利益诉求

右图：将商品拟人化，不仅表现了冬天吃辣卤猪手的快乐，还营造了强烈的幽默效果

利益诉求　　　　幽默诙谐

3.　合理夸张

合理夸张是指将商品在某个方面的品质或特性进行夸大，以加深用户印象的一种写作方式。这种方式不仅能鲜明地强调商品的品质或特性，还能使商品海报产生一定的艺术效果。

4.　巧妙引用

使用引用的手法可以增强商品海报文案的亲和力和共情力，让用户更加容易接收营销信息。文案人员可以引用名人名言，通过名人的影响力来强化商品卖点，也可以引用经典的电影或电视剧台词，以及古诗词、成语等。需要注意的是，引用的内容要与商品的信息、形象建立关联，不要做毫无意义的引用。

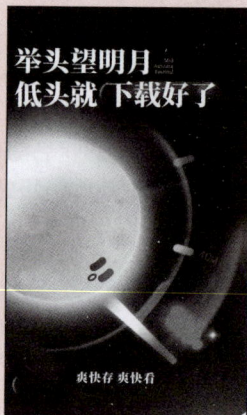

示例

合理夸张　　　　巧妙引用

左图：说沙发"让再吵的声音都变成了睡前故事"，这显然应用了夸张的手法，以突出沙发的舒适

右图：引用脍炙人口的古诗，并将诗的下一句改为"低头就下载好了"，以突出网盘下载速度快

4.2.2　促销海报文案的写作

促销海报文案就是为宣传促销活动而写作的海报文案，可以起到向用户精准传达促销信息、吸引用户参与活动等作用。

1. 促销海报文案的分类

促销海报文案可以分为以下 3 种类型。

（1）价格折扣促销海报文案。价格折扣是电子商务行业常用的一种促销方式。价格折扣促销海报文案多以简洁直观的语言搭配具体的数字，向用户说明降价幅度（如立减 20 元）、打折力度（如买两件打 8 折）、促销价格（如促销价 69 元）等，以增强用户的购买欲望。

（2）奖品促销海报文案。奖品促销通常是指以向用户赠送奖品的方式给予用户优惠。奖品促销海报文案利用奖品对用户形成一定的吸引力，促使用户产生特定的行为，如继续浏览文案、购买商品等。需要注意的是，奖品促销海报文案应该以简洁的文字和相应的奖品图片让用户一眼就看出奖品是什么。

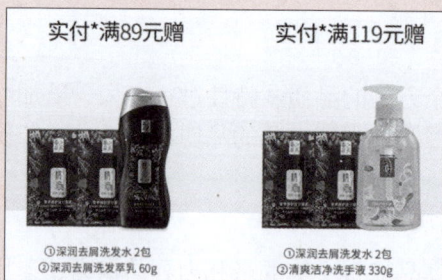

示例

以简洁的文字和相应的礼品图片让用户一眼就看出奖品是什么

（3）会员促销海报文案。会员促销旨在通过提供差别化的服务和精准的营销来提高用户忠诚度，让用户为品牌创造更多价值。会员促销海报文案是为会员促销服

务的，主要作用是吸引用户成为会员、促使会员消费等。因此，会员促销海报文案要明确会员福利，并通过特定的文字表述让会员福利看上去更独特、高端。

示例

"特享会员礼遇" 和礼盒图片体现出尊贵感

2. 促销海报文案的写作技巧

文案人员应根据促销活动的主题和促销手段来写作促销海报文案，通常可以利用以下3个写作技巧。

（1）加入高频词。经总结发现，在不同促销海报文案中，总有一些内容是相同且经常出现的，这些就是高频词。在促销海报文案中加入高频词能起到快速吸引用户、提高转化率的作用。促销海报文案中常用的高频词有"免费""立省""直降""超值"等。

（2）使用符合目标人群偏好的语言。不同的群体拥有不同的偏好。面对不同的目标人群，促销海报文案在表达内容和语言风格上也要有所不同。只有使用目标人群偏好的语言来写作促销海报文案，才能使文案吸引目标人群的目光。例如，针对年轻消费群体的促销海报文案，可以多使用一些网络用语或者幽默诙谐的语言；针对养宠群体的促销海报文案，可以多使用叠词、拟声词等，如"贴贴""喵喵"等。

（3）制造紧迫感。促销海报文案需要给用户一个立刻行动的理由，而在很多情况下，只有紧迫感才能促使用户马上参与促销活动。制造紧迫感的手段无非是强调稀缺性，如活动马上截止、活动名额只有××个等。此外，制造紧迫感的信息（如时间、名额等）要突出显示，可以将文字加粗、加大字号等。

4.2.3 活动海报文案的写作

活动海报可以吸引目标群体参加活动，良好的活动海报文案能让用户一眼看出活动的主题和亮点。活动海报文案可以包含活动主题、规则、时间、地点、特色等多种元素，因此非常灵活多变。为了让活动海报文案更具吸引力，文案人员可以使用以下写作技巧。

1. 根据目标人群确定主题

在撰写活动海报文案前，文案人员需要先确定活动的目标人群，再确定活动海报文案的主题，构思文案亮点，从而吸引更多的目标用户参与活动。有吸引力的主题能够让活动海报文案更加突出，从而提高活动的参与率，提升活动效果。

主题"欢迎来到创意元宇宙"借用了"元宇宙"这个新兴概念，很好地契合了目标人群（设计师）的关注点

2. 制造参与感

文案人员在活动海报文案中为用户制造参与感，可以增强文案的互动性，让用户感觉参与活动能获得一定的好处。文案人员在制造参与感时要注意以下要点。

（1）突出主要信息。文案人员将能吸引用户参与的信息放在活动海报的醒目位置，如上方、中间等，并通过加粗、加大字号等方式将主要信息与其他元素形成区分。

（2）明确参与活动的意义。参与活动的意义可以是获得物质层面的奖励，也可以是获得精神层面的价值感，如通过为社会做贡献、帮助他人等获得的成就感，这些都可以提高用户参与活动的积极性。

（3）突出活动的可参与性。文案人员在活动海报文案中要明确写出有参与性的活动环节，如在线投票、晒图、拉票等，让用户感到活动的可参与度高。

（4）语言简洁易懂。文案人员将参与活动的流程和规则用简洁易懂的语言准确表达出来，让用户可以轻松理解。

示例

主要信息以大字号显示

"为荒漠增绿"让用户感到参与活动能为环保事业做贡献，活动是有意义的

用简洁、通俗的文字告诉用户如何认领梭梭树及获取奖励，让用户感到可参与性强

3. 使用一句话文案来吸引用户关注

一句话文案就是由一句话构成的文案，即用一句话准确传达活动海报文案想要表达的信息。要写好一句话文案，文案人员可以采用做减法的方式，即从原有文案中删减一些不必要的词语，保留核心关键词来表现活动特点，以精简、易记忆的语言传达文案信息。

改前：健身房免费体验啦！你可以享受到各种各样的专业健身器材和场地，还有由一流的私人教练提供的专业指导

改后：免费开启健身之旅，专业教练为你提供全方位服务

通过做减法的方式提炼一句话文案，删减部分重复的内容以及一些描述性的形容词

此外，一句话文案不能是大长句，应尽量把一句话表述为短句的组合，使文案更易于阅读和记忆；或使用对仗句，使文案显得更短促有力。

4.3　商品评价回复文案的写作

就电子商务而言，用户可以在交易完成后将购物体验、使用感受等分享到评价中心，商家可以对用户的商品评价进行回复。通常来说，文案人员对商品评价进行回复有助于用户了解商品，增加用户对商家的好感。因此，文案人员有必要掌握商品评价回复文案的写作。

商品评价回复
文案的写作

4.3.1　商品好评回复文案的写作

商品好评回复文案是指当用户给商品以好评时商家给出的回复文案。商家应认真对待用户的评论，既可以选择一本正经地感谢回复，也可以趣味性地与用户互动。有趣的互动会让用户会心一笑，增加其对商家的好感。

商品好评回复文案可以包含以下几个方面的内容。

（1）表达感谢。感谢用户对商品的认可和支持，以及花时间评价商品。

（2）强调品质和服务。在回复文案中可以强调商品的品质和服务都十分出色。

（3）承诺提供后续服务。表明后续将持续为用户提供优质服务。

（4）表明不断提升的态度。表明商家将会继续努力提供更好的商品或服务，根据用户反馈不断改进和升级。

（5）祝福。祝愿用户生活愉快，并期待再次为用户提供优质商品或服务。

文案人员要注意用简洁的语言表达，语气要真诚、恳切，保持谦逊的态度，尽量选择积极、正面、肯定的词汇。除此之外，文案人员还可以彰显品牌的正面形象，如坚持、努力、执着等。

非常感谢您的肯定！您的好评让我们倍感欣慰，也让我们更加坚定了持续不断创新、追求卓越的信念。在这个充满挑战和机遇的时代，我们认为品质是品牌的灵魂。因此，我们始终贯彻着严格的标准并不断精益求精。如果您还有其他任何需求和建议，请随时联系我们，我们将全心全意为您服务。最后，祝您生活愉快！

包含内容：感谢用户的肯定＋表明不断创新、追求卓越的信念＋承诺提供后续服务＋祝福

对于商品好评，文案人员可以准备多个不同版本的回复文案，这需要文案人员从不同角度来构思。回复文案的版本与格式越多，用户就越不会觉得是模式化回复，也越容易相信回复内容。此外，亲、亲爱的、先生、女士、小可爱、客官等称呼都可以选用，只是需要根据场景选择使用。

4.3.2　商品差评回复文案的写作

商品差评对品牌或网店有很大的负面影响，会给其他用户带来不好的印象，因此商家需要及时回复商品差评。商品差评回复文案可以包含以下内容。

（1）真诚道歉。对用户遇到的问题深表歉意，向用户真诚地道歉。

（2）提供解决方案。根据用户遇到的问题提供解决方案，力求让用户满意。

（3）接受批评和建议。接受用户的批评和建议，表示愿意持续不断地改进和优化商品或服务。

（4）合理解释。如果用户对商品存在误会（如因不会使用而误以为商品质量不好），需要积极解释，争取化解误会。

（5）做出承诺。承诺此类问题不会再发生或者以后会积极改进。

示例	
针对商品味道大的差评回复： 顾客您好，很抱歉我们的衣服没有让您满意。我们的衣服在经过生产质检合格后会被直接打包，衣服密封在包装袋里可能会有些许气味。但请放心，这种气味不会对您的健康造成影响。就像您新装修的房间需要通风后才能入住一样，新衣服也需要通风才能去除气味。我们使用的材料都是经过检测合格的，对人体无害。	包含内容：真诚道歉＋合理解释（提供"检测合格"的证据，增强说服力）＋解决方案（衣服通风）
针对商品色差大的差评回复： 顾客您好，在拍摄商品图片的过程中，不同的光线容易导致图片与实物有差异，给您带来不好的购物体验我们感到非常抱歉！如果您实在不满意商品颜色，可以申请退货哦，我们提供了运费险呢。今后我们会尽力减小色差，再次感谢您的光临！	包含内容：真诚道歉＋合理解释（说明色差产生原因）＋解决方案（可以申请退货）＋承诺做出改进

需要注意的是，回复差评时需要表现出真诚、热情、负责任的态度。另外文案人员还要注意措辞，应尽量使用亲切、诚恳或幽默的词汇，不能给用户不屑一顾或敷衍塞责的感觉，要表明对用户反馈的重视。

4.4　案例分析——网店的"吸睛"展示文案

某日化用品网店自成立以来，销售情况一直不温不火，但近来却有了明显的起色，

电子商务文案策划与写作　文案策划＋内容传播＋智能写作（附微课）

而且收获了不少忠实用户。商家总结后认为这在很大程度上要归功于网店的展示文案。

【案例展示】

该网店的商品详情页文案都很有吸引力，其中一款马桶便圈湿巾的详情页文案最具代表性，如图4-1所示。

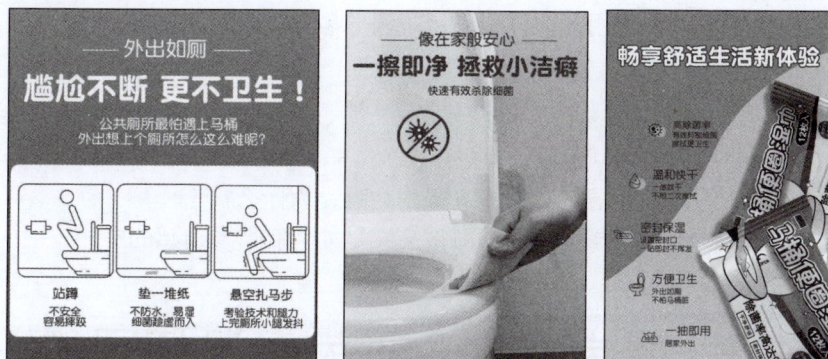

图4-1　商品详情页文案

此外，该网店还积极开展了会员促销活动和价格折扣促销活动，图4-2、图4-3所示分别为会员促销活动海报文案和价格折扣促销活动海报文案。

图4-2　会员促销活动海报文案　　　图4-3　价格折扣促销活动海报文案

【案例赏析】

就商品详情页文案而言，其属于解决痛点型商品详情页文案。其首先以"外出如厕 尴尬不断 更不卫生！"来提出问题，并唤起用户对类似经历的记忆，让用户意识到确实存在这个痛点；然后分别描述了用户由于担心公共马桶不卫生而采取的各种不安全、不舒适的如厕方法，进一步加深用户对此问题的忧虑；紧接着，"一擦即净 拯救小洁癖"一句文案及其配图给出了解决问题的方案——使用马桶便圈湿巾；最后简明扼要地介绍了商品的卖点，说明了商品的消毒效力和使用便捷性，增强了文案的说服力。

就会员促销活动海报文案而言，其通过简洁明了的语言介绍了会员福利，"入会即抽""满额礼赠""好友入会"等文字能让用户感到福利很丰富，"专享""尊享"等文字可以凸显会员的尊贵感。

就价格折扣促销活动海报文案而言，其不仅清楚交代了活动力度，还通过"放价联欢"和富有喜庆色彩的配图渲染了浓厚的购物氛围，并在下方设置了优惠券的领取入口，添加了"去使用"字样引导用户领券参与促销活动。

【案例思考】

根据上述材料思考并回答以下问题。

（1）该网店的商品详情页文案能说服用户吗，为什么？

（2）该网店的价格折扣促销活动海报文案是如何制造紧迫感的？

4.5 课堂实训——为保温杯写作商品详情页文案

某网店推出了一款保温杯，容量为480mL，内胆采用316不锈钢材质，杯盖内置智能芯片和LED高清显示屏，能实时显示杯内液体温度；还设计了硅胶密封圈，可以防漏、防水；杯身采用不锈钢双层抽真空和真空侧镀铜技术，能够阻隔温度传导，进而实现保温；杯身轻（仅280g），便于携带。此外，该保温杯还获得了权威机构的认证证书。

【实训目标】

为保温杯写作普通商品详情页文案。

【实训思路】

（1）设计商品焦点图。焦点图可以很好地吸引用户眼球，一般需要具备较强的视觉冲击力。在焦点图中，文案人员可以将保温杯放置在具体的使用场景中，再搭配光影变化和核心卖点介绍，让用户对保温杯有一个直观的认识。

示例

一触即显 温暖呵护
智能过温杯盖便携

保温杯与手相搭配，表现使用场景

用简洁明了的语言表现核心卖点

白色杯身与棕色背景形成反差，视觉冲击力强

（2）详细展示商品。此部分可以围绕商品卖点展开，详细介绍各大卖点，以刺激用户的购买欲望。

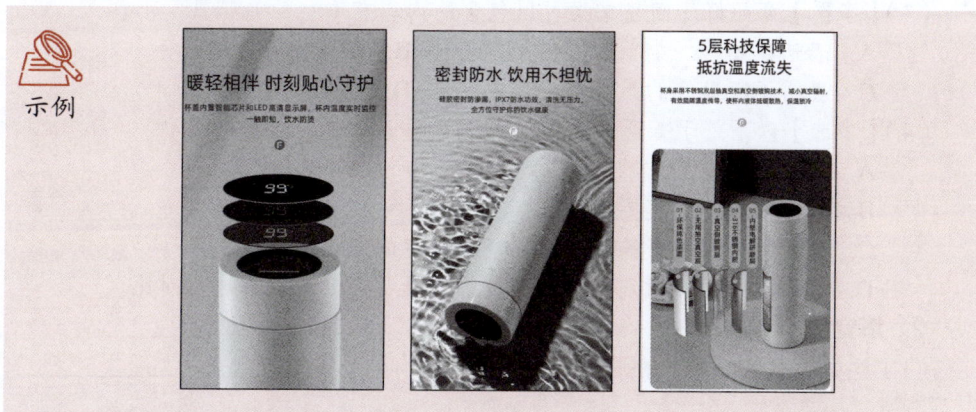

示例

（3）展示商品细节。为了让用户更加全面地了解商品，文案人员还需要展示商品细节，包括杯盖、杯口、杯底等。

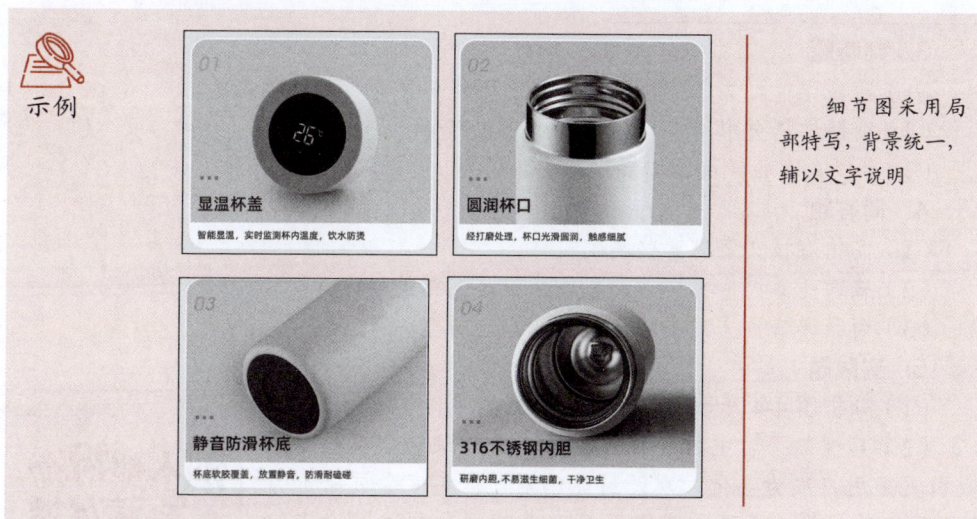

示例

细节图采用局部特写，背景统一，辅以文字说明

课后习题

1. 选择题

（1）【单选】以下属于故事型商品详情页文案写作角度的是（　　　）。

  A. 商品的价格区间　　　　　　　　B. 商品的颜色选择

  C. 商品的设计理念　　　　　　　　D. 商品的包装材料

（2）【单选】下列关于海报文案写作的说法中，不正确的是（　　　）。

  A. 促销海报文案可以加入高频词"免费""超值"

  B. 促销海报文案需要制造紧迫感

C. 参与感对活动海报文案来说不重要

D. 促销海报文案中的文字要简练

（3）【多选】商品好评回复文案可以包含的内容有（　　）。

A. 表达感谢　　　　　　　　　　　　B. 承诺提供后续服务

C. 表明不断提升的态度　　　　　　　D. 祝福

（4）【多选】以下关于普通商品详情页文案的说法中，正确的有（　　）。

A. 商品描述要简洁

B. 语言风格不一定要统一

C. 商品的文化背景等方面可以经过一定的美化和加工

D. 可以就质量、材质和服务等方面将商品与其他商品进行对比

2. 填空题

（1）解决痛点型商品详情页文案的写作步骤有＿＿＿＿＿＿＿＿＿、＿＿＿＿＿＿＿＿＿、

＿＿＿＿＿＿＿＿＿。

（2）促销海报文案分为＿＿＿＿＿＿＿＿＿、＿＿＿＿＿＿＿＿＿、＿＿＿＿＿＿＿＿＿。

（3）故事型商品详情页的写作角度有＿＿＿＿＿＿＿＿＿、＿＿＿＿＿＿＿＿＿、

＿＿＿＿＿＿＿＿＿、＿＿＿＿＿＿＿＿＿。

3. 判断题

（1）商品详情页文案应该真实可信，不能肆意夸大或隐瞒信息。　　　（　　）

（2）商品详情页中不包括促进下单转化部分。　　　（　　）

（3）可以在商品详情页中展示商品细节图。　　　（　　）

4. 简答题

（1）促销海报文案有哪些类别？

（2）普通商品详情页文案的叙述逻辑是怎样的？

（3）商品详情页文案中的商品介绍包括哪些内容？

5. 实践题

（1）分析图 4-4 所示的海报文案采用的写作技巧。

（2）某视频平台主打各种正版影视剧和综艺节目，为了
吸引更多用户成为会员，现开展促销活动：年度会员原价为
249 元，现价为 199 元。请使用加入高频词和制造紧迫感的
技巧来写作简短的促销海报文案。

图 4-4　海报文案

电子商务文案策划与写作　文案策划+内容传播+智能写作（附微课）

第5章　品牌类电子商务文案写作

【课前预习】

预习课程	品牌类电子商务文案写作
预习方式	1. 在搜索引擎中搜索"知名品牌标语"，查看各大知名品牌的经典标语。 2. 浏览本章内容，熟悉本章的知识结构。 3. 阅读下面的案例并回答问题。 **美团跑腿的有趣品牌故事** 　　儿童节当天，美团跑腿发布了名为"巧用美团跑腿过六一"的品牌故事，讲述了3个美团跑腿员工为用户提供个性化服务的故事，包括替父亲前往幼儿园为孩子送礼物、为朋友送祝福、替父亲摸摸女儿的头。故事的戏剧性很强，涉及的服务略带搞怪色彩，突出了美团跑腿可以为用户提供各种定制化的需求服务。通过该品牌故事，美团跑腿成功地将跑腿的场景拓展到更多方面，让用户改变了对美团跑腿的固有认知。此外，该品牌故事还通过人物动作、语气的变化等细节塑造了一个个鲜活的人物形象（包括用户和美团跑腿员工），既拉近了品牌与用户的心理距离，又让美团跑腿服务在用户心中留下了深刻印象。 　　问题：（1）该品牌故事的亮点是什么？ 　　　　　（2）品牌故事可以讲述哪些内容？
预习目标	1. 能够通过查看知名品牌的标语，对品牌标语有初步的认识。 2. 能够通过阅读本章内容，熟悉本章所讲述的知识。 3. 能够通过课前预习，回答案例后提出的问题。
预习时间	30分钟
疑难点总结	

5.1　品牌类电子商务文案概述

　　品牌类电子商务文案是针对品牌文化写作的，用于树立品牌形象、推广品牌的一种文案。优秀的品牌类电子商务文案能加深用户对品牌的印象，提升用户对品牌文化及品牌理念的认同感，使品牌的普通用户成为忠实用户。

品牌类电子商务
文案概述

5.1.1　品牌类电子商务文案的特点

　　品牌类电子商务文案不同于商品推广中的销售文案。销售文案是引导用户产生购买欲望的文案，旨在直接提高商品销量，具有即时性。品牌类电子商务文案侧重于影响用户对品牌的认知，旨在树立鲜明的品牌形象，带动品牌传播，扩大品牌知名度，这使品牌类电子商务文案具有以下三大特点。

1. 有调性

调性原本是音乐领域的一个词语，不同的调性带给人的听觉感受不同，如轻快、低沉等。要在用户心目中形成鲜明的品牌形象，品牌类电子商务文案也要有明确的调性（即要明确希望带给用户的感觉，如欢快、温馨等）。

示例	百事可乐：突破渴望	调性：年轻、生机勃勃
	一加手机：不将就	调性：高端、有个性

2. 可传播性强

可传播性强指的是品牌类电子商务文案具备一定的社交性、分享性和传播性，能够在社交媒体等多个渠道快速传播，从而达到宣传品牌的目的。通常，有个性、通俗易懂、能引发用户情感共鸣、能吸引用户的品牌类电子商务文案具有较强的可传播性。

3. 突出品牌优势

品牌类电子商务文案要突出品牌优势，让用户了解品牌的独特之处，从而引发用户的购买兴趣，增强用户对品牌的信任。

5.1.2　品牌类电子商务文案的写作步骤

品牌类电子商务文案的质量高低对于品牌形象有较大的影响，因此文案人员在写作品牌类电子商务文案时一定要认真对待，可以参照以下流程进行写作。

1. 收集和整理资料

文案人员要想写出生动的品牌类电子商务文案，就必须深入探究与分析品牌本身，了解品牌的定位、文化内涵、诉求、目标消费群体和竞争对手等信息。因此，文案人员首先要做好资料收集与整理工作。

2. 提炼主题

品牌类电子商务文案的主题来源于品牌历史、品牌资源、品牌个性、品牌价值观和品牌愿景等，包括基本主题和辅助主题，通常通过品牌名称、品牌标语或品牌故事等进行表达传递。例如，前述的美团跑腿品牌故事"巧用美团跑腿过六一"的主题就是：让用户感到快乐，就是美团跑腿奔跑的意义。

3. 撰写初稿

完成以上两项准备工作后，文案人员就可以着手准备品牌类电子商务文案的写作了。写作品牌类电子商务文案时，文案人员一定要将品牌理念和品牌的其他各种内在因素一一表达出来，以便用户轻易、完整地了解品牌的全部信息。

品牌类电子商务文案的写作角度并不单一，文案人员可以根据品牌需要呈现的效果来选择品牌类电子商务文案的写作角度，如品牌创始人的角度、用户的角度等。文案人员选择不同的写作角度可以写出不一样的品牌类电子商务文案，均有可能达到震撼人心的效果。

4. 斟酌用词、修改文案

文案人员在写作品牌类电子商务文案的过程中，可能因为语言组织、逻辑等方面的问题导致文案表述不流畅，因此需要仔细斟酌用词，选择适合品牌主题且能够表达品牌理念的词语或优美的句子。写作完成后，文案人员还要通读并校对文案，修改文案中的错误，保证文案中没有出现错别字、语法不通等问题。确定文案没问题后，就可以定稿了。

5.2　品牌标语的写作

一个成功的品牌形象由一系列相互关联的元素组成，每个元素都旨在宣传品牌的价值。除了品牌图标或标志，传播范围较广并能给用户留下深刻印象的就是品牌标语了。

品牌标语是用来传递有关品牌的描述性或说服性信息的短语，用于对外表达品牌态度，突出品牌所代表的商品或服务的独到之处，或品牌希望对用户许下的具体承诺，以加深用户对品牌的积极认知。

品牌标语的写作

5.2.1　品牌标语的写作原则

品牌标语的特征是信息单一、内涵丰富、句式简短、朴素流畅、可反复运用。如果要使品牌标语具有以上特征，文案人员就必须在写作时坚持以下原则。

1. 简短易记，口语化

品牌标语要实现广泛传播，必须是简短易记、口语化的。这意味着品牌标语不仅要采用简洁明了的表述方式，而且要符合用户的语言习惯和思维方式。因此，品牌标语不能使用书面化语言和生僻的词句，也不能随意使用方言。

2. 用词朴素，合于音韵

品牌标语应该使用平易近人而不是华丽、虚浮的词汇，以拉近品牌与用户之间的距离。此外，品牌标语应该像古诗一样读来朗朗上口，富有音韵美，最好能押韵。

示例	
雷达表：不在乎天长地久，只在乎曾经拥有	押韵："久"和"有"
雪碧：晶晶亮，透心凉	押韵："亮"和"凉"

3. 突出个性

品牌标语一定要突出个性，否则会被海量的信息淹没。品牌标语的个性可以体现在不同的思维方式、表达方式和观念中。

示例	Keep: 自律给我自由 特仑苏: 不是所有牛奶都叫特仑苏 微信公众号: 再小的个体, 也有自己的品牌	反常识的思维方式 否定式的表达方式 去中心化的新观念

4. 意义深远

品牌标语要有深层次的意义，能够为用户留有想象空间，让他们不断回味其含义。

示例	农夫山泉: 我们不生产水, 我们只是大自然的搬运工 海澜之家: 一年逛两次海澜之家 今日头条: 你关心的, 才是头条	含义: 水源质量好 含义: 款式齐全 含义: 根据用户兴趣推送信息

5.2.2 品牌标语的类型

品牌标语能够传达品牌的核心理念、文化和使命，是品牌建设中不可或缺的元素。不同类型的品牌标语有不同的侧重点，文案人员可以根据实际情况灵活选择。

1. 形象建树型

此类品牌标语可以树立良好的品牌形象，赢得用户的好感，为品牌的长期销售活动做有效的铺垫。

示例	小米: 为发烧而生 江小白: 我是江小白, 生活很简单	品牌形象: 注重技术钻研 品牌形象: 年轻化

2. 优势展示型

此类品牌标语一般着重强调品牌的特点和优势，直接向用户传递品牌的关键信息和价值。

示例	京东: 多、快、好、省 拼多多: 3亿人都在用的App	优势: 商品多、物流快、服务好、价格低 优势: 用户多

3. 号召行动型

此类品牌标语一般都是通过鼓励性的祈使句促使用户采取购买行动。

示例	溜溜梅: 没事就吃溜溜梅 六个核桃: 经常用脑, 多喝六个核桃 BOSS直聘: 找工作, 上BOSS直聘	结构: 状态+行动 结构: 状态+行动 结构: 需求+行动

电子商务文案策划与写作 文案策划+内容传播+智能写作（附微课）

4. 情感唤起型

此类品牌标语是通过触发用户的情感共鸣，让用户对品牌产生更深刻、更长久的记忆和情感连接。

示例	自然堂：你本来就很美	情感：自我肯定、爱自己
	欧派：有家、有爱、有欧派	情感：家庭温暖

5.2.3 品牌标语的写作技巧

品牌标语通常要用简短的一句话给用户留下深刻的印象，因此品牌标语对文案人员的写作能力要求较高，文案人员有必要掌握一定的写作技巧。

1. 明确利益诉求

采用明确利益诉求的方式撰写品牌标语，就是向用户做出承诺，告诉用户商品能为其带来的好处。采用这种方式撰写品牌标语，文案人员需要深入了解并掌握商品的核心功能，分析并提炼该功能带给用户的好处，然后用精练准确的文字将其描述出来，让用户产生相关的品牌认知，具体可以参考以下写作思路。

（1）卖点＋利益点。其写作逻辑是因为商品有××卖点，所以用户能获得××利益点。

示例	厨邦酱油：厨邦酱油美味鲜，晒足180天	卖点（晒足180天）＋利益点（美味、鲜）
	vivo：2000万柔光双摄，照亮你的美	卖点（2000万柔光双摄）＋利益点（拍照美）

（2）痛点＋利益点。其写作逻辑是先击中用户痛点，再告诉用户使用××商品可以解决问题。

示例	王老吉：怕上火，喝王老吉	痛点：上火

（3）直接展现卖点。

示例	瓜子二手车：瓜子二手车直卖网，没有中间商赚差价	卖点：价格低
	美团：美团外卖，送啥都快	卖点：速度快

2. 挖掘商品属性

商品属性是指商品本身所固有的性质，是商品不同于其他商品的性质的集合。商品常见的属性包括历史、原材料、产地、工艺等。文案人员可以挖掘商品属性，找到具有差异性或优势的某个属性作为商品的核心诉求点，如新技术、独家工艺、独特秘方等，然后通过文字的阐述与概念的引导，形成独特的品牌标语。

示例		
爱马仕：爱马仕，始于 1837 年的当代工匠	属性：历史
简爱：生牛乳、糖、乳酸菌，其他没了	属性：原材料
特仑苏：沙漠有机，就是更好有机	属性：产地
西关老阿婆：煲足 8 小时，正宗西关味	属性：工艺

3. 使用双关手法

双关是在特定的语言环境中，借助语音或语义的联系，使语句同时关涉两种事物，表达双重含义，而又言在此意在彼的修辞手法。巧妙的双关具有点石成金的效果，能化平淡为有趣，让人回味无穷。双关手法可以分为以下两种。

（1）谐音双关，即利用词语的同音或近音构成的双关。具体来说，文案人员要写作谐音双关的品牌标语，可以在谐音词语原有词义的基础上增加与商品名称或商品特点相关的意义，将原有词义与商品相关的新义巧妙地糅合在一起，增加品牌标语的信息量。

示例		
蔚来：蔚来已来	谐音（蔚来→未来）+意义（蔚来品牌创立，将拥有未来）
天猫：尚天猫，就购了	谐音（尚→上、购→够）+意义（上天猫，满足一站式购物需求）

（2）语义双关，即利用词语的双重意义构成的双关。语义双关的品牌标语通常既传达了品牌信息，又传达了深层含义。

示例		
英雄钢笔：谁都热爱英雄	英雄：品牌名称+拥有非凡勇气、高尚品质、杰出成就的人
美的：原来生活可以更美的	美的：品牌名称+美好

4. 直接嵌入品牌名称

直接嵌入品牌名称的品牌标语由品牌名称加上表达品牌内涵和特质的其他词语或短语组成。采用这种方式创作的品牌标语，其品牌名称纯粹作为品牌的称呼，没有其他任何的延伸含义。将品牌名称放入品牌标语中，实际上就是直接表明品牌身份，简单明了地告诉用户"我是谁，我的品牌内涵是什么"，让用户记住品牌，加深用户对品牌的联想。

示例		
美团，美好生活小帮手	品牌名称（美团）+内涵（美好生活小帮手）
海尔，真诚到永远	品牌名称（海尔）+特质（真诚）

文案人员在写作品牌标语时可以运用以下句式。

（1）整齐句式：由两个或两个以上字数相等、意思相关而结构不同的句子排列而成。例如，"维维豆奶，欢乐开怀""一卡在手，畅游神州"。

（2）对偶句式：将字数相等、结构相同或相近的一对句子并列。例如，"动感有形，生活有方""无宝马，不英雄"。

（3）顶真句式：用上一句结尾的词语或句子做下一句的开头，使前后句子头尾相连。例如，"万家乐，乐万家"。

5.3 品牌故事的写作

品牌故事是整合品牌发展过程中的商品信息、品牌形象、品牌文化等基本要素，加入时间、地点、人物以及相关信息，并以完整的叙事结构或感性诉求传播推广的故事。品牌故事是品牌文案的主要类型，一个生动的品牌故事可以引发用户对商品的共鸣，以及对品牌文化的深切认同。

品牌故事的写作

5.3.1 品牌故事的写作切入点

为了让品牌故事更加有吸引力和感染力，文案人员在写作品牌故事时，要仔细挖掘品牌故事的切入点。常见的品牌故事写作切入点有以下几个。

1. 品牌创始人的故事

品牌创始人的故事通常涵盖了品牌产生的契机、品牌理念的来源，以及品牌在成长过程中的艰辛经历。这些元素可以激发用户对品牌的认同感和共鸣，使他们更加深入地了解品牌，并且信任和喜爱品牌。

范例阅读

轩妈蛋黄酥的品牌故事

每位妈妈都希望能多些时间陪伴孩子。我在轩轩出生后便放下工作，当起了家庭主妇。我喜欢为轩轩做各种手工零食，但轩轩有些挑食，为此我也费尽了心思来讨他喜欢。 | 交代创始人创业前的背景

有一次，我做了蛋黄酥，轩轩竟一口气吃了3个，还一直闹着，让我再做，我心里高兴极了！很难得这挑食的小宝贝会对一种食品那么馋。于是我就经常为轩轩做蛋黄酥，还尝试了不同的做法。 | 讲述蛋黄酥的由来

有一天，轩轩的小伙伴们来家里做客，他的小伙伴们吃了蛋黄酥后，都纷纷表示"太好吃了！"只见轩轩扬起他的小脸骄傲地说："这是我妈妈做的！"那一刻，我收获了满满的成就感！ | 美味的蛋黄酥给创始人带来成就感

后来，其他妈妈纷纷向我询问蛋黄酥的做法，都想着亲手为孩子制作一份有爱的蛋黄酥。看着妈妈们和宝贝们吃着蛋黄酥时温馨的画面，我很想向更多的朋友传递这种温暖，于是就创立了"轩妈蛋黄酥"。 | 分享品牌产生的契机

从为轩轩制作蛋黄酥到为更多的朋友制作蛋黄酥，我始终认为：关心的爱，在于对食材的严选；用心的爱，在于对手工现做的坚持。美食承载着我们的心愿，能快乐分享的，就是爱！有爱才有味！ | 表达创始人的初心与信念

【点评】该品牌故事以第一人称的口吻和朴实真挚的语言讲述了品牌创始人创立品牌的背景和经过，生动地刻画了一个有爱心、负责任的母亲形象，使品牌变得更有温度，很容易使用户产生好感。

2. 品牌历史

在大浪淘沙的漫长岁月中，只有优秀的品牌才能幸存下来，并做到历久弥新。因此，讲述品牌历史可以展现品牌的实力和底蕴，是撰写品牌故事的常用方式。此类品牌故事主要通过展示品牌从创建至今的漫长时间中的经历，体现品牌的某种精神（如坚韧不拔、精益求精等）。品牌历史故事一般包括如下内容：品牌从创建到走向成功所经历的困难、品牌发展中发生的感人小故事、品牌发展阶段中的关键举措、品牌所取得的成绩和获得的荣誉等。

范例阅读

冠生园的品牌故事

1915 年，28 岁的冼冠生在上海老城厢九亩地露香园路（今上海市黄浦区大境路）开了一家名叫"小雅园"的食品店。 | 品牌创立

冼冠生倾力经营，确立了"扬己所长""人无我有""真工实料"的经营思想。1918 年，为适应发展需要，他将店铺改组为冠生园股份有限公司，公司投资 10 万元开设了局门路的工厂，扩大了糖果、饼干的生产。 | 确立经营理念

1928 年，冼冠生将冠生园开到了上海最繁华的南京路上。

1932 年，冼冠生在上海漕河泾购地 40 余亩，建立起新的厂房，用于生产饮料、饼干、糖果、面包、糕点和罐头。同时，冠生园还引进了成套的食品机械设备，使工厂的生产能力有了进一步的提高。

1943 年，上海"ABC 糖果厂"（后并入冠生园）经过精心研发，推出了国产奶糖"大白兔"。 | 品牌逐渐壮大

1994 年，冠生园第一个外地销售中心在哈尔滨成立。为顺应市场发展趋势，冠生园把触角伸向全国，在哈尔滨、杭州、武汉、兰州相继设立了 4 个销售分公司。 | 进一步扩大销售版图

2000 年，冠生园借助创新的集约化管理模式，形成了全新的 | 大胆革新

电子商务文案策划与写作 文案策划+内容传播+智能写作（附微课）

扁平化管理层级，下属品牌公司及部门间优势互补、资源共享，以适应市场快速多变的需求。

<table>
<tr><td>2009 年，冠生园成为世博会糖果项目赞助商。</td><td>取得重要荣誉</td></tr>
<tr><td>2015 年，冠生园诞生 100 周年。</td><td>品牌历史关键节点</td></tr>
</table>

【点评】该品牌故事讲述了冠生园从创立到诞生 100 年的过程，介绍了品牌发展的关键节点及对应举措，让用户对冠生园如何从一家小食品店发展成为历史悠久的知名品牌有了全面的认识。

3. 产地文化

对于一些地域性较强的品牌来说，文案人员可以当地的风土人情、文化特征等作为切入点来创作品牌故事。这类品牌故事会让用户产生一种新奇感，并认为这个品牌是有文化内涵的。

文案人员在写作此类品牌故事时，首先要深入研究产地的历史、传统、文化和地理等方面的信息，如当地的民间传说、历史故事和文化符号等，然后从中挖掘出最能代表品牌精神和理念的元素，以此为核心来写作品牌故事。另外，文案人员还可以适当地传达品牌价值观，如创新、传承传统文化、环保等，以此来增强品牌故事的感染力。

📖 范例阅读

昌南陶瓷的品牌故事

昌南，春秋时属楚东境，因在昌江之南而得名。

昌南冶陶，始于汉室，2000 年的冶陶史，1000 多年的官窑史，600 多年的御窑史，奠定了昌南举世公认的"世界瓷都"地位。

> 交代昌南的基本情况

昌南北部的高岭山出产一种烧制瓷器的重要原料——瓷土。瓷土因为出于高岭，高岭土和高岭石便成为两个地质术语并名扬天下。勘山采矿是制瓷的第一道工序。按照古老的配方，要历经成千上万次锄捣，才能把坚硬的瓷石逐一开采出来，变成细腻的瓷土，再经多道工序加工，瓷土才能成为可用的瓷泥坯。

> 讲述昌南出产的制瓷原料和制瓷工艺

......

公元 1004 年，由于昌南所造瓷器非常精美，远销世界，且作为朝廷贡品，深受宋真宗的喜爱和赞誉，为表彰昌南为朝廷所做的贡献，宋真宗便把年号"景德"赐予昌南作为地名。从此昌南所产瓷器皆底书"景德年制" 4 个字。从此景德镇制瓷名扬天下。

> 交代"景德"这一名称的由来

......

昌南景德镇，一座以制瓷闻名于世的城市。这里三面青山一面水，一城瓷器半城窑，千年窑火，生生不息。

> 升华主题、抒情

【点评】该品牌故事选取了昌南具有代表性且与品牌直接相关的制瓷文化，娓娓道来，语言凝练、讲究，充满了美感和历史感，可以让用户感受到昌南绵延千年的制瓷史所蕴含的生生不息的意蕴，以及品牌背后的文化内涵。

近年来，很多农特产品品牌开始意识到品牌故事的重要性，大力挖掘农特产品产地的地域文化，将其融入品牌故事。这不仅增加了农特产品品牌的文化内涵，助力农特产品走出乡村、进入全国市场，同时还传播了优秀的地域文化。

4. 品牌理念

品牌故事不仅可以讲述品牌由来，还可以向用户传递品牌理念。此类品牌故事适用于走差异化路线的品牌，需要向用户明确地讲述品牌创立的目的是什么、品牌具有哪些特质、品牌与同行竞争者相比具有哪些优势等。

范例阅读

且初的品牌故事

2018 年年初，且初诞生于上海，且初实验室同时成立。我们发现生活习惯和个体特质不同的用户，对洗护产品有着截然不同的功效期待和使用偏好。且初认为应该尊重每一个微小而确切的需求，为用户提供能够切实解决个护痛点、真实改善肌肤问题的洗护产品……

品牌理念：关注差异化的护肤需求

【点评】该品牌故事以品牌理念为切入点，讲述了品牌及其实验室创立的缘由，点明了品牌的定位，有助于加深用户对品牌的认知。

5. 用户与品牌间的故事

以用户与品牌间的故事为切入点的品牌故事也十分常见，主要是讲述用户使用品牌商品前后的变化或者用户与品牌之间发生的事件，品牌往往是故事的重要线索。此类品牌故事可以让用户产生代入感和认同感，拉近品牌与用户之间的距离。

范例阅读

京东品牌故事"新年第一单"

我是一件物品，一件普普通通的物品，但每年这个时候就变得不那么普通了。

新年好，我是你新年下单的第一件物品。还记得我是谁吗？

我是你买给妈妈的取暖器。因为去了北方的你才发现没有暖气的长沙老家，冬天真的很冷。

我是你买给自己的专业书，书里写着，你一定会靠自己的努力在这座城市扎根。

我是你送给爷爷的新手机，是你用人生第一笔工资买的。

我是你新年下单的第一件物品。不，我是你新年第一份对妈妈的暖心，给自己立的"Flag"，一些感动，一些日常，每一点长大，每一种生活，每一个期待。

以物品的口吻开启陈述

分别讲述与用户有关的新年第一单的故事，积蓄情感

集中释放积蓄的情感

还记得你的新年第一单吗？当零点钟声敲响，无数个我又将在 | 表明品牌将一直陪伴用户
路上和下一个新年一起开启你新的故事。

【点评】该品牌故事把商品融入故事人物的日常生活中，并将商品拟人化，让商品作为旁观者客观呈现故事人物的喜怒哀乐，让用户感受京东与其日常生活的紧密联系，十分感人。

5.3.2 品牌故事的要素

故事就是用语言艺术地反映生活、表达思想感情的一种叙事类文体。故事要么寓意深刻，要么人物典型或情节感人，总之就是要给用户留下深刻的印象，切忌情节平淡、没有可读性。故事一般包括背景、主题、细节、结果和点评5个要素。文案人员通过文字将这些要素生动地描写出来，是撰写品牌故事的关键。

1. 背景

背景是指故事发生的有关情况，包括故事发生的时间、地点、人物、起因等。背景的介绍并不需要面面俱到，重要的是说明故事的发生是否有什么特别的原因或条件。

2. 主题

主题是故事内容的主体和核心，主题的深浅与表达的内容往往决定着作品价值的高低，文案人员需要将其融入人物形象、情节布局、环境描写和高明的语言技巧之中。主题可以通过以下途径进行表述。

（1）人物。人物是故事思想主题的重要承载者，人物形象的塑造可以很好地反映故事所要表达的思想主题，揭示某种思想或主张。

（2）情节。情节在故事中起着穿针引线的作用，它可以将故事的开始、发展和结束串联起来，形成一个完整、鲜活的故事。情节的展开可以推动故事的发展，让故事层层深入，并吸引用户。

（3）环境。文案人员通过对社会环境或生活环境的描写来揭示或暗示某种思想，同时结合人物思想性格的背景描写，可以很好地体现故事所要表达的主题。

（4）抒情语句。故事一般不会直白地表达主题，但会通过一些抒情的语句来表达。

3. 细节

细节描写就是抓住生活中细微的典型情节加以生动细致的描绘，使故事情节更加生动、形象和真实。细节一般是文案人员精心设置和安排的，是不可随意取代的部分。恰到好处的细节描写能够起到烘托环境气氛、刻画人物性格和揭示主题的作用。常见的细节描写方法有语言描写、动作描写、心理描写和肖像描写等。

4. 结果

故事有起因当然就有结果，告诉用户故事的结果能够加深他们对故事的了解和体会，有利于故事在他们心中留下印象。

5. 点评

点评即对故事所讲述的内容和反映的主题发表一定的看法，进行一定的分析，

以进一步揭示故事的意义和价值。点评应尽量从故事内容出发，引发用户的共鸣和思考。

📖 范例阅读

别克的品牌故事

旁白：睁眼的那一刻我就知道自己跟别的车不一样，我有两个主人。老徐和老易毕业以后，他俩做了一个重大决定，一起买车，共同创业。既然他俩情同战友，四舍五入我就是一辆战车，而且是一辆多功能战车。	背景：人物（老徐和老易） 起因：两人一起买车
旁白：我下得了工地，上得了厅堂，当得了餐桌，搞得定客户，拿得下大单。	细节：这辆车陪伴他们生活、工作、成家
旁白：我还能当婚车，别的车都是贴一个"囍"字，我贴了俩。	
旁白：眼看日子越过越好，新的麻烦来了。	
两个小孩在争执："这是我家的车！""爸爸，这是谁家的车？"	情节：两家小孩争着要这辆车
老徐和老易：这是咱家的车。（画面中两人买了两辆新车）	结果：双方各自买了新车
旁白：我们并肩作战，赢来的不仅仅是人生，更有不输于时间的感情。	主题：车见证友情

【点评】 该品牌故事以用户与品牌间的故事为切入点，讲述了两位情同手足的朋友与别克车的故事，车成了两人多年友情的见证。该品牌故事篇幅不长，却要素齐全，首先简单交代背景，再以细节铺陈车与用户的关系，然后以两个小孩的争执为转折点，最后迎来一个完满的结局。

5.3.3 品牌故事的写作技巧

采用完整的故事结构可以更好地叙述故事，但并不意味着有了完整的故事结构就有了优秀的故事。要写好品牌故事，文案人员还可参考以下3个方面的写作技巧。

1. 设置陌生的情景

老套的故事情景往往缺少吸引力，而令用户感到陌生的情景能带来更多的新鲜感和刺激感，让故事产生更多的可能性。文案人员在写作品牌故事的过程中，不需要故弄玄虚，可以从不同的角度去讲述故事情景，如别克的品牌故事讲的是人们熟悉的友情故事，选择的却是车的视角。同时，文案人员要减少直白的叙述，营造场景感和画面感，使故事更具吸引力。

🔍 示例	每天都有10万个奈雪绿色保温袋离开店里，它们穿过城市的一个个路口，落脚小区，去往楼宇。后来这一抹绿色便有了自己的家。	宏观描述保温袋的去向，也让后面的故事有了多种发展可能性

2. 揭示人物心理

人物的行为是故事的表面现象，人物的心理则是故事发展的内在依据。描写人物的心理就是描写人物的思想活动，以反映人物的内心世界，展现人物欢乐、悲伤、矛盾、忧虑或满怀希望的情绪，从而更好地刻画人物性格。

揭示人物心理的方法有很多，目的都是表现人物丰富而复杂的思想感情，让故事更加生动形象和真实。

（1）内心独白

内心独白是常用的一种揭示人物心理的方法，以第一人称描述为主，是人物倾诉、透露心理活动的重要手段。内心独白的表达方式并不单一，其既可以通过一整段话来表达人物内心所想，也可以通过其他的方式进行表达。

📖 范例阅读

棉制品的品牌故事

小时候，我在渡轮上经常看到有个神秘的地方写着"非工作人员禁止入内"的文字，然后我就很好奇地问爸爸我能不能去里面看一下，他说开船的人才能够进去，我说那我也想去开船。父母希望我能够成为像白求恩一样的医生，白响恩的名字就是这么来的。哪怕他们给我起了这个名字，也不能改变我的梦想。在别人的期待和自己真正的热爱之间，我还是选择了后者。	从儿时经历说起 讲述父母期待与内心热爱的冲突
当时我那一届大概有32名女生，真正还在海上的就只有我一个人了，没有人告诉我怎样成为一名女船长，我真的是在摸着石头过河。刚上船的时候我也晕船，但我告诉自己，我一定不能吐，至少我不能在大家面前吐。	讲述主角初上船时的心理活动
我觉得没有哪条路是一帆风顺的，那就选择自己热爱的，好好努力就好了。我希望机会来的时候不会因为我不行而错过它。慢慢地，我从一名实习生变成了一名能够独立当班的驾驶人。	讲述主角的信念
很多人形容女生像玫瑰，而我觉得自己更像一朵棉花，既有内心的柔软，又有应对人生挑战的坚韧。航海是我认定的一辈子要去做的事情，是忠于内心的选择。选择自己想要的，用行动去捍卫它，那些想改变的自然会发生。选择让改变发生。××（品牌名称）相信改变的力量，用一朵棉花改变世界。	点明主题，与品牌理念相呼应

【点评】 该品牌故事以第一人称独白的形式讲述了主角如何萌生想当船长的梦想，如何执着地追求梦想，呈现了主角与外部环境、梦想与困难之间的冲突，语言朴实、不煽情，却能让用户感受到主角坚韧、强大的内心。

（2）心理概述

心理概述是指通过第三人称的方式，以旁观者的身份剖析、评价人物的内心活动。其不仅可以更加细腻地表现人物的心理活动，还能在展开故事情节的过程中描述人物的感情变化，是一种比较灵活的描写方式。

（3）动作暗示

动作暗示也可以传达人物的心理活动，可通过人物的手势、眼神和姿态等来呈现。

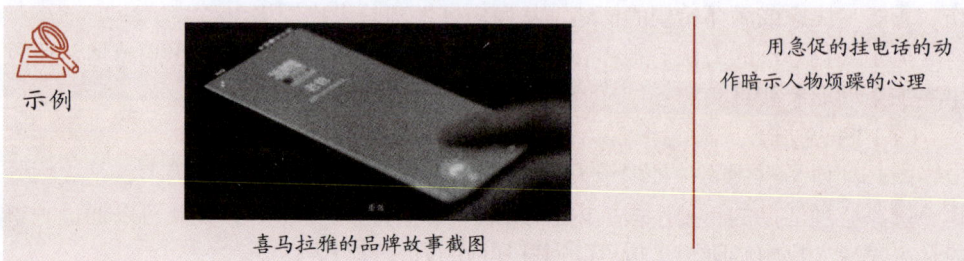

用急促的挂电话的动作暗示人物烦躁的心理

喜马拉雅的品牌故事截图

3. 增强故事的可读性

可读性是指故事内容吸引人的程度，以及故事所具有的阅读和欣赏价值。如何将品牌故事写得生动有趣以引起用户的共鸣是大部分品牌的文案人员都在思考的问题。文案人员可以从 3 个方面入手增强品牌故事的可读性。

（1）故事新颖。新颖的品牌故事能够让人眼前一亮。独特、充满创意的品牌故事不仅可以从众多品牌故事中脱颖而出，还能加深用户对品牌的印象。

（2）情感丰富。故事中的人物形象立体、矛盾激烈、情感叙述能引发用户的共鸣，是品牌故事打动用户的关键。

（3）语言叙述得体。品牌故事的描写不能使用太专业或偏技术性的词汇，应该尽量简单、通俗易懂，让用户能够快速明白所讲述的内容。

素养提升

要写出打动人心的品牌故事，文案人员可以多阅读经典文学著作，如四大名著等，学习优秀作家对故事、人物、情感、细节的描写，将其与当代人的生活经验相联系，为文案创作提供灵感和素材。

5.4 品牌公关文案的写作

所谓品牌公关文案，就是品牌向用户传递信息的一种文章载体，通常以媒体为介质进行传播。一篇优秀的品牌公关文案，可以让用户清晰地读懂品牌想要传递的信息，是用户了解品牌动态的有效途径。

品牌公关文案的
写作

5.4.1 品牌公关文案的作用与分类

在信息时代，网络上关于品牌的信息五花八门，此时品牌的正式对外发声显得

尤为重要，品牌公关文案的重要性也就不言而喻。文案人员在写作品牌公关文案前，需要掌握品牌公关文案的作用和类别。

1. 品牌公关文案的作用

品牌公关文案是宣传品牌、展示品牌形象、传递品牌理念的重要手段。当品牌遭遇负面舆论时，好的品牌公关文案能起到平息负面舆论的作用。具体来说，品牌公关文案具有以下作用。

（1）统一口径。在互联网时代，品牌商家为了统一宣传口径，确保品牌传递的信息准确、一致和清晰，需要发布品牌公关文案。这样可以避免繁杂的信息给用户带来困扰，有助于在用户心中建立正向、稳定的品牌形象。

（2）塑造品牌形象。品牌公关文案可以通过正面的宣传、报道和故事化的呈现，展现品牌实力、理念和文化价值观，塑造品牌形象，提高品牌的美誉度，提升品牌价值。

（3）提高品牌曝光率。品牌可以通过各种渠道发布品牌公关文案，并扩大其传播范围，让更多用户看到。此外，品牌公关文案发布后会长期留存在互联网上，用户在搜索品牌时很可能看到，进而建立起对品牌良好的印象。

（4）挽救品牌形象。当品牌自身发生不良变化或社会上发生的特殊事件对品牌造成不良影响时，品牌商家往往会发布品牌公关文案，及时做出反应，澄清事实，承担责任，以快速挽救品牌形象。

2. 品牌公关文案的类别

品牌公关文案可以分为以下两类。

（1）新闻稿。新闻稿主要是针对品牌动向的即时性报道，如对销售业绩、新品上市活动、发布会、出席展会活动等的通报。新闻稿的信息要全面，要从官方的角度阐述品牌商家此次行动的宗旨，并且应该简短明了，突出核心内容，以便用户快速了解新闻背景和关键信息。

（2）危机公关稿。危机公关稿通常是品牌商家针对有关自身的不良事件或舆情危机发布的应对性文案，这类情况需要品牌商家快速响应、果断应对，以控制自身形象的受损程度。

5.4.2 品牌公关文案的写作方法

品牌公关文案的写作与品牌故事的写作十分不同，其相对而言更正式、规范。下面介绍品牌公关文案的写作方法。

1. 新闻稿的写作方法

新闻稿通常由标题、开头、正文、结尾4部分组成。

（1）标题。标题要实事求是，突出重点，不能使用空话、套话。写作标题时可以参考"活动（会议/报告/发布会）+地点+动词（召开/举行/举办/启动/召集/开幕/落幕）""品牌/品牌高层+事件（获得荣誉/发表言论）"等模板。

（2）开头。开头一般以新闻提要的方式呈现，以简练的语言阐述事件，多包含

5个"W"和1个"H"，即When（何时）、Where（何地）、Who（何人）、What（何事）、Why（何故）和How（如何），可帮助用户快速明确重点。

（3）正文。正文一般是对描述事件的进一步展开，同时交代一些细节信息，包括事件发生的背景、相关的细节及其他要强调的重点。叙述时要适当分段，使用小标题加以概括，并按照重要程度从高到低依次叙述。

（4）结尾。结尾一般会对事件的意义进行拔高，总结整个事件的效果、影响，以及未来的发展等。此外，结尾还可引用行业权威人士的话，以加强稿件的客观性。

🔍 **范例阅读**

格力电器荣获国内首批实验室"质控先锋"证书

　　近日，格力电器在"中国检验检测学会第一届电子电器实验室质控先锋评选活动"中，被评选为"电子电器实验室质控先锋"，成为国内首批获此殊荣的企业。 *（标题：品牌＋事件（获得荣誉）／开头：一句话交代事件背景）*

　　1. 专业领域权威评选 *（正文：小标题提炼要点）*

　　为传播先进质量理念，促进质控工作创新，本次"实验室质控先锋"评选对参评实验室的质量管理、内部质控活动、外部能力验证等工作成果进行客观评价，结合线上答辩专家评审的方式，最终评选出在质控工作方面具有行业先进性、代表性的实验室。 *（介绍此次评选活动的权威性）*

　　2. 实力雄厚，管理严密 *（小标题提炼要点）*

　　一直以来，格力电器凭借自主创新积淀了雄厚的科技实力，以严于国家标准的企业标准为依托，已经形成了严密的质量管理体系。此前格力电器便已荣获国内首批"七星领先实验室"认证。

　　格力电器实验室自成立以来，一直坚持"服务至诚，公正严明，优质高效，持续改进"的质量方针，不断完善管理体系和检测能力，努力提高检测技术水平和服务质量。实验室严格按照ISO/IEC 17025《检测和校准实验室能力的通用要求》建立健全全面质量管理机制，重视人员质量技术及质量意识的提高，开展多种有效的质量控制活动，自主开发数字化实验室管理系统，检测能力获得了包括CNAS、CQC、TUV、CSA等国内外权威机构的认可。 *（介绍格力电器实验室的检测能力和管理体系，以及实验室的使命（为产品质量保驾护航））*

　　伴随着创新技术的不断涌现，格力电器配备了满足多元化电器产品研发试验需求，拥有众多先进仪器设备以及检测人才的领先实验室，为格力电器产品质量保驾护航。

　　服务铸就品牌，质量引领未来。格力电器将继续以自主创新为依托，打造国际一流实验室，为行业高品质产品的创新开发和规模应用提供更多检测保障和质量服务！ *（结尾：拔高意义，表明品牌对技术、创新的重视及为行业做贡献的决心）*

【点评】该品牌公关文案以严谨客观的语言介绍了品牌实验室获得证书的荣誉，整体采用三段式结构，首先介绍事件背景，然后详细介绍了评选活动和品牌实验室，最后将事件意义拔高到质量把关、技术创新和为行业做贡献的高度。

2. 危机公关稿的写作方法

危机公关稿对于品牌危机公关至关重要，一篇好的危机公关稿可以平息负面舆论，甚至使品牌获得用户的好感。危机公关稿的写作常按照如下步骤进行。

（1）标题简明扼要，表明回应对象。

（2）说明事件起因。

（3）承认过错并诚恳道歉。

（4）表明态度。

（5）给出解决方案。

（6）表示感谢，再次表明态度。

（7）表示诚恳接纳各方建议，并提出愿景。

（8）落款并加盖公章。

范例阅读

××公司针对"3·15"晚会报道的声明	
针对××"3·15"晚会报道的关于××平台广告问题，我们高度重视，并充分意识到在平台广告生态管理方面仍有诸多不足，对于给用户带来的困扰和影响，××公司表示诚挚的道歉。	表明回应对象 说明事件起因+ 承认过错，诚恳道歉
××公司一直高度重视平台广告内容生态管理，针对××指出的问题，××公司已迅速成立广告生态治理专项工作组，正在对平台涉及的广告进行全面彻查，一旦发现相关问题，坚决严厉清查和封禁。	给出解决方案
最后非常感谢××等媒体及社会各界的监督和批评，××公司将会负责到底，同时也欢迎广大媒体给××公司提出建议和意见，我们会不断进行自我完善，继续为广大用户做好内容服务。	感谢+表明态度+接纳各方建议+提出愿景
××公司 ××年×月×日	落款并加盖公章 （此处公章略）

【点评】该危机公关稿态度恳切、真诚，以理服人，不推卸责任，并给出了解决方案，展现了品牌敢担当、负责任、知错就改的一面，能赢得用户的好感。

专家提示

如果品牌不存在过错，而是被卷入危机事件中，可按照"说明事件的原因+表达自己的态度+描述现状+提出解决措施+感谢+提出品牌愿景+落款盖章"的格式撰写文案。品牌若是受到诬陷，则需要及时澄清事实。

5.4.3 品牌公关文案的写作原则

品牌公关文案的质量直接影响到品牌形象的塑造和维护。因此，文案人员在写作品牌公关文案时还需要遵循以下原则。

1. 句子的承接性要强

品牌公关文案中的句子应当连贯，要环环相扣，不能有多余的句子，以免分散用户的注意力。

2. 新信息放前面

用户更关注的是"信息增量"，即此前尚未公布过的信息，所以文案人员在写作品牌公关文案时，应该尽可能地将新信息展示在文案开头或者文案标题中。

3. 尽量客观

品牌公关文案虽有塑造品牌形象的作用，但不能过于夸大，文案人员应尽可能站在第三方的角度来写作。在表述品牌取得的成果、荣誉时，直接陈述事实即可，少使用夸张的表达，如轰动全城、伟大胜利等。在危机公关稿中，表达歉意时不能过于做作，如不用痛哭流涕、寝食难安等词语。

5.5 案例分析——招商银行信用卡品牌故事打动人心

招商银行信用卡在 20 周年之际，发布了一则品牌故事"故事，从一个签名开始"，讲述了用户与招商银行信用卡之间的故事。

【案例展示】

故事从 20 年前的一个签名开始。2002 年，李雷收到了人生第一张信用卡，那一刻，他不知道卡面上这个小小的签名会让他成为较早一批不带现金、凭个人信用全球消费的人。从此，信用有了具体的模样，信任也变得更加简单。

场景 1：李雷在国外丢失信用卡

客服："招商银行信用卡中心很高兴为您服务。"

李雷："你好，我现在在法国，我的信用卡丢了，你那边可以处理，是吗？"

客服："李先生，已为您办理挂失。"

没有时差，不分地点，不管什么问题，电话那头总有答案。（旁白：2002 年，招商银行信用卡推出 7×24 小时客户服务。）

场景2：李雷分期付款购买笔记本电脑

李雷打印分期付款申请，并说："分期付款买笔记本电脑。"

同事："分期付款，行吗？"

快递小哥："你好，你的快递。"

李雷："这是我分期付款买的笔记本电脑，真的到了。"

它让李雷提早两年开始了移动办公。（旁白：2003年，招商银行信用卡推出免息分期付款。）

同事："真买到了，可以啊。"

场景3：李雷提车并自驾游

4S店店员："李先生，恭喜您分期付款喜提新车。"

李雷提前5年实现了人生第一次自驾游。因为它，很多梦想此刻就能提前实现。它陪李雷走过很多地方，因为李雷无论去哪儿都像在家一样安心。（画面中李雷刷卡收到短信提醒。）

场景4：李雷一家消费

它还带来了很多小惊喜。李雷用积分兑换过热腾腾的咖啡，也用5折价吃了一顿小火锅。（旁白：2004年起，招商银行信用卡率先连接餐饮、电影等行业，服务实体经济。）因为它，烟火如常的生活总能多点小开心。

场景5：李雷带孩子在便利店买玩具

2010年，一个App连带着这份信任被装进了手机，（旁白：2010年，招商银行信用卡推出App——掌上生活。）想到的和想得到的都触手可得。（画面中李雷使用手机快速完成支付，见图5-1。）

场景6：2022年，李雷办公室

20年来，钱包和卡片变成了手机，购物袋变成了购物车，小李也变成了老李（李雷西装笔挺地坐在工位上），但这份信任从未改变。（画面中前台收到快递，李雷手机上立马收到掌上生活App的通知消息，见图5-2。）

这是李雷的故事，是张伟的故事，是赵晓慧的故事，是尹苏苏的故事，是刘涛的故事（画面中同时呈现相应人物的身影），也是7000多万持卡人和招商银行信用卡之间的故事。把信任装进口袋，把陪伴带在身边，招商银行信用卡发卡20周年，连接千万人的生活、消费、金融。

图5-1　手机支付

图5-2　收到消息

【案例赏析】

案例语言平实，娓娓道来，呈现了招商银行信用卡 20 年来的发展，是一篇优秀的品牌故事文案。

1. 将品牌服务具象化

该品牌故事以小见大，讲述了招商银行信用卡 20 年来陪伴主角的各种点滴，包括主角使用信用卡分期付款购买笔记本电脑和汽车，利用积分兑换商品，使用信用卡享受消费打折，使用 App 购物等，很好地从侧面介绍了招商银行信用卡自发行以来推出的各项特色服务。品牌故事通过叙述信用卡服务如何改变主角的生活，将品牌服务很好地置入具体的使用场景中，因而显得生动、不突兀、有说服力。

2. 品牌拟人化

该品牌故事想要表现的是招商银行信用卡发行 20 周年的历程，巧妙地选择了主角李雷从青涩到成熟的 20 年成长过程来与之呼应，仿佛招商银行信用卡与主角在共同成长。而且故事中多使用"它让""它陪""它还带来"等表述，暗示招商银行信用卡不是冰冷的物体，而是有主观意识的"人"，能主动关心、帮助用户。

3. 故事情节有代表性

品牌故事中主角每个年龄阶段发生的事情也很具有代表性：年轻时丢失信用卡，经济实力不够要分期付款才能购买笔记本电脑和汽车，成家后经常与家人外出游玩、消费等。这些情节虽然平常，但能让其他用户产生代入感。

4. 结尾处理有技巧

结尾以一个排比句开头，通过罗列一长串人名，让用户意识到类似的故事同样发生在其他用户的身上，进而点明主题——这是 7000 多万持卡人和招商银行信用卡之间的故事，强调招商银行信用卡与用户的陪伴关系。品牌故事开头从小处切入，结尾时扩大视角并得出结论，很好地提升了故事的格局，此时再点明品牌理念，气势更足。

【案例思考】

根据上述材料思考并回答以下问题。
（1）该品牌故事所选择的有代表性的情节能起到什么作用？
（2）除了该品牌故事中将品牌拟人化的方法，还有哪些品牌拟人化的方法？

5.6 课堂实训——为陶瓷品牌写作品牌文案

李红是一名经验丰富的制瓷师，她于 2022 年成立了陶瓷品牌"陶也"。品牌主打手工陶瓷，旗下商品包括陶瓷花瓶、摆件、茶杯等。鉴于"陶也"在网上没有太大名气，李红决定安排文案人员小琪写作品牌文案来宣传"陶也"。

【实训目标】

（1）为"陶也"写作品牌标语。

（2）以品牌创始人为切入点，为"陶也"写作品牌故事。

【实训思路】

（1）写作品牌标语。由于品牌名称"陶也"十分特别，且与陶冶谐音，因此可以采用双关的方法，将品牌名称"陶也"嵌入品牌标语中。同时，小琪考虑到品牌的特色是手工陶瓷，因此可以将其作为要点植入品牌标语中。

示例	写作的品牌标语： 手工一瓷，陶也一世	从陶瓷的属性（工艺）入手，加入品牌名称"陶也"，同时"陶也"谐音"陶冶"，有怡情养性之意

（2）收集整理品牌故事资料。小琪向李红了解了她创立品牌的经历并进行了仔细整理。

示例	整理的资料： 李红，女，广东潮汕人。家里长辈都是当地有名的陶瓷工匠，她也从小就跟着父母学习制作陶瓷。 随着现代工业的发展，传统手工制瓷式微。李红决定创立自己的品牌，将手工制瓷文化传承下去。但她在创业初期遇到资金、人手不足等多方面的困难，另外她的身体也累垮了，因此她不得不回老家休养。当她看到爷爷专注制作陶瓷的样子，便决定无论遇到多大困难，都要把品牌做下去。 后来，她的品牌终于受到了越来越多人的喜爱，她希望自己能不断创新，让更多人喜欢手工陶瓷。	创始人的身世背景，尤其是其制瓷世家的出身 创始人创立品牌的初心 创始人在创业初期遇到的困难以及如何坚定战胜困难的决心 品牌愿景

（3）撰写初稿。根据李红创立品牌的经历，小琪准备根据品牌故事的结构要素来写作初稿，初稿提纲如下。

背景：李红出生于制瓷世家，从小学习手工制瓷，后由于手工制瓷式微，想要创立手工制瓷品牌。

主题：李红凭借心中热爱，克服创业困难，传承手工制瓷文化。

细节：李红在创业初期遇到的各种困难。

结果：品牌获得认可，李红决心继续传承、创新。

（4）修改稿件。初稿稍显生硬，为了让其更加生动、有吸引力，需要更换表述、充实故事细节。修改初稿并校对后，小琪完成了品牌故事的写作。

示例 完成的品牌故事：

李红出生在一个古老的制瓷世家，从小就开始学习制瓷技艺，对陶瓷有着深厚的感情。然而，随着社会的变迁，越来越多的人选择了现代化的生活方式，传统的手工制瓷逐渐式微。

交代故事背景，介绍创始人与陶瓷的渊源，以及手工制瓷的现状

为了让更多人了解和喜欢手工陶瓷的美，李红决定创立自己的陶瓷品牌。她希望通过品牌的传播，让更多人认识和喜欢传统的手工制瓷文化。

讲述品牌创立初衷，提出传承手工制瓷文化的主题

然而，创业并不容易。李红最开始只有一个小小的工作室，没有充足的资金、人手和渠道。她需要负责设计、制作、销售、宣传等很多工作，于是经常熬夜加班。

通过细节展现创业初期遇到的困难

一段时间后，李红的身体累出了问题，于是她不得不停下工作回老家休养，也产生了放弃创业的念头。一天，她看到白发苍苍的爷爷身着宽大的布衫，手中拿着一只形状奇特的花瓶，细心地在花瓶上勾勒花纹。李红凝视着爷爷，感受到爷爷对陶瓷的热爱和执着，便坚定了把品牌继续做下去的决心。

描写看到爷爷制瓷的细节，增强故事感染力

终于，李红的努力得到了回报。品牌"陶也"不断壮大，旗下已经拥有多款手工陶瓷，包括陶瓷花瓶、摆件、茶杯等。如今，李红依然在不断探索和创新，她的愿景是，让更多人感受到手工陶瓷的美和魅力，让手工制瓷文化得到更广泛的传承。

讲述品牌现状，展望未来，提出品牌愿景，强化主题

课后习题

1. **选择题**

(1)【单选】品牌故事的可读性不体现在（　　）方面。
 A. 故事新颖性　　　　　　　　　B. 情感丰富性
 C. 语言叙述得体性　　　　　　　D. 逻辑明晰性

(2)【单选】品牌公关文案的作用不包括（　　）。
 A. 统一口径　　　　　　　　　　B. 挽救品牌形象
 C. 塑造品牌形象　　　　　　　　D. 增加人才流动

(3)【多选】品牌故事的结构要素包括（　　）。
 A. 背景　　　　　B. 主题　　　　　C. 细节　　　　　D. 结果

(4)【多选】品牌故事的写作切入点包括（　　）。
 A. 品牌历史　　　　　　　　　　B. 品牌创始人的故事
 C. 品牌理念　　　　　　　　　　D. 用户与品牌间的故事

电子商务文案策划与写作 文案策划+内容传播+智能写作（附微课）

2. 填空题

（1）危机公关稿的写作步骤为_____、_____、_____、_____、_____、_____、_____、_____。

（2）品牌标语的写作原则包括_____、_____、_____。

（3）品牌类电子商务文案的特点包括_____、_____、_____。

3. 判断题

（1）品牌公关文案要尽量客观。　　　　　　　　　　　　　　（　　）

（2）对于品牌标语的写作来说，双关手法包括谐音双关和语义双关。（　　）

（3）品牌故事只能写创始人的故事。　　　　　　　　　　　　（　　）

4. 简答题

（1）什么是有调性？

（2）品牌类电子商务文案的写作步骤是怎样的？

（3）品牌标语有哪些类型？

5. 实践题

（1）现有一款"智奇"牌智能晾衣架，核心卖点是小尺寸，适用于小阳台。请你为该品牌写作品牌标语，要从利益诉求的角度有效传达品牌价值和优势。

（2）现有一款"福花"牌花生油，产自山东省临沂市，选用当地优质花生为原材料，采用传统工艺压榨而成，营养丰富，口感浓郁。该花生油的主打卖点是健康低脂、适宜煎炸、香气扑鼻。请根据以上内容为该品牌写作品牌故事。

第6章　推广类电子商务文案写作

【课前预习】

预习课程	推广类电子商务文案写作
预习方式	1. 浏览本章内容，熟悉本章的知识结构。 2. 阅读下面的案例并回答问题。 **QQ浏览器的微信文案** 　　微信是当今流行的移动互联网平台，微信文案因此成为当前重要的推广类电子商务文案。QQ浏览器在高考期间发布了一篇微信公众号文案"一站式智能高考服务，助力追梦少年们乘风破浪"，用来推广QQ浏览器上线的智能高考服务，包括考前查询实用备考技巧、定制高考祝福语贺卡，考后查询分数、院校、专业以帮助考生填报志愿等。 　　该文案借助高考的热度吸引用户关注，然后通过介绍QQ浏览器与高考相关的特色服务，以及对考生的祝福，凸显了QQ浏览器的实用性和人性化，给用户留下了良好的印象，很好地推广了QQ浏览器。 　　**问题：**（1）QQ浏览器的微信文案为什么能吸引用户关注？ 　　　　　　（2）除了微信文案，推广类电子商务文案还有哪些？
预习目标	1. 能够通过阅读本章内容，熟悉本章所讲述的知识。 2. 能够通过课前预习，回答案例后提出的问题。
预习时间	30分钟
疑难点总结	

6.1　微博文案的写作

　　微博是一个分享简短实时信息的广播式的社交网络平台，用户数量非常大，发布信息和传播信息的速度也非常快。如果微博账号拥有数量较多的粉丝，则其发布的信息可以在短时间内传达给大量用户，甚至形成爆炸式的推广效果。因此，很多品牌或企业都在微博开设了专门的营销账号，写作并发布微博推广文案。

微博文案的写作

6.1.1　短微博的写作

　　短微博是指可以直接在微博首页文字输入框中发布的内容，字数限制在 5000 字以内（截止到 2023 年 8 月），但微博是一个快资讯、形式多样化的平台，用户多习惯阅读短篇幅的内容，因此，短微博的文字内容最好控制在 140 个字以内，同时可以为文字搭配图片或视频进行补充，以完整传递想要表达的信息。

短微博并没有严格的内容和形式要求，但是要想使信息得到广泛关注和传播，文案人员还需要进行有针对性的设计。通常文案人员在写作短微博时可以使用以下技巧。

1. 利用热门话题

微博中的热门话题往往是一段时间内大多数用户关注的焦点，凭借热门话题的高关注度宣传商品或服务，可以快速获得用户的关注。文案人员在选择热门话题时，还应注意话题的时效性，不能选择时间久远的话题。文案人员在写作时还要注意文案的措辞，不能使用生硬的话语牵强附会，一定要保证文案与话题之间的自然关联与协调，不能引起用户的反感。

示例

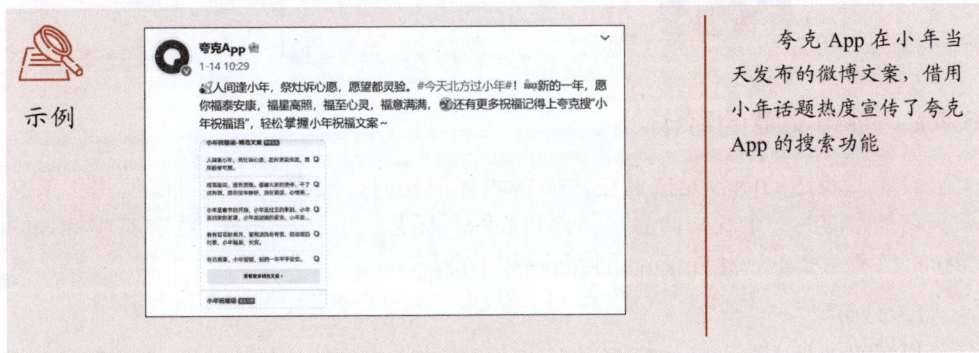

夸克 App 在小年当天发布的微博文案，借用小年话题热度宣传了夸克 App 的搜索功能

2. 解答疑难

短微博要引起用户的关注，其素材除了可以选取热门话题，还可以选取与用户工作、生活息息相关的话题或用户普遍面临的问题。文案人员若能针对这些问题给出良好的解决方案，就很容易得到用户的认可。

示例

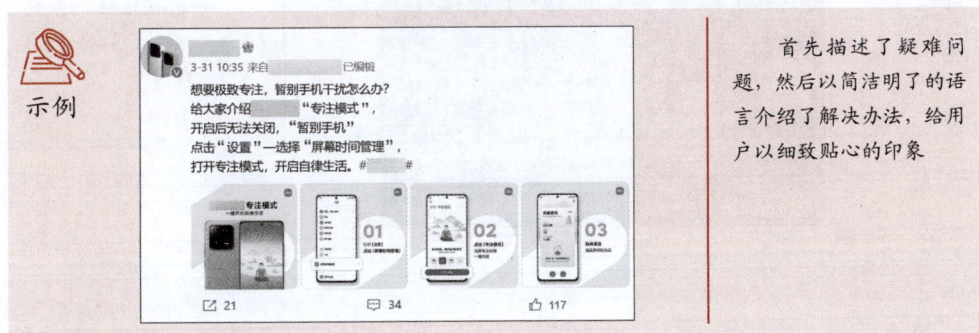

首先描述了疑难问题，然后以简洁明了的语言介绍了解决办法，给用户以细致贴心的印象

3. 关联营销

关联营销就是与微博上的其他品牌或达人账号进行关联，合作写作微博文案，这样的微博文案发出之后通常会引起用户的关注与兴趣。关联营销时要通过 @ 功能告知合作对象，以更好地与合作对象进行互动和联合营销。

文案人员在写作关联营销微博文案时，要注意自身品牌与合作对象之间的匹配度，可以通过描述合作对象的特点来进行联合；也可以利用修辞手法（比喻、夸张、拟人等），将某一事物的特点与另一事物关联起来，以达到意想不到的效果。需要注意的是，不同事物之间的联系一定不能生硬，它们必须确实存在某些共同的特征，这样才能引起用户的阅读兴趣，并博得用户的好感。

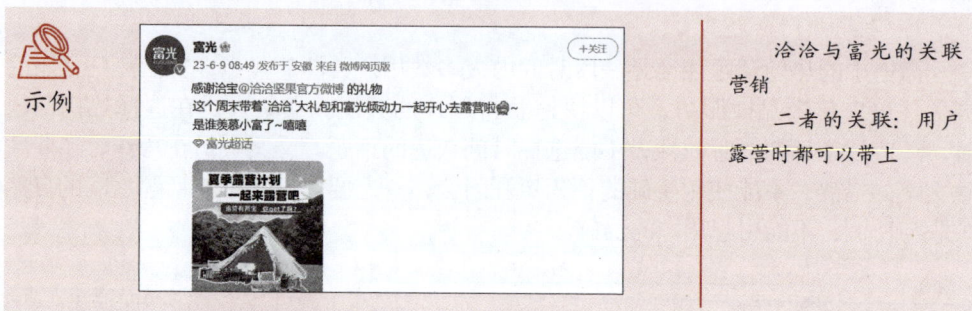

洽洽与富光的关联营销

二者的关联：用户露营时都可以带上

6.1.2 头条文章的写作

当需要表达的内容无法通过短微博表述清楚时，文案人员就可以使用头条文章。它是微博的一个长文商品，包含封面图、标题、正文等诸多元素，其中标题的写作可参考第3章，此处仅介绍封面图和正文。

1. 封面图

封面图是对头条文章的简要说明和体现，有创意和视觉冲击力强的封面图可以快速吸引用户眼球，让用户的注意力停留在封面图上，并产生进一步阅读的欲望。同时，封面图要体现出头条文章主题，不能出现图片与文章不符，或为了吸引用户而故意设置夸张的封面图的情况。

分析摆地摊现象的头条文章，直接以地摊照片作为封面图

2. 正文

头条文章不同于短微博，通常需要用户花费更多的时间和精力去阅读，而支持用户坚持阅读下去的动力，就是头条文章的内容价值。相对于娱乐性强的短微博，头条文章更注重深度，因此在写作头条文章时，文案人员需要通过更具体、更全面、更有条理的阐述来为用户提供更多的信息和思考空间。头条文章的写作方法可以参考第3章的相关内容，这里重点强调以下两个方面。

（1）内容。在写作头条文章时，内容涉及面不能太广，最好选择某细分领域

（如品牌所在领域或行业）中的一个具体问题进行深入分析、阐述，分析问题的各个方面、原因和影响，并提出自身的看法和建议，或者通过引用研究、分析数据、举例说明等方式得出有说服力的结论。

（2）表达方式。写作头条文章需要注重表达方式，语言风格应偏正式，不要过于口语化，可以通过详细的描写、理性的表述等方式深入阐述自身的思想和观点，表达时要注意语言的逻辑性和流畅性。

示例

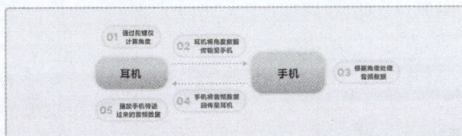

内容：只选取数码行业中耳机领域的音频技术问题，深入介绍该技术的原理

表达方式：用词严谨，语言规范，注重逻辑性

6.2　微信文案的写作

　　微信是基于智能移动设备而产生的即时通信软件，是当今十分流行的新媒体平台，各大品牌也将微信作为营销推广的重点平台，而在微信推广中，文案所起到的作用是不容小觑的。

微信文案的写作

6.2.1　朋友圈文案的写作

　　朋友圈是微信的主要功能之一，是一个分享个人信息的平台。很多文案人员都会以客服的名义注册个人微信号并发布朋友圈文案来推广商品或服务。

　　朋友圈较为私人化（用户发布的内容只有微信好友才能看到），内容更加生活化，天天发布营销广告很容易引起用户的反感。因此，文案人员写作朋友圈文案时要注意策略，要兼顾推广目的与可看性。具体来说，朋友圈文案的内容包括以下几个方面。

1. 分享商品信息

　　直接在朋友圈中推广商品是一种常见的写作方法。这类文案大多直截了当地告知用户商品的详细信息，如价格、功效、销量等。但是，此类文案不能发布得太频繁，一天2～3条为佳。

示例

××学苑李老师
特惠！🎉🎉🎉🎉2月23日至26日为期4天的直播课《个人所得税与股权的规则、纳税筹划与风险控制》，正常售价99元，现3人拼团价19.9元。😊😊扫二维码即可报名参加（报名成功后联系我，由我发课件等信息给你）。

开门见山地介绍商品，结合优惠活动促使用户购买

2. 分享生活趣事或感悟

文案人员频繁在朋友圈直接推广商品，会使朋友圈内容乏味、空洞，进而导致微信好友流失。因此，文案人员要适当在朋友圈中分享生活，让用户觉得自己面对的是一个有血有肉的人，而不是只会打广告的营销号。这类文案的写作很简单，文案人员只需用朴实、生活化的语言将生活中的趣事或感悟描述出来即可，同时，搭配有生活气息的图片更有助于赢得用户好感。

示例

××（×× 批发）
这需要多有心思才能弄好，你的生活我的梦

分享自己的生活，使账号具有个人特色，使商家或品牌形象更加有血有肉

3. 展示用户评价

用户购买商品后常常会对商品的使用心得、购物体验等进行评价，这些评价内容也可以作为文案人员的推广内容。用户评价是对商品质量、商家服务、品牌形象等的真实反映，是体现用户对商家服务是否满意的一种直观途径。文案人员可以将其中的正面反馈信息整理出来，以文字或图片的形式发布在朋友圈中，让更多的潜在用户了解商品和品牌的正面形象，增强用户对商品或品牌的信任感。

示例

老板，还记得这款沙发吗
5年了
一点没塌陷，质量太好了
搞得我想换个大点的带贵妃榻的沙发都不舍得

时间好快
我还记得她家刚刚收到的买家秀
转眼就5年了

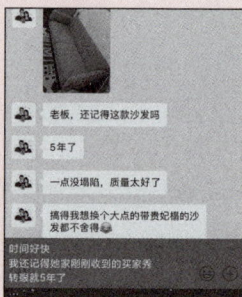

以回忆的方式引出用户评价内容，富有情感；以微信对话的形式展现用户对沙发的评价，显得真实可信

4. 分享专业知识

文案人员在朋友圈中分享专业知识，如商品的使用方法、使用技巧或原理等，能帮助用户了解商品功能、特点，解决用户在使用过程中可能遇到的一些实际问

题，给他们留下对商品的基本印象，为以后的商品销售打下坚实的基础。

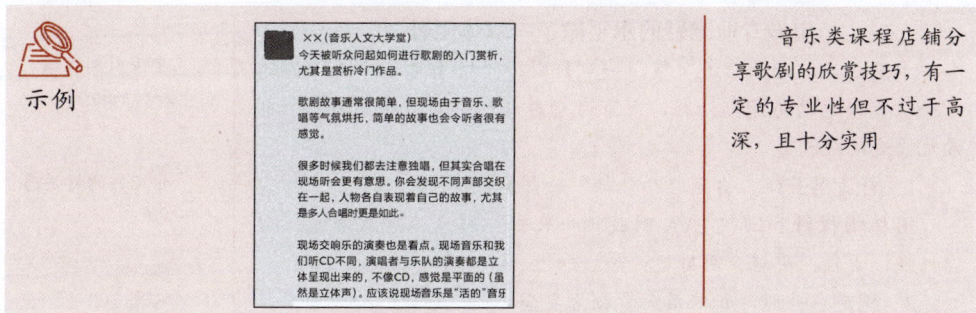

示例

音乐类课程店铺分享歌剧的欣赏技巧，有一定的专业性但不过于高深，且十分实用

5. 与用户互动

互动是加强社交关系的一种方式，文案人员可以直接在朋友圈中发表一些互动性较强的话题，让微信好友都参与讨论。互动时文案人员选择的话题最好比较简单、有趣，让多数用户都感觉有话可说，尽量避开争议大、敏感的话题。当然，文案人员也可以结合有奖参与活动与用户进行互动。

示例

某药店工作人员发起药材有奖竞猜活动，加深了用户对账号的印象，同时借助奖品促使用户参与活动

🎓 专家提示

尽量不要在朋友圈发纯文字文案，这类文案容易被用户忽略；可以搭配美观、实用的图片增强文案的可读性。另外，朋友圈文案不宜过长，太长会被折叠。

6.2.2 公众号文案的写作

不同于朋友圈主要建立在私人关系上，公众号更加开放，任何用户都可以通过点击链接查看公众号文案。因此，公众号文案的用户面更广，传播效果也更好，但竞争也更加激烈。如何写出优质的公众号文案，在众多公众号文案中脱颖而出，是文案人员需要重点解决的问题。下面介绍公众号文案的写作策略。

1. 以商品为核心

公众号文案常用的写作策略就是以商品为贯穿全文的核心，在开头用一段话引出商品或直接介绍商品，再向用户全面展示商品的功能和卖点。以商品为核心的公众号文案可以分别介绍商品的具体功能和特点，这种写法的优势在于总有一个卖点可能打动用户。文案人员在写作过程中要注意文字与图片的配合，应通过详细的说明、亮眼的词汇，以及直观有趣的图片充分展示商品或服务的卖点，吸引用户关注。

121

用做专业跑鞋的水平做了一双休闲鞋

千里之行，始于"足"下，一双好鞋，至关重要。今天推荐的是一双兼顾运动与通勤的鞋，米家运动鞋 4 的全新升级版——"日常元素运动鞋 5"。 | 开头引用名言，引出对鞋的推荐

1. 舒适感升级，自研"牛轧糖"软弹鞋底

用植物材料和回收 EVA 制成"牛轧糖"鞋底，鞋底减震、回弹性强，更软、更轻、更舒适…… | 介绍鞋的舒适感

2. 稳定感升级，新双层鱼骨锁紧安全

不仅鞋面呈 V 形，更在鞋里做了倒 V 形的内层鱼骨，形成交叉的桥架式结构，稳定包裹足弓…… | 介绍鞋的稳定感

3. 适脚感升级，一体式针织柔韧鞋面

使用参数更加合理的鞋楦和一体式高弹针织鞋面，贴合脚型。后翻式的后跟，圆弧形的鞋底，确保迈步流畅。 | 介绍鞋的适脚感

【点评】该公众号文案以商品为核心，分别介绍商品各个方面的特点，条理分明，面面俱到。

2. 以兴趣切入

以兴趣切入是指根据公众号定位，结合网络流行趋势、所推广商品特征及用户喜好，从用户感兴趣的话题中选择一个作为文案切入点。总的来说，用户感兴趣的话题包括实用技巧、时事、音乐、电影、健康、旅游等。

陆羽和《茶经》，不得不说的故事

《典籍里的中国》第二季播出的《茶经》精彩演绎了茶圣陆羽的故事。节目中，陆羽又被称为鸿渐，那么你知道这名字是怎么来的吗？除了节目中提到的邹夫子、崔国辅、颜真卿之外，陆羽还有哪些好朋友？节目中呈现的陆羽烹茶的道具有何玄机？要了解茶文化，你还可以读哪些书？下面我们就跟大家分享这些话题。 | 借助热播文化节目开头，引出主题

1. 陆羽的身世与生平

看过《西游记》的人都知道，唐僧身世颇为传奇，是个"江流儿"。节目中提到的《唐才子传》记载，陆羽的身世跟唐僧有些类似…… | 介绍陆羽和《茶经》

2. 关于《茶经》与茶文化

节目比较细致地演绎了陆羽烹茶的过程，而这就有赖于《茶经》的相关记载。节目中呈现的种茶、采茶、烹茶等各个环节往往都能在《茶经》中找到依据。不过，我们要了解中国源远流长的茶文化，仅仅读《茶经》还是不够的……《茶经》之后，又有不少茶学专著出现。到宋代时，精通书画的宋徽宗赵佶对茶道也很有研究，写了 | 引出对其他茶文化著作的介绍

一部《大观茶论》……

对于茶中滋味，或许在读过这些茶文化著作之后，我们能体会得更为深入。更多茶文化书籍，点击下方书单，一键收藏或加购。

号召用户到当当网购买茶文化书籍

【点评】关注当当网公众号的用户大都对阅读、文化有兴趣，因此此公众号文案从用户的需求出发，首先借助文化节目的热度开头，吸引用户关注，然后向用户介绍茶文化相关的内容，最后为平台上的书籍宣传，促进书籍的销售。

🖊 素养提升

传统文化是我国悠久历史和独特文化的源头，其中蕴含着丰富的文化内涵和价值观念，可以为文案人员提供丰富的写作素材和创意灵感，因此文案人员要加强对传统文化的学习和积累。

3. 借故事来引导

公众号文案可以通过讲述感人或有趣的故事，让用户充分融入故事情节，被故事情节打动，最后在故事结尾处点明商品或品牌。写作这种文案一定要保证故事情节的合理性，并找到与商品或品牌的关联之处，以便植入广告。

🔍 范例阅读

"90后"男生，回山改造老房，建花园菜地

初次看到猫叔的院子，是因为一张盛开的郁金香的照片。郁金香背后的小院、青砖、绿瓦，正是我童年记忆里老家的模样。由此我联系到了猫叔，一个隐士般的花园主。

开门见山，引出故事主角

小院的原址是猫叔童年时期居住的院子，猫叔选择这里是因为其位置比较偏僻，很安静，不会被打扰。现在的小院是拆掉重建的，前后花了大概一年的时间，除了盖房子请了人帮忙，其他工作都是猫叔自己完成的。小院整体没有做太多规划，就是一半种花，一半种菜。

介绍院子的建造情况

之前，猫叔和大多数上班族一样早出晚归，长期的伏案劳作让他有了非常严重的肩周炎，隔三岔五就要去医院治疗。辞职回老家之后，每天忙着种花种菜、喂鸡喂鸭，手机都很少碰，身体也改善了许多。整个小院让人幸福感最强的就是这一块菜地，猫叔每天都能吃到自己种的新鲜蔬菜。觉得辛苦的时候，他就看看成片的水稻，看它们从葱绿色变成遍地金黄，四季就在其间穿梭。就是这么一片土地，装满了春秋冬夏和猫叔的生活理想……

讲述主角回乡前后的经历，通过对比强调了乡村生活的治愈性

通过参观猫叔的院子其实可以体会到，乡村生活并不像想象中那般乏味。在这些看似平淡的日子里，往往藏着最惬意的美好。你们理想中的花园生活是怎样的呢？欢迎在评论区留言分享，我将随机抽取10人，送出花信基质伴侣和美乐棵通用型肥料。

号召用户互动，以介绍奖品的方式植入品牌（品牌与故事主题——园艺相关）

【点评】该公众号文案讲述了一个"90后"男生回乡建院生活的故事，情节简单却有代表性，通过文艺舒缓的笔调描绘了一幅宁静美好的乡村生活画卷，能引发很多用户的共鸣。

123

6.3 小红书文案的写作

小红书是一个生活方式分享平台，用户可以在小红书上发布笔记来分享生活点滴，内容包括时尚穿搭、护肤、彩妆、旅行、美食等方面。小红书融合了社交媒体和电商元素，用户可以在小红书上交流和分享购物心得，也可以直接购买商品。在小红书上，优秀的小红书文案可以直接促进商品的销售。

小红书文案的写作

6.3.1 小红书文案的类型与特点

小红书的用户往往注重生活品质，有一定的文化素养，审美趣味较好，因此小红书上有大量优质内容。文案人员有必要了解小红书上主流的、受欢迎的文案类型和特点，以便写出优质的小红书文案。

1. 小红书文案的类型

总的来说，小红书文案可以大致分为以下几种类型。

（1）商品评测类。此类文案主要是用户在购买或使用某种商品后，通过小红书发布使用心得和评价，包括商品的性价比、使用感受、使用效果等方面。

示例

（1）该测评没有使用严格的实验或精确的数据，主要陈述个人主观感受，让人感觉很真实

（2）表述直接、平实，没有深奥的专业词汇，分点、分段叙述

（2）知识/技能分享类。此类文案在小红书上十分常见，能收获较多的收藏量，其内容涉及历史、文化、科技、生活等领域，更注重的是实用性而不是理论性，因此文案人员需要提供实际操作的方法或工具。

示例

（1）介绍分屏的方法，属于技能性内容，十分实用，可操作性强

（2）先描述工作中的痛点，然后提供解决方法

（3）用图片和文字同时表述操作步骤，便于用户查看

（3）生活记录类。此类文案通常由随手拍摄的日常照片和简短的文字组成，内容主要是发布者的所见所闻或感想。

（4）故事讲述类。此类文案更侧重于文字内容，受欢迎的故事往往是发布者或其亲朋好友亲身经历的故事，而不是虚构出来的、戏剧性强的故事，主要是凭借真实性来引发大量用户的讨论与共鸣。

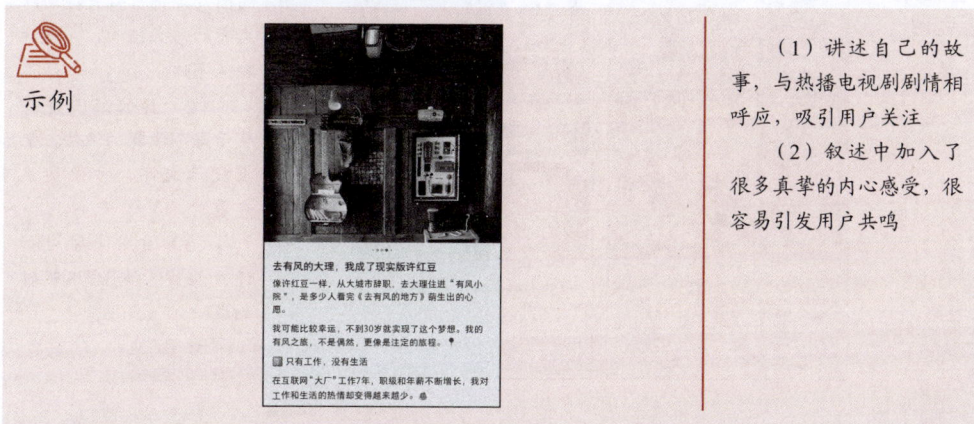

（1）讲述自己的故事，与热播电视剧剧情相呼应，吸引用户关注

（2）叙述中加入了很多真挚的内心感受，很容易引发用户共鸣

（5）提问类。在此类文案中，用户会将遇到的问题和困惑分享出来，希望能收获他人的建议。尤其是一些与消费决策相关的提问，往往能引起众多用户的讨论。对于很多用户来说，文案下方的留言也很有参考价值。

（6）合集推荐类。合集推荐类文案在小红书上十分热门、有影响力。其内容通常是围绕某一主题，推荐一系列的商品、美食、旅游景点等，很有参考价值。这类笔记对于用户的购物决策有很大的影响，许多用户在购物前会先查看这类笔记。

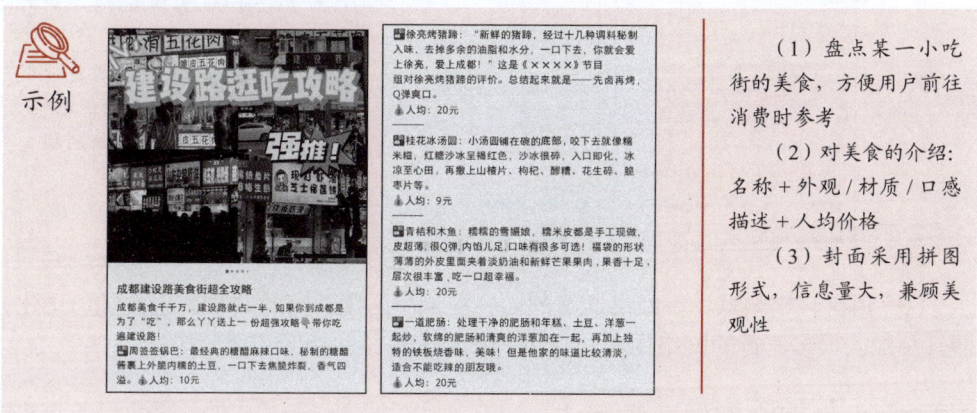

（1）盘点某一小吃街的美食，方便用户前往消费时参考

（2）对美食的介绍：名称＋外观／材质／口感描述＋人均价格

（3）封面采用拼图形式，信息量大，兼顾美观性

2. 小红书文案的特点

总的来说，小红书文案除了生活气息浓，还具有以下特点。

（1）重视图片。小红书主页采用的是卡片式的设计，即每条文案都呈现为一个卡片，其中封面所占比例非常大，用户通常首先会被封面所吸引。因此，对于小红书文案而言，一张好的封面图比标题更重要。此外，小红书文案中的其他图片也十分关键，不仅要美观，还要提供有效信息，因为小红书的用户更习惯于通过图片而不是文字来了解信息。因此很多文案人员会将文字中的核心信息提炼出来，并在图片中以标注的形式呈现。

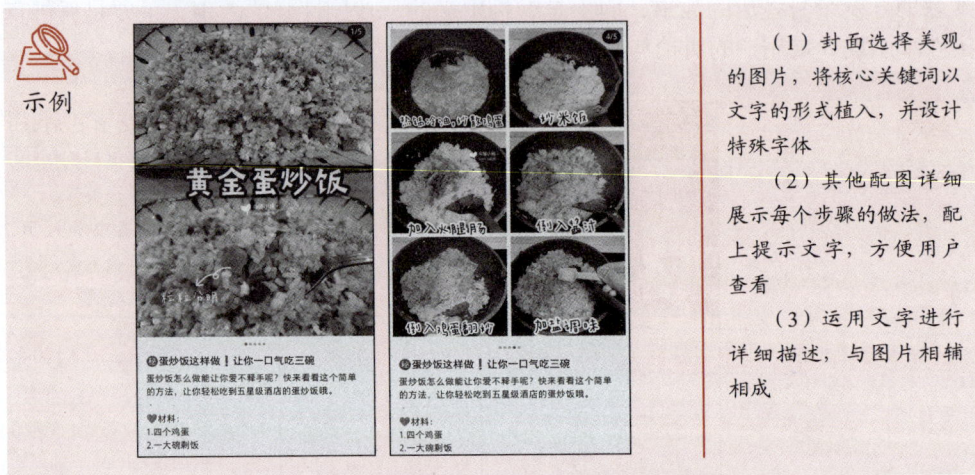

（1）封面选择美观的图片，将核心关键词以文字的形式植入，并设计特殊字体

（2）其他配图详细展示每个步骤的做法，配上提示文字，方便用户查看

（3）运用文字进行详细描述，与图片相辅相成

（2）合理使用表情和符号。为了优化用户的浏览体验，小红书文案的排版是相对固定的，主要包括设置字体、字号、颜色等。因此，合理使用表情和符号可以让文案更生动有趣，使文案的表述更有条理。

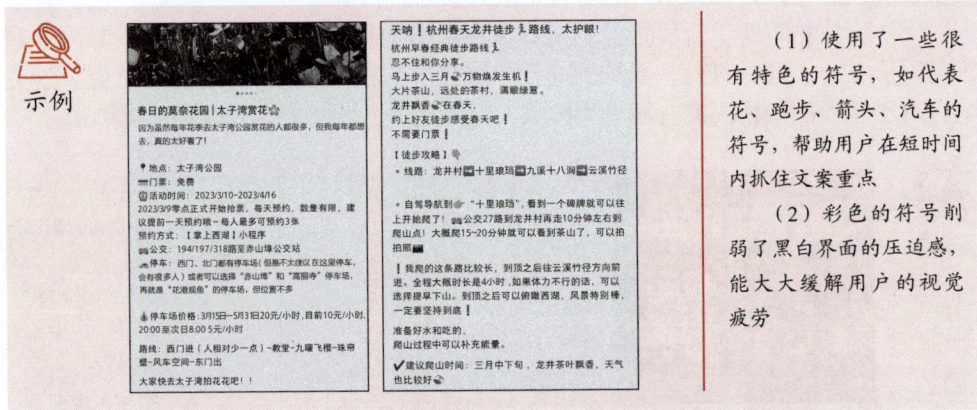

（1）使用了一些很有特色的符号，如代表花、跑步、箭头、汽车的符号，帮助用户在短时间内抓住文案重点

（2）彩色的符号削弱了黑白界面的压迫感，能大大缓解用户的视觉疲劳

（3）语言轻松幽默。小红书文案的内容更偏生活化，因此其语言也更加口语化，而且会加入很多流行的网络用语，让用户感到有趣，并降低阅读门槛。

6.3.2　小红书文案的写作要点

小红书重视视觉性和购物氛围浓厚的特点使其文案写作也独具特色，文案人员需要重点把握以下两个方面的内容。

1. 制作有吸引力的封面

封面对于小红书文案来说至关重要，文案人员一定要精心制作封面，制作时需要注意以下 3 点。

（1）选择合适的尺寸。小红书目前支持 3 种封面尺寸，包括 3:4 的竖版封面、1:1 的正方形封面与 4:3 的横版封面。其中，1:1 的正方形封面与 4:3 的横版封面占据的版面小，容易被用户忽略，而 3:4 的竖版封面不仅占据的版面大，能展现更多的信息，而且更加符合手机用户的阅读场景与习惯。因此，文案人员可以使用 3:4 的竖版封面。

（2）突出重点。封面要能直接体现文案重点，最好能让用户不需要看标题就能明白文案内容，从而产生阅读兴趣。在封面上体现重点的方式有两种，分别是直接以图像展示和添加文字展示。

示例

我真的拍到了"满船清梦压星河"的画面！   杭州徒步分享|从云栖竹径到九溪

左图：直接以图像来展现文案重点，适合以风景等为重点的文案

右图：使用文字来展示关键词，适合图片无法直接说明文案重点的情况

（3）对图片进行加工。除了添加文字，文案人员还可以对图片进行加工，让图片更有吸引力。通常而言，小红书文案封面常用的加工方式有双图对比、多图拼接，二者都是为了展现更多信息。双图对比适合需要强调过程和结果的内容，如化妆品使用前后的对比、修图前后的对比、健身前后的对比等；多图拼接适合用来展示某一系列的事物，如不同色号的口红、一周七天的美食或某项任务的操作步骤等。

示例

嵌入式满墙书柜改造成功！好看又实用   冬日热饮！9款暖胃热水果茶，亲测好喝

左图：改造前后双图对比，用文字标注"改造前""改造后"，直观地呈现了改造效果

右图：多图拼接展现 9 种不同热水果茶，每种水果茶搭配的背景、茶壶都是一致的，使画面风格统一、不杂乱，且文字没有喧宾夺主

127

除了封面图，小红书文案通常还需要添加其他配图。需要注意的是，配图的风格要和封面图保持一致，否则会显得很突兀。此外，文案人员可以使用美图秀秀、VSCO、黄油相机、PicsArt等工具对图片进行加工，包括添加文字、水印、贴纸，以及拼图等。

2. 通过文案"种草"

小红书文案的主要特色是"种草"。所谓"种草"，是指将某些事物推荐给其他人，使其他人对这些事物感兴趣或让其他人喜欢上这些事物。小红书文案具有强大的"种草"属性，能够让用户主动地喜欢某个事物，甚至带动网络时尚潮流，对于营销推广而言效果十分显著，因此文案人员有必要掌握如何使用小红书文案进行"种草"。具体来说可以参考以下写作思路。

（1）确定切入点。文案的切入点包括商品外观或包装、商品使用体验、商品功能/功效、商品选购技巧等，其中商品外观或包装可以采用开箱的形式来介绍，商品使用体验、商品功能/功效、商品选购技巧可以通过测评、试用反馈等形式来介绍。具体选择哪一个切入点，文案人员要根据商品的特点、用户的需求等来确定。

示例

左图：对于绿植，用户关注的是鲜活度，因此适合采用开箱的形式展现绿植外观

右图：对于零食，用户关注的是味道和健康度，因此适合采用测评或试用反馈的形式介绍口感

（2）建立信任。有了明确的切入点后，文案人员就可以着手写作文案了。小红书文案的目的是让用户产生信任感，进而采纳购物建议。文案人员可以运用以下3种方式让用户产生信任感。

① 列举事实。文案人员可以在文案中客观地介绍商品的设计原理、性能，展示商品的相关数据、证书、报告等，以获取用户信任。

② 帮助用户打消顾虑。文案人员可以在文案中主动提出用户可能存在的顾虑，如关于质量、色差、耐用度、操作便利性及售后等的顾虑，并为用户提供详尽的解答，以打消用户顾虑。

左图：展示专利证书，证明行李箱轮子应用了创新技术，推行更顺滑

右图：列出用户关于行李箱的常见疑问，并一一解答，澄清一些常见误解，做出质量承诺以打消用户顾虑

③ 利用名人背书。名人通常具有一定的号召力，如果有些商品是某些名人使用过的，文案人员就可以利用名人背书来获取用户信任，需要注意的是，利用名人背书时应选择形象正面、德才兼备的名人。

（3）引导下单。在用户对商品建立信任感后，文案人员可以在文案中引导用户下单，如提供专属优惠券，以激发用户的购买欲望。

专家提示

文案人员写作"种草"类文案时要站在用户的角度来写，要让用户觉得有参考价值；推荐商品时要真诚、实事求是，不能夸大商品的功能或功效；文案人员可以通过对比（如使用前后对比、同类商品对比等）来突出商品，对比时可以使用表格、对比图等。

6.4　短视频文案的写作

观看短视频是目前大多数用户很喜欢的娱乐方式。与图文相比，短视频具有更加直观的场景表现力，很适合开展营销推广。在短视频推广过程中，文案起着至关重要的作用。

短视频文案的写作

6.4.1　短视频标题的写作

对于短视频平台的用户来说，打开短视频 App 时首先映入眼帘的是短视频画面，而标题位于左下角，因此短视频标题并不会像公众号文案标题那样直接地决定着点击量和推广效果。但是，一个好的短视频标题能很好地概括短视频主题，用户在决定是否要继续观看短视频时，依然会将标题作为了解短视频内容的重要渠道。除了可以参考第 3 章文案标题的写作方法，短视频标题的写作还有以下几点注意事项。

1. 使用标准的格式

短视频标题中的文字是有标准格式的。例如，数字应该写成阿拉伯数字；写作

时尽量用中文表达，减少外语的使用，从而方便用户阅读。

2. 合理断句

短视频面向的是更广泛的群体，为了使用户迅速理解标题的意义，最好对短视频标题进行合理断句，并将主题内容表述得更清晰，以减轻用户的阅读负担。

3. 不使用系统不能识别的词汇

由于短视频平台都有系统推荐机制，因此文案人员在写作短视频标题时要考虑推荐机制的影响，尽量避免短视频标题出现系统不能识别的词汇，从而降低短视频的推荐量。系统不能识别的词汇包括非常规词（如"活久见"等），冷门词、生僻词（如过于专业的词语或者术语等）和不常用缩写（如将重庆缩写为"CQ"等）。

4. 添加适当的话题

话题是指短视频平台中的热门内容主题，通常以"#"开头。添加适当的话题将有助于系统识别短视频内容类型并对其进行精准推荐。同时，用户可以直接搜索话题，在话题页面中查看添加了该话题的短视频，因此添加适当的话题有助于为短视频引流。通常，短视频标题中可以添加以下 3 类话题。

（1）大领域话题。大领域话题可以表明短视频所属的内容领域，如#萌宠、#科普、#旅游、#美食等。

（2）细分领域话题。大领域话题又会细分出不同的小领域话题，文案人员可以根据短视频的具体内容选择合适的细分领域话题。例如，笔记本电脑领域话题包含着很多细分领域话题，包括#笔记本电脑推荐、#笔记本电脑测评、#笔记本电脑配置、#组装笔记本电脑等。

（3）热门话题。短视频平台提供了实时热门话题排行榜，如果其中有与短视频内容相关的话题，可以将其添加到标题中，需注意不能强行"蹭"热点。

6.4.2　短视频脚本的写作

脚本是指表演戏剧、拍摄电影等所依据的底本，或者指书稿的底本。就短视频而言，脚本是整个视频的发展大纲，用以确定剧情的发展方向和拍摄细节。视频是由一个个镜头组接起来的，与文字的呈现方式不同，因此文案人员在写作短视频脚本时更要遵循一定的写作思路。短视频脚本的写作思路一般包括确定短视频主题、规划内容框架、填充细节内容、形成短视频分镜头脚本 4 个部分。

（1）确定短视频主题。每个短视频都要有明确的主题。例如，服装穿搭系列的短视频的主题可以为初春连衣裙搭配、职场通勤着装等，美妆类短视频的主题可以为化妆教程、仿妆教程等。确定短视频主题有利于确保后续的内容不出现太大偏差。

（2）规划内容框架。确定短视频主题之后，就需要规划内容框架了。规划内容框架时，文案人员需要想好通过什么样的内容细节及表现方式来展现短视频主题，包括人物、场景、事件及转折点等，并对此做出详细的规划。例如，需要拍摄一个短视频来推广××牌巧克力，已确定拍摄主题为"制作草莓巧克力球"，在规划内容框架时可包含表 6-1 所示的内容。

表 6-1　内容框架

脚本要点	要点内容
拍摄主体	草莓巧克力球的原料和成品
人物	男子
场景	厨房
事件	男子展示草莓巧克力球的制作方法
品牌植入方式	将需要植入的巧克力以道具的方式呈现在用户面前，搭配念台词的方式把巧克力的信息口述出来

（3）填充细节内容。在确定好内容框架之后，文案人员就需要在脚本中填充更多的细节内容。例如，男子在砧板上切碎黑、白两种巧克力，将巧克力碎放入玻璃杯中，将整个玻璃杯放入小锅中，隔水融化巧克力。

（4）形成短视频分镜头脚本。完成细节内容的填充后，文案人员还需要确定每个镜头的景别、运镜方式、画面内容、台词、音效、时长等，然后将其整理为完整的脚本。表 6-2 所示为推广 ×× 牌巧克力的短视频分镜头脚本。

表 6-2　推广 ×× 牌巧克力的短视频分镜头脚本

镜号	景别	运镜方式	画面内容	台词	音效	时长
1	中景	固定镜头，斜上方拍摄	在盆中倒入提前洗干净、去蒂的草莓	今天我们来自制草莓巧克力球，将草莓倒入盆中	轻音乐或者欢快的音乐	2秒
2	中景	固定镜头，斜上方拍摄	把××牌黑、白巧克力放在砧板上，打开包装，慢慢展示，然后将其切碎	将巧克力切碎，这次准备的是××牌的黑巧克力和白巧克力，口感酥脆，香甜怡人		6秒
3	中景	固定镜头，斜上方拍摄	将巧克力碎放入玻璃杯中，将整个玻璃杯放入小锅中，隔水融化巧克力	现在将巧克力隔水融化		3秒
4	中景	固定镜头，斜上方拍摄	用夹子夹住草莓，将其浸泡在巧克力中，然后取出	将草莓放进来，让草莓表面裹满巧克力		3秒
5	中景	固定镜头，斜上方拍摄	将草莓放置到托盘中	等待草莓表面的巧克力凝固		2秒
6	特写	固定镜头，斜上方拍摄	切开草莓巧克力球，向镜头展示	这样草莓巧克力球就做好啦，是不是很简单？赶紧做起来吧，记得一定要用××牌巧克力哦		2秒

6.4.3　常见类型短视频文案的写作技巧

前面所讲的短视频脚本的写作只是一个大致的框架，下面介绍常见类型短视频文案的写作技巧。

1. "种草"类短视频文案

"种草"类短视频目前十分受欢迎，文案人员写作其文案时可以参考第6.3.2小节中与"种草"相关的内容。这里提供更加简明直接的写作顺序。

第1步：借某个简单的事件引入商品，如在什么机缘巧合下使用了商品。

第2步：用生动的话描述自身的使用体验。

第3步：以"卖点＋论据"的组合逐条详细阐述商品优点。

第4步：总结商品优点，得出结论——商品值得拥有。

第5步：引导用户下单。

2. Vlog 文案

Vlog 是记录日常生活的短视频，常用于表现自然而真实的生活，如旅行、观展、绘画、美食等，个人特质明显。Vlog 文案可以采用以下结构展开。

（1）开头：问候，自我介绍，并引入主题。

（2）正文：用"文字＋画面"的形式展现主要内容。时长最好控制在1～5分钟，如果时间跨度大或时间点细碎，可以将时间以字幕的形式展现出来。如果故事性较强，可以采用"开始—事件经过—结果—总结"的结构进行叙述。

（3）结尾：给出结论，必要时可以升华主题。

范例阅读

记录我第一次登上黄山看日出的全过程

我一定要在我20多岁的年纪挑战登一次黄山，看一次日出。

16:00，我坐上了黄山南大门通往云谷索道的巴士。16:20，我坐上了云谷索道，看见了不断从山上下来的缆车，缆车又带我偷偷钻进了云层。16:30，我的登山之旅才正式开始。

16:40，我到达了第一个景点——始信峰，我感受到了云雾缭绕的黄山带给我的第一份寒意。16:50，我看见了黄山的运输主力，正在下山的挑夫们。17:00，登山杖开始磨手，我的体力略微不支，我在山上的商店买了3根香肠，用来补充能量……17:30，我开始向光明顶出发，我爬得无比吃力，一度想要躺下。18:00，灯亮了，我加快了速度向山顶爬去。在18:30，我总算到达了光明顶……19:00，我下坡回酒店，此时山上没有人了，我很害怕，于是我开始跑着下山……

凌晨04:00出发去看日出。此时的风很大，我很冷……05:00，我的体力似乎已严重透支。虽然就算登上山顶，今天也不一定能看到日出，因为不是每次的坚持都能够换来成功，但是我绝不会放弃……突然，我发现天亮了，我终于到山顶了。05:30，山顶已经站满了等待日出的游客们，我看见灰蒙蒙的天边慢慢变红，我看到了一个小红点冒了出来。

我激动得手都在抖。我感受到了一股强大的力量，是冉冉升起的新太阳，是希望，是我勇敢又热烈的20多岁。

开头：点出主题——登黄山看日出

正文：介绍登山经过和结果，以时间为线索，标明了登山过程的关键节点，便于用户对整个过程形成明确的认知。情节有一定的起伏，从体力不支到坚持爬上山顶到害怕着下山，还加入了很多细节，反映了主角心态的变化

结尾：升华主题，歌颂日出代表的生命力和希望

3. 剧情类短视频文案

此类短视频通常有一定的故事性，节奏快，可读性强。剧情类短视频文案的写作涉及以下几个方面。

（1）建立框架。剧情类短视频文案主要根据冲突来组织，可以按序幕、开端、发展、高潮、结局、尾声的顺序安排剧情。需要注意的是，短视频的情节不需要过于复杂，有时前面的铺垫可以一笔带过，快速进入情节发展阶段，结局和尾声也可以简练一些，通过人物表情、动作或者字幕来交代即可。

（2）设置场景。短视频文案篇幅有限，因此时间、空间要集中，场景不能过多。

（3）设置冲突。制造冲突是吸引用户的好方法。常见的剧情冲突包括角色之间的冲突（如人物之间产生误会）、角色及其内心的冲突（如人物从事自己不喜欢的工作）、角色和环境之间的冲突（如人物来到外地，不适应当地的饮食）等。

（4）塑造人物。故事中可以有一两个令人印象深刻的人物，其能快速吸引用户的目光。文案人员要想让人物"活"起来，就要赋予人物个性。

（5）写作台词。台词就是剧中人物所说的话，包括对话、独白。台词要符合人物的个性，如律师说话比较理性、专业，而老太太说话就可以口语化一些。

范例阅读

老太太能有多少小心思

旁白：当外婆发现我点外卖没告诉她。

（画面中外婆从外孙女大衣衣兜里掏出外卖单）

外婆："你吃外卖不叫我，你现在吃好东西都不告诉我了，还点了我最喜欢吃的××牌烤脆骨。我再看一下（画面中外婆拿放大镜看外卖单），还有香辣鸡翅、麻辣烫，这些我也喜欢吃。"

（画面中外婆站起来看着外孙女，外孙女笑着望着外婆）

外婆说："我不想跟你玩了，我去告诉你妈妈。"

一句旁白＋画面交代故事背景

台词植入品牌信息

交代冲突：外婆不满外孙女点外卖不告诉自己

冲突解决：外婆"告状"

【点评】该短视频文案非常简明扼要，却能让用户很快领会其要表达的内容，有明确的、出人意料的冲突点，塑造了一个有个性的老太太形象，台词、冲突的解决方式也很符合老太太顽皮的性格，十分生动。此外，美食品牌信息通过台词植入，比较自然、不突兀。

6.5　直播文案的写作

近年来，随着直播的火热，越来越多的商家也开始在各大直播

直播文案的写作

平台中开设直播间，以促进商品的销售和品牌推广。为了最大限度地发挥直播的推广效果，文案人员写作出吸引力强的直播文案非常重要。通常，直播文案分为直播预告文案和直播脚本。

6.5.1　直播预告文案的写作

直播前，商家可以通过直播预告清晰地描述和介绍直播内容，让用户提前了解直播内容。直播预告文案包括标题和内容简介。

1.　标题

直播预告文案的主要目的是尽可能地吸引用户的关注，所以其标题一定要简洁明了。一般来说，许多直播平台中的预告文案标题大多限制在 12 个字以内，因此多数标题都会开门见山地展现商品卖点或直播亮点（如直播主题、福利、特邀嘉宾等），以引起用户对直播的兴趣。

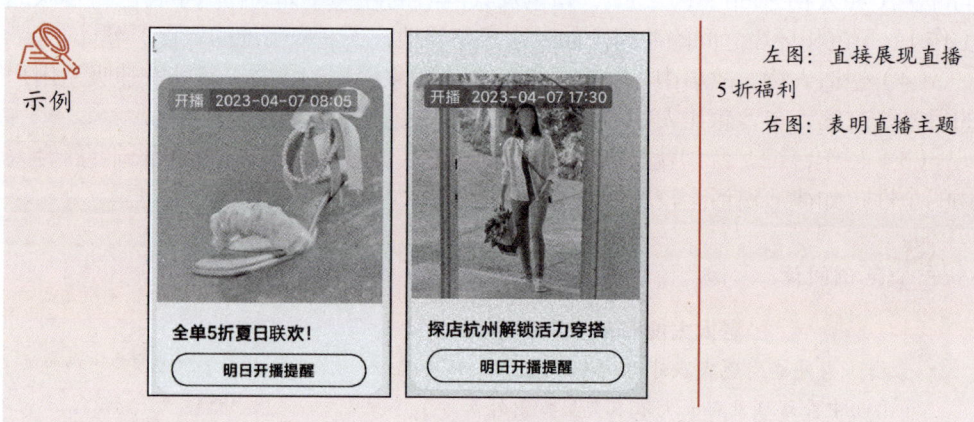

示例

左图：直接展现直播 5 折福利

右图：表明直播主题

2.　内容简介

内容简介是对直播预告文案标题的解释或对直播内容的概括。一般来说，内容简介只要保证内容简单、不拖沓即可，可以与直播嘉宾、直播优惠价格、直播活动、特色场景、主播介绍、主打商品故事等有关。

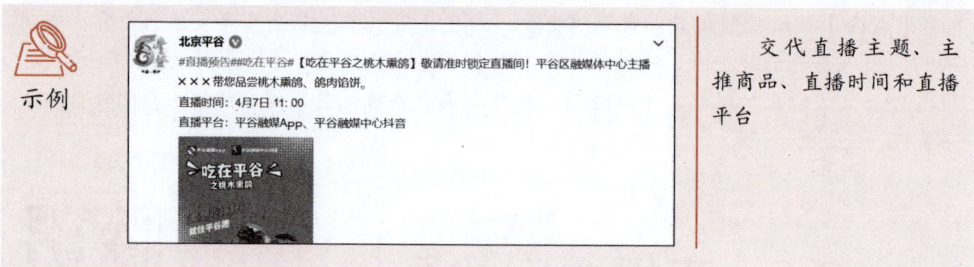

示例

交代直播主题、主推商品、直播时间和直播平台

6.5.2　直播脚本的写作

直播脚本是保证直播过程顺利、提升直播效果的重要文案。直播脚本可以规范

电子商务文案策划与写作　文案策划+内容传播+智能写作（附微课）

直播流程。通过直播脚本，主播及其他直播团队成员可以知道直播时长、商品活动开展的具体时间、活动力度等。直播脚本主要有单品直播脚本和整场直播脚本两种。

1. 单品直播脚本

单品直播脚本即以单个商品为单位的脚本，用以规范商品解说。单品直播脚本主要围绕商品进行写作，核心是突出商品卖点。以服装为例，单品直播脚本可以围绕服装的尺码、面料、颜色、款式、细节特点、适用场景、搭配等方面进行写作。

单品直播脚本一般以表格形式呈现，包含商品卖点、商品用途、商品价格等要素。表 6-3 所示为 ×× 电器旗下一款电饭煲的单品直播脚本示例。

表 6-3　×× 电器旗下一款电饭煲的单品直播脚本示例

要素	宣传点	具体内容
品牌介绍	品牌理念	×× 电器专门从事创意小家电的研发、设计、生产和销售，希望支持年轻人开启有创造力的生活，致力于成为年轻人喜爱的小家电品牌
商品卖点	用途多样	可以制作汤、粥、燕窝、甜品、蛋糕等
	支持预约	支持24小时预约，到点自动烹煮
	不粘涂层	煮饭不粘锅，汤粥不糊底
商品优惠信息	延续"双十一"优惠	在直播间下单的小伙伴可享受与"双十一"同样的价格
注意事项	引导用户分享直播间并点赞，引导用户加入粉丝群	

2. 整场直播脚本

整场直播脚本以单品直播脚本为单位，对整个直播过程进行规划，通常是对直播流程和内容的细致说明。整场直播脚本通常有一定的流程，首先是开播后的开场预热，引导用户关注；然后是活动剧透，简单介绍所有商品并重点推荐热门商品；接着逐一讲解商品，中途可设置互动环节；最后对接下来的直播进行预告。表 6-4 所示为某家电品牌的整场直播脚本示例。

表 6-4　某家电品牌的整场直播脚本示例

×× 品牌的整场直播脚本	
直播时间	2023年6月3日，20:00—22:00
直播地点	×× 直播室
直播主题	2月新品第一期
商品数量	10款
主播介绍	××（主播名字）

时间段	流程规划	人员分工		
		主播	助理	场控
20:00—20:10	开场预热	自我介绍，与先进入直播间的用户打招呼，介绍开场直播截屏抽奖规则，强调每日定点开播，剧透今日主推款商品	演示直播截屏抽奖的方法，回答用户在直播间提出的问题	向各平台分享开播链接，收集中奖信息
20:11—20:20	活动剧透	简单介绍本场直播所有商品，说明直播间的优惠力度，该过程不设置互动	展示所有商品，补充主播遗漏的内容	向各平台推送直播活动信息
20:21—20:30	商品推荐	讲解第1～2款商品，全方位展示商品外观，详细介绍商品特点，回复用户问题，引导用户下单	与主播完成画外音互动，协助主播回复用户问题	发布商品的链接，回复用户订单咨询
20:31—20:35	红包活动	与用户互动，发送红包	提示发送红包的时间节点，介绍红包活动规则	发送红包，收集互动信息
20:36—20:45	商品推荐	讲解第3～4款商品	与主播完成画外音互动，协助主播回复用户问题	发布商品的链接，回复用户订单咨询
20:46—20:50	福利赠送	点赞满××即抽奖，中奖者获得保温杯一个	提示发送福利的时间节点，介绍抽奖规则	收集中奖者信息，与中奖者取得联系
20:51—20:55	商品推荐	讲解第5～6款商品	与主播完成画外音互动，协助主播回复用户问题	发布商品的链接，回复用户订单咨询
20:56—21:05	福利赠送	点赞满××即抽奖，中奖者获得30元优惠券	提示发送福利的时间节点，介绍抽奖规则	收集中奖者信息，与中奖者取得联系
21:06—21:15	商品推荐	讲解第7～8款商品	与主播完成画外音互动，协助主播回复用户问题	发布商品的链接，回复用户订单咨询
21:16—21:20	红包活动	与用户互动，发送红包	提示发送红包的时间节点，介绍红包活动规则	发送红包，收集互动信息
21:21—21:30	商品推荐	讲解第9～10款商品	与主播完成画外音互动，协助主播回复用户问题	发布商品的链接，回复用户订单咨询
21:31—21:50	商品返场	对呼声较高或用户感兴趣的其他商品返场讲解	协助主播提示返场商品，协助主播回复用户问题	向助理与主播提示返场商品，回复用户订单咨询
21:51—22:00	直播预告	介绍明日主推商品，引导用户关注直播间，强调明日准时开播时间和直播福利	协助主播引导用户关注直播间	回复用户订单咨询

电子商务文案策划与写作 文案策划+内容传播+智能写作（附微课）

6.6 社群文案的写作

这里的社群是指以某种网络平台为载体，由拥有共同的兴趣爱好或某种需求的网民聚集在一起而形成的一种社交群体。社群由于其高活跃性和巨大流量，也成为商品和品牌推广的渠道，而社群文案是在社群中开展推广活动的媒介。

社群文案的写作

6.6.1 社群文案的形式

一般而言，社群文案包括直接推广类文案、知识分享类文案和日常运营类文案等。下面分别进行介绍。

1. 直接推广类文案

现在许多社群多是商家运营的以销售商品与开展活动为核心的社群，因此直接推广类文案非常常见，如商品直播前的介绍、新品推广介绍、活动折扣介绍、主题活动介绍等。此类文案内容简短，并搭配内、外部链接，方便成员了解详情或点击购买，以促成变现。

2. 知识分享类文案

用户之所以加入同一个社群，就是因为大多用户有着相似的目的和爱好，希望探讨或了解更多相关知识。因此文案人员可以在其中进行知识分享，让群成员认为这个社群是有价值、有内容的社群。

这类文案内容以知识内容为主，文案人员作为群主需要输出一些专业知识。例如，在读书社群中可以分享一些或小众或经典或猎奇的书或相关的阅读技巧，在育儿经验分享群中可以分享育儿知识。另外，文案人员也可以在社群中安排讨论主题、任务等，以增强群成员对社群的黏性。文案具体内容需与社群定位密切相关，在需要推广商品的时候，自然融入商品即可。

示例

土豆发芽有多毒？
土豆中龙葵素超过20mg/100g即可引起中毒‼️发芽土豆中龙葵素含量可高达500mg/100g

土豆发芽还能吃吗？
1. 表皮大片发绿不建议食用，
2. 土豆小面积发绿或刚长芽，可以切一小块曾曾，若发苦、发涩、麻口，建议直接丢掉
3. 未发苦则可削皮、去芽处理后用食醋水浸泡，完全煮熟后再食用。
上#××生活 下单，新鲜果蔬送到家~

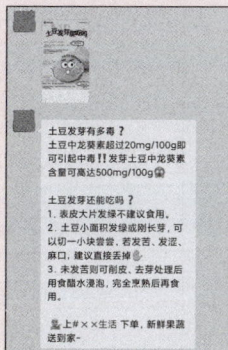

没有直接推送广告，而是介绍了发芽土豆有毒的知识，让群成员了解判断发芽土豆是否能吃的方法，非常实用、有价值，最后再植入推广信息

3. 日常运营类文案

为了维系与群成员之间的感情，增强群成员对社群的黏性，群主需要开展日常

137

运营，此时则涉及日常运营类文案，包括进群欢迎文案、分享活动预告文案、社群规则文案、社群福利文案等。

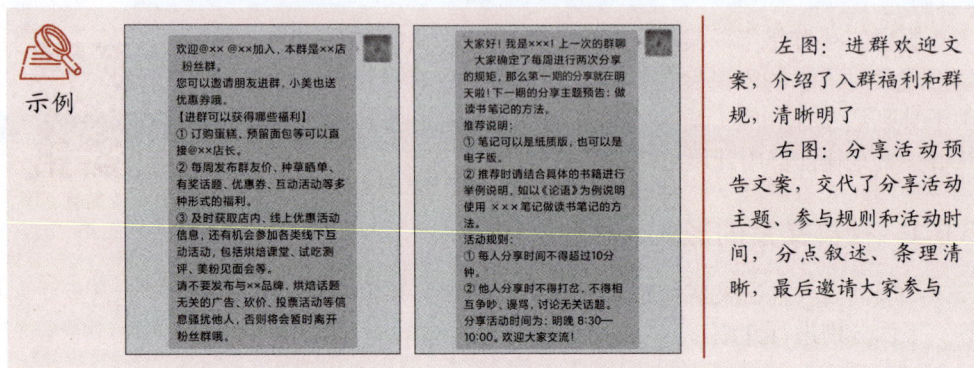

左图：进群欢迎文案，介绍了入群福利和群规，清晰明了

右图：分享活动预告文案，交代了分享活动主题、参与规则和活动时间，分点叙述、条理清晰，最后邀请大家参与

6.6.2 社群文案的写作要点

一个社群要想持续运作下去，需要让群成员感受到社群的价值。因此，文案人员不能将社群作为群发广告的渠道，而是要用心写作社群文案，通过软推广的方式让群成员潜移默化地接受商品或品牌。这就要求文案人员在写作社群文案时注意以下要点。

1. 输出优质内容

内容是社群文案最基础也是最关键的部分。只有通过输出优质的内容去吸引和筛选群成员，引起目标用户群体的兴趣，并取得该群体的关注，才会吸引到商品或品牌的目标受众。

2. 文案内容尽量以聊天形式呈现

展示同样的内容，相较于单纯的文字罗列，对话形式更能集中用户的注意力，让用户感到好奇，并产生新鲜感。如果文案人员能以两个人聊天的形式呈现社群文案，通常能够减轻用户阅读文字产生的疲倦感，营造一种轻松愉悦的交流氛围，也更容易让用户接受。况且社群本质上是出于交流的目的而形成的，以聊天形式呈现的社群文案会更合理、不突兀。

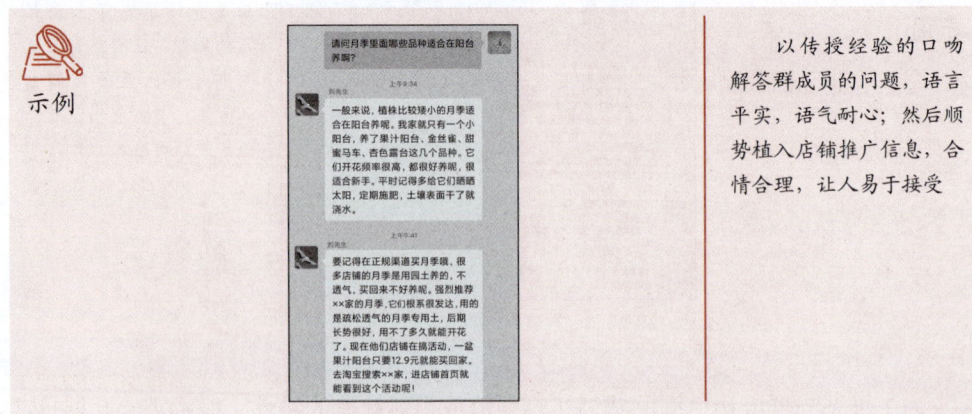

以传授经验的口吻解答群成员的问题，语言平实，语气耐心；然后顺势植入店铺推广信息，合情合理，让人易于接受

电子商务文案策划与写作 文案策划+内容传播+智能写作（附微课）

3. 文案内容要直白简单

在社群文案中使用专业的词语去解释活动、商品会使群成员产生距离感，进而失去了解的欲望。所以，社群文案的关键信息最好用直白通俗的语言来表达。

6.7　H5文案的写作

相比传统的文字、图片和视频，H5页面拥有更为丰富、生动的互动形式，可以更好地吸引用户的注意力。很多商家也热衷于使用H5页面进行推广。虽然H5页面拥有色彩缤纷的画面、酷炫的动画，但文案始终是H5页面的核心灵魂，好的文案能提升H5页面的吸引力，因此文案人员要掌握H5文案的写作。

H5文案的写作

6.7.1　H5文案的写作步骤

文案人员想要创作出优秀的H5文案，可以按照以下步骤进行。

1. 确定主题

主题是H5文案的灵魂，确定了主题，H5文案就有了重点，要表达的内容也就有了依据。确定H5文案主题有以下两种方法。

（1）根据营销目标确定。在写作H5文案前，文案人员要明白营销目的是什么，是活动宣传还是商品或品牌推广。

示例

营销目的：推广品牌，塑造品牌形象

H5文案主题：品牌走过的30年

（2）根据用户层次及心理确定。根据用户层次及心理确定H5文案的主题，能更准确地抓住目标用户的心理，引起他们的阅读兴趣，从而达到营销的效果。根据用户层次及心理确定H5文案的主题，需要提前了解或调查目标用户的层次和心理需求。

139

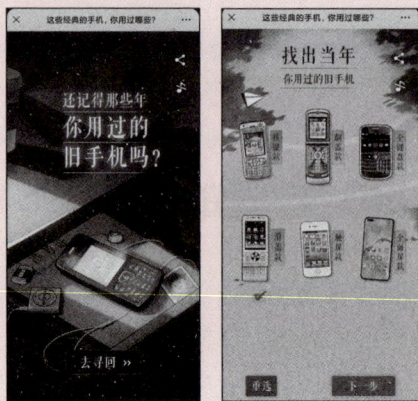

| 示例 | | 用户心理：与同龄人一起怀旧，重温旧时光

H5 文案主题：找出当年用过的旧手机 |

2. 写好标题

如果 H5 文案能搭配吸引力强的标题，就可以成功引起用户的阅读兴趣。在写作 H5 文案标题时，文案人员需要思考目标用户是哪些人，这些人关注什么，喜欢哪种标题风格等问题。

| 示例 | 某互动型 H5 文案的标题：辟谣！谁说现在年轻人不爱运动？ | 目标用户（年轻人）+关注点（运动）+风格（干脆利落、爽快） |
| | 某游戏型 H5 文案的标题：来找我呀 | 目标用户（年轻人）+关注点（轻松游戏）+风格（可爱调皮） |

3. 写作有创意的内容

H5 页面具有丰富的表现形式，更容易产生各种创意，所以创意对于 H5 页面而言非常重要。文案人员要写作有创意的文案内容，可以设置一个新奇的场景，并用文字描述使场景更加丰满，然后搭配相应的图片，营造一种具有感染力的氛围。

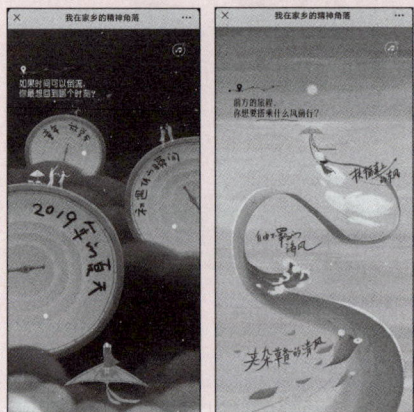

| 示例 | | 场景：精神归乡之旅（途中安排自我测试）

文案主要展现形式：测试题目+选项

图片：与文字相呼应，"回到的时刻"→钟表，"搭乘风前行"→随风飘动的丝带 |

电子商务文案策划与写作 文案策划+内容传播+智能写作（附微课）

4. 做好排版

内容完成以后，就需要进行排版了，具体需要注意以下几个方面。

（1）文案的长短。H5 文案不宜过长，最好不超过整个页面的 1/2。

（2）文字的大小。文字的大小要根据内容主次有所区分，页面的主题句要用大号字来突出强调。文字的比例要恰当，保证看起来和谐美观。

（3）文字的颜色。文字的颜色要与背景的颜色有一定的差别，但搭配不能过于跳跃。深色背景要搭配浅色文字，浅色背景要搭配深色文字。

（4）文字的字体。字体最好不超过 3 种，且要与整体风格相符。

6.7.2　H5 文案的写作技巧

只有 H5 文案有感染力，才能吸引用户持续观看。要增强 H5 文案的感染力，文案人员需要掌握以下写作技巧。

1. 设置互动

H5 页面的交互性很强，因此大量的 H5 文案都是通过设置互动的方法来吸引用户的。互动的方式包括测试、抽奖、问答和游戏等。此时，H5 文案需要满足以下几点要求。

（1）表达无歧义。H5 文案语言需要简洁明了、通俗易懂，避免出现歧义。

（2）指向性明确。H5 文案要让用户清楚地知道该如何参与互动，如使用明确的指示词"点击""滑动"等。

（3）强调价值。H5 文案要让用户知道参与互动的价值和意义，如可参与抽奖、获得优惠、了解自我等。

（4）提供反馈。在用户完成互动后，系统需要及时给出反馈，如跳转到下一个页面、弹出成功提示等，让用户感受到参与互动的价值和效果。

示例

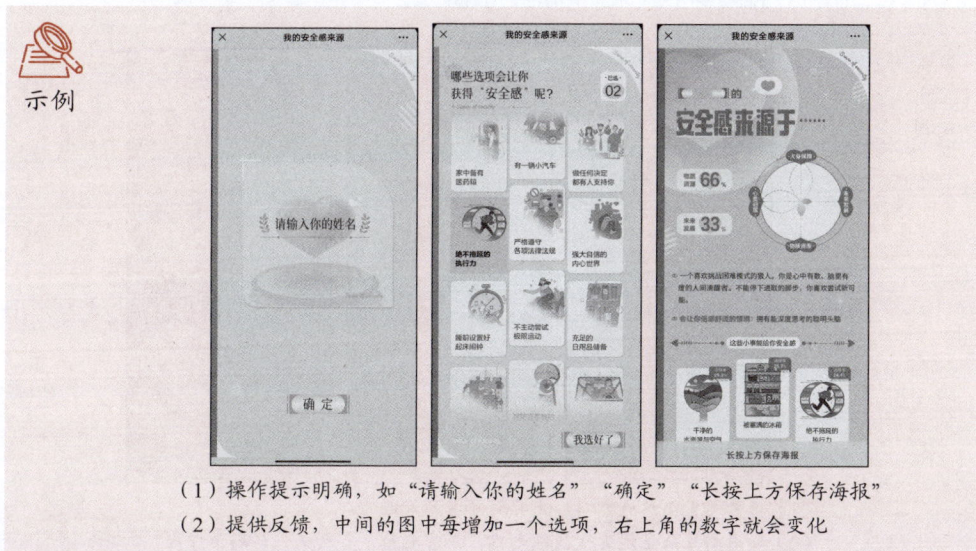

（1）操作提示明确，如"请输入你的姓名""确定""长按上方保存海报"
（2）提供反馈，中间的图中每增加一个选项，右上角的数字就会变化

2. 讲故事

H5 页面能承载丰富的信息，非常适合讲故事。文案人员通过 H5 文案讲述或温暖或有新意的故事，可以让用户产生兴趣。文案人员在讲故事时不要长篇大段地叙述，可以通过人物独白、对白来推进故事情节，通过图片来交代故事背景等。

（1）讲述出租车司机因送孕妇去医院而耽误给女儿过生日的故事

（2）以对话形式呈现，几句话交代大量信息，如当天是女儿的生日、孕妇顺利生产等

（3）故事体现人与人之间的温情，呼应主题"微光"

3. 构建场景

构建场景是一种常见的 H5 文案写作技巧。在运用此技巧时，文案人员所构建的场景要有新意、充满想象力，与日常生活场景相区别。此外，文案人员还要通过细节描写、图片、视频等形式来使场景更加逼真。

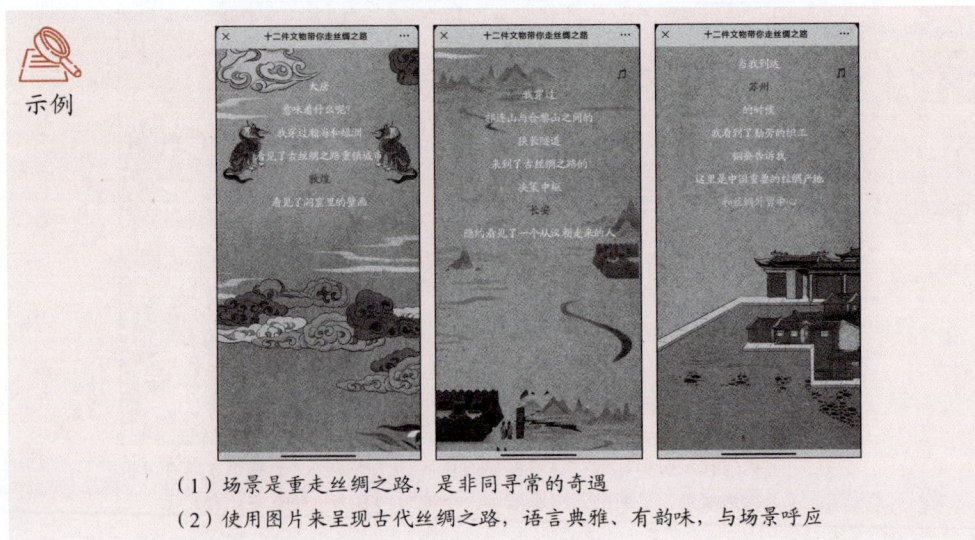

（1）场景是重走丝绸之路，是非同寻常的奇遇

（2）使用图片来呈现古代丝绸之路，语言典雅、有韵味，与场景呼应

6.8 案例分析——花卉网店利用多渠道输出文案

某花卉网店经过十多年的经营已拥有大量粉丝，被广大花卉爱好者所信任，在线下还拥有大型花园和种植基地。该花卉网店之所以能成功，很大程度上是因为其多渠道的营销策略，而文案在其中也发挥了关键作用。

【案例展示】

该花卉网店在微博、微信、小红书、抖音等平台都注册了官方账号，长期发布优质文案，内容涉及花卉养护、活动宣传、与粉丝互动等，获得了大量粉丝的认可。

1. 微博文案

该花卉网店在微博发布的文案多短小精悍，会借助实时热门话题的热度来吸引用户关注（见图6-1）；也会与粉丝互动，结合转发抽奖等活动扩大文案的传播范围（见图6-2）。

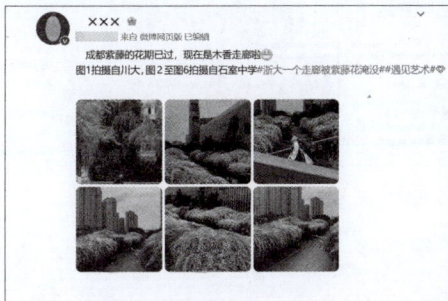

图6-1 与热门话题相关的文案

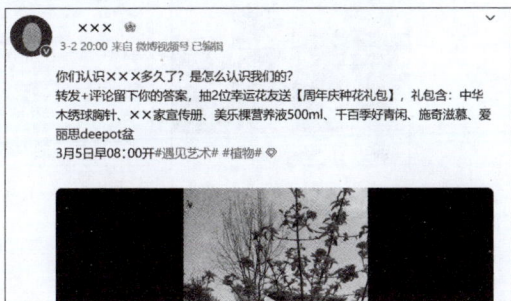

图6-2 转发抽奖活动

2. 微信文案

该花卉网店的微信公众号主要发布长文案，包括多个栏目，如园艺课堂、花园拜访、植物推荐、花园日记、员工种花故事等。其中，园艺课堂是最贴合用户需求的，发布频率也最高（见图6-3），十分有阅读价值。

3. 小红书文案

该花卉网店在小红书上发布的文案侧重于"种草"，主要向用户推荐各种花卉植物，通过介绍植物的习性来帮助用户选择适合自身养护的植物，如图6-4所示。

图 6-3　微信公众号文案

图 6-4　小红书文案

4. 抖音文案

该花卉网店在抖音上发布了大量短视频，除了向用户推荐花卉、介绍养护知识，还借助短视频带用户线上游览花园、种植基地。以下是以初春游园为主题的文案及部分短视频画面。

嗨，我是××，我们要来寻找花园的春天。

用点心去看，就会发现我们这个绣球花园中所有的花芽都是在保护下过冬的，你看花芽、花芽、花芽。中华木绣球只需要 30 天，这个花苞就会长这么大（画面见图 6-5）。从这个角度看，好多花苞呀。

这是星花木兰，有一朵都迫不及待地要显色了（画面见图 6-6）。这一个叫作洋水仙，年年春天都开……代表早春的花，那就是银叶金合欢，在一周以内它会全面爆发式地开（画面见图 6-7）。

春天是无处不在的，不信的话，你到小区楼下去，到田野之中去，看一块块青苔，它始终泛着绿，这就是春天。

图 6-5　中华木绣球　　　图 6-6　星花木兰　　　图 6-7　银叶金合欢

【案例赏析】

前面列举的各平台文案各有特点，下面分别进行分析。

1. 微博文案

图 6-1 所示的微博文案很好地借助了微博热门话题，虽分享的花不是话题中的紫藤花，但却抓住了花、走廊这两个相似点，分享了走廊旁开满木香花的场景，给用户以美的享受。图 6-2 所示的微博文案则言简意赅地讲解了转发抽奖活动的规则，并要求用户分享自己与该花卉网店的渊源，有助于让更多用户看到、了解该花卉网店。

2. 微信文案

该微信文案定位于长文案，开头从用户需求入手，开门见山地引出小暑节气应如何养护植物的主题，然后将正文分为 6 个部分，分别从浇水、隔热、病虫害防治等 6 个方面展开介绍，各部分属于并列关系，共同服务于夏日养护的主题。该文案内容虽然有一定的专业性，但讲解十分细致，细化到具体的隔热操作方法或判断是否长红蜘蛛的方法，对于用户来说很有参考意义。

3. 小红书文案

该小红书文案首先选择了精致美观的图片作为封面，该图片采用了多图拼接的方式展示了更多植物，并加入了文字，可帮助用户识别植物；而文字部分则详细介绍了各种植物的习性和养护方法，加入了符号，并进行了适当分段，可以提升用户的阅读体验。

4. 抖音文案

该抖音文案属于 Vlog 类型，记录了逛花园寻找春天的过程，看似随意、生活化，却有一条线索——各种植物发芽或开花的姿态。结尾用平实的语言号召用户去寻找春天，用小小青苔的生命力来象征春天，升华主题，属于画龙点睛之笔，令人回味无穷。

根据上述材料，思考并回答以下问题。

（1）该花卉网店为什么要在多个平台发布文案？

（2）就前面列举的文案来看，该花卉网店在各大平台发布的文案各有什么特点？

6.9　课堂实训

6.9.1　为玩具网店写作社群文案

玩具网店"乐苏"新建了一个微信群助力营销。社群福利包括享受 9.5 折优惠以及每周互动抽奖（奖品是网店 10 元无门槛优惠券）。群规是不得发布与网店无关的推广信息，不得与他人吵架，违反者将被警告甚至被踢出社群。

此外，该玩具网店新上了一套 ABS 环保材质的缤纷街景积木玩具，打算在微信群中推广。该玩具共有慢时光书屋、波波奶茶屋、小熊主题店、高雅奢品店、靓丽造型店 5 个款式，原价为 229 元，社群福利价为 99 元（此价格仅限当天）。

【实训目标】

（1）写作进群欢迎文案，要求说明入群福利、群规。

（2）写作知识分享文案推广积木玩具。

【实训思路】

（1）写作进群欢迎文案。进群欢迎文案的写法很简单，文案人员只需要用简洁明了的语言介绍清楚社群主题、社群福利及群规即可。

示例	进群欢迎文案参考： 欢迎 ×× 加入乐苏玩具网店粉丝福利群！ 【社群福利】 在这里，您将享受以下福利： 1. 全店商品 9.5 折优惠； 2. 每周参与互动抽奖，奖品为网店 10 元无门槛优惠券。 【群规】 为了维护良好的社群环境，请大家遵守以下群规： 1. 不得发布与网店无关的推广信息； 2. 不得与他人吵架。 如违反以上规定，我们将进行警告，严重者将被踢出社群。 最后，感谢您加入我们的社群，期待与您一起分享乐苏玩具的乐趣！	欢迎语，同时交代社群主题 使用精确数字交代社群福利，使用"【】"符号显得更加醒目 分点交代群规 感谢语，向用户展望加入社群后的情景

（2）写作知识分享文案。因为该品牌的目标用户基本都是孩子家长，都比较关注育儿问题，所以可以分享相关知识，并与积木玩具相关联。例如，该网店可以分

享玩积木对孩子成长的好处，然后植入所推广积木玩具的信息。

示例

知识分享文案参考：

【让孩子玩积木，对孩子的成长有哪些好处？】

1. 锻炼手眼协调能力

孩子在玩积木的过程中，通过反复练习堆叠、移动等动作，可以训练双手的协调能力和双眼的观察能力，以及手眼协调能力。

2. 锻炼专注力

孩子在玩积木的过程中，为了实现堆叠的目标，会集中注意力，不易被打扰，这个时候家长也不应该去干预孩子，应给予孩子足够的空间和安静的环境，帮助孩子训练专注力。

3. 锻炼抗挫折的能力

玩积木、多米诺骨牌这类玩具，因为容易倒塌而导致游戏失败，孩子需要反复尝试才可能成功。反复地玩这类玩具，有助于孩子磨炼面对挫折和失败的意志力——倒了不怕，重新来。

乐苏网店最近推出了一套ABS环保材质的缤纷街景积木玩具，共有慢时光书屋、波波奶茶屋、小熊主题店、高雅奢品店、靓丽造型店5个款式，外观非常漂亮，保证孩子爱不释手，原价为229元，社群福利价为99元，活动只有今天一天，而且只有群里的成员才能参加，大家赶紧入手吧！

提炼标题，帮助用户快速了解文案主题

分3个方面介绍玩积木的好处，侧重于解释为什么玩积木能锻炼孩子的能力，突出了因果关系，显得有理有据、有说服力

植入网店积木玩具的推广信息，制造稀缺感，促使用户下单

6.9.2 写作微博文案推广充电宝

临近五一劳动节，某网店推出了一款充电宝，容量为10000mAh，自带充电线，时尚轻薄，支持快充，原价为129元，优惠价为99元。现该网店打算发布微博文案为该商品做宣传。

【实训目标】

（1）写作解答疑难的短微博来推广充电宝。

（2）写作引用热点的短微博来推广充电宝。

【实训思路】

（1）写作解答疑难的短微博。充电宝属于特殊物品，用户都十分关心充电宝是否能带上飞机，因此可以以该问题作为切入点，介绍乘客携带充电宝乘机的注意事项，再植入充电宝的营销信息。

示例

解答疑难的微博文案参考：

【什么样的充电宝能带上飞机？】

许多小伙伴乘坐飞机时都会携带充电宝，但不是所有的充电宝都能带上飞机的。今天我就给大家简单说说携带充电宝乘机的注意事项。

提炼主题，并使用"【】"符号使其更醒目 开门见山地提出问题

1. 不允许在托运行李中夹带充电宝，只可以随身携带。
2. 飞行途中必须关闭充电宝，不得使用。
3. 充电宝的额定能量值需要小于100瓦·时（换算容量为20000mAh），且充电宝上有电池容量和电池电压标注的方可携带。
4. 每名旅客所携带的充电宝不得超过两个。

有小伙伴要说了，市面上哪些充电宝符合要求呢？我们店新推出的一款充电宝就符合要求。它的容量是10000mAh，不多不少，刚好够用，而且自带充电线，用起来很方便。关键是它还轻薄便携。它的原价为129元，现在上淘宝搜××购买，99元即可入手！

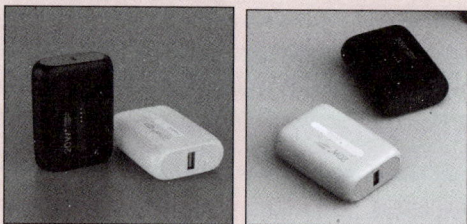

右侧批注：
- 详细做出解答，分点叙述，层次清楚
- 转折，引出对所推广充电宝的介绍
- 利用福利引导用户下单
- 配上充电宝的高清图片，吸引用户关注

（2）写作引用热点的短微博。考虑到临近五一劳动节，因此文案人员可以选择从五一出游这一热点切入，由五一出游过渡到携带充电宝的必要性，进而推广网店的充电宝。

引用热点的微博文案参考：

#五一出游#

五一长假马上就要来了，是不是你的心早就飞出去了？很多小伙伴早就做好五一出游计划了，列出了行李清单：毛巾、洗漱用品、换洗衣物……有一件东西是必不可少的，那就是充电宝。在外游玩不可能随时充电，用手机拍照又非常耗电，手机一旦没电会非常麻烦，因此带上充电宝才能玩得舒心。我们店推出的新款充电宝小巧轻薄，直接放在衣服口袋里就行，不耽误游玩，容量10000mAh也足够充满两台智能手机。五一快来了，我们也给大家送上一波福利，这款充电宝原价为129元，现在只要99元，赶紧上淘宝搜××购买吧！

迷你小巧
轻松放口袋

右侧批注：
- 加入话题
- 从五一出游的行李切入
- 引出对携带充电宝必要性的阐述
- 针对游玩，介绍充电宝的特点：便携、容量够用
- 引导下单
- 配图凸显充电宝的小巧，呼应文字内容

课后习题

1. 选择题

（1）【单选】以下关于小红书文案的说法中，错误的是（　　）。

A. 要精心挑选封面

B. 小红书上有很多商品测评类文案

C. 小红书文案很少加入表情、符号

D. 在小红书封面中加入文字突出主题有助于吸引用户关注

（2）【单选】以下关于剧情类短视频文案的说法中，错误的是（　　）。

A. 剧情类短视频文案的策划需要建立框架，按冲突来组织叙述

B. 剧情类短视频文案需要集中时间、空间，不能设置过多场景

C. 常见的剧情冲突有角色之间的冲突、角色及其内心的冲突、角色和环境之间的冲突

D. 台词不需要符合人物的个性，只要表达清晰即可

（3）【多选】写作微博文案时，可以利用的技巧包括（　　）。

A. 利用热门话题　　　　　　　　　B. 解答疑难

C. 关联营销　　　　　　　　　　　D. 要求粉丝加入社群

（4）【多选】直播预告文案通常包括（　　）方面的内容。

A. 标题　　　　　　　　　　　　　B. 内容简介

C. 直播脚本　　　　　　　　　　　D. 直播单品脚本

（5）【多选】朋友圈文案的内容包括（　　）。

A. 分享商品信息　　　　　　　　　B. 分享生活趣事或感悟

C. 展示用户评价　　　　　　　　　D. 分享专业知识

2. 填空题

（1）社群文案的类型包括＿＿＿＿＿＿、＿＿＿＿＿＿、＿＿＿＿＿＿。

（2）H5文案的写作步骤包括＿＿＿＿＿＿、＿＿＿＿＿＿、＿＿＿＿＿＿、＿＿＿＿＿＿。

（3）直播脚本主要有＿＿＿＿＿＿、＿＿＿＿＿＿两种。

3. 判断题

（1）不同于朋友圈主要建立在私人关系上，公众号更加开放，任何人都可以点击链接查看公众号文案。（　　）

（2）H5文案最好超过整个页面的1/2。（　　）

（3）剧情类短视频文案中的场景越多越好。（　　）

4. 简答题

（1）朋友圈文案包括哪些方面的内容？

（2）公众号文案有哪些写作策略？

（3）短视频标题中可以添加哪些话题？

5. 实践题

（1）现有一款名为"悦动"的跑步鞋（见图 6-8），鞋面采用的是皮网结合设计，鞋跟加厚耐磨，鞋底缓震效果良好、柔软且舒适。请利用热门话题为该跑步鞋写作一篇短微博。

图 6-8　跑步鞋

（2）家具品牌"新嘉"计划开展直播营销，以销售网店热销的 10 款沙发，直播时间预计为 2024 年 5 月 1 日晚 19:00—21:00。本场直播由主播小华主持，场控为明明。为吸引用户，品牌计划开展"满 2000 元减 200 元"的优惠活动，用户只要在直播间购买商品即可享受该优惠。此外品牌还安排了抽奖活动（两轮，要求用户以弹幕的形式发送"新嘉大卖"，奖品是一个沙发靠枕）。请为该场直播写作直播脚本。

（3）某文具品牌最近推出了 3 款笔记本，其颜色清新、样式可爱，其中的便携式笔记本和线圈式笔记本封面设计有卡通图案。现需要拍摄一则短视频为 3 款笔记本做宣传，请为其写作短视频脚本。

（4）现有一款智能衣架，该衣架具有智能传感、远程控制、除菌防霉等多种功能，能够为用户带来更加智能便捷的生活体验。请为该智能衣架写一篇朋友圈文案。

第7章 软文类电子商务文案写作

【课前预习】

预习课程	软文类电子商务文案写作

预习方式	1. 在搜索引擎中搜索"软文",初步了解软文的定义与特点。
	2. 浏览本章内容,熟悉本章的知识结构。
	3. 阅读下面的案例并回答问题。
	伊利利用软文传递品牌理念
	  伊利发布过一篇名为《来到平行宇宙后,我开启一场逃生之旅》的软文。该软文在开头就设定了一个故事情节:"我"一觉醒来出现在平行世界,且所在的城市已经陷入瘫痪,"我"需要逃离谋生,寻找净土,回到原来的世界;"我"选择好交通工具后一路前行,净化水源、处理伤口、发现新物资等,文中还提供了选项,供"我"点击;接着,"我"拿到牛奶物资后,环境骤变,出现了一家工厂,"我"利用牛奶盒打开工厂大门,回到了现实世界,原来绿色低碳方式是连接两个世界的钥匙,而这就是伊利的品牌理念。
	  该软文非常自然地将伊利旗下的商品融入故事当中。例如,点击发现的物资,文中将提示"恭喜你!找到了开启有机新生活的密钥",其中,"有机新生活"一直被品牌所倡导。而后文更是自然引入了品牌的低碳理念,使用户对品牌助力环保,拥抱全新的可持续、健康生活方式的理念印象深刻。该文案将品牌理念非常自然地融入文字当中,起到了让用户于无形中接受推广对象的作用。
	  问题: (1)伊利的这篇软文具有什么特点?
	     (2)该软文是如何植入品牌信息的?

预习目标	1. 能够通过搜索软文的相关信息,对软文有初步的认识。 2. 能够通过阅读本章内容,熟悉本章所讲述的知识。 3. 能够通过课前预习,回答案例后提出的问题。
预习时间	30分钟
疑难点总结	

7.1 软文概述

  软文是指一种通过"软"植入的方式将内容与商品合理结合起来,将营销目的与文字有效融合,让用户在津津有味的阅读中

软文概述

了解营销信息，从而产生购买欲望的文案。软文的精妙之处在于一个"软"字，其追求的是一种春风化雨、润物无声的传播效果。如果说传统的硬广告是少林拳，气贯山河、刚猛无俦，那么软文就像太极拳，柔中带刚、克敌于无形。

7.1.1　软文的作用

对于商家来说，软文非常重要，其作用主要体现在以下几个方面。

1.　降低广告成本

传统硬广告的成本一直居高不下，而一篇原创软文的成本比硬广告的成本要少很多；而且一篇优质的软文常会被用户主动转载，这样就免费扩大了宣传范围。

2.　引流

软文中可以植入网店的链接或者各大平台的账号（如微博、微信公众号等），有助于为网店或账号增加流量。

3.　提高品牌知名度

软文可以在各种平台（如微博、微信等）发布，可以大范围传播品牌信息，让更多的用户了解和认识品牌。此外，软文可以为用户提供独到的观点和视角，帮助用户解决实际问题，因而使品牌获得用户的信任。在这个过程中，软文中植入的品牌推广信息也能潜移默化地影响用户，加深用户对品牌的认知。

4.　提高销量

发布软文的目的是促进销售，通过对商品或服务的推广引导用户购买或使用，进而提高销量。

7.1.2　软文的分类

软文的形式多种多样。根据内容的不同，软文大体上可以分为以下几种类型。

1.　新闻类软文

新闻类软文是指品牌向媒体主动提供的具有一定新闻价值的软文，以新闻报道为主，如常见的新闻通稿、新闻报道或者媒体访谈等。品牌发生重大事件、有新品发布等活动时，都可以通过新闻类软文进行预热或者曝光。

2.　故事类软文

故事类软文是通过讲故事的方式呈现商品或品牌信息的软文。故事类软文将推广信息包装到故事里，使用户在看故事的同时，也能接收到故事中传递的品牌推广信息。

3.　知识类软文

知识类软文就是传播有价值的知识，同时有机结合广告信息的软文。其表现形式可以是商品测评、经验分享、实践指导等。这类软文有助于增长用户的见识或帮助用户解决实际问题。

4. 评论类软文

评论类软文是指发表对品牌新近发生的新闻事件或商品的看法或观点的软文。和新闻类软文不同的是，评论类软文更侧重于提出观点，而不只是对某事件进行描述。

5. 娱乐类软文

娱乐类软文是一种以提供娱乐为主要目的的软文，用户通常对此类软文有较强的阅读兴趣。它通常会涉及一些与娱乐相关的话题，如影视、音乐等。

6. 情感类软文

情感类软文主要以情动人，从而获得用户的认同，可以涉及亲情、友情、爱情等。文案人员在写作这种类型的软文时，要学会渲染感情，对感情的描写要具有感染力。

7.2 软文的写作

目前各大平台都有大量软文，但只有高质量的软文才能吸引用户眼球，进而取得预期的营销效果，因此文案人员有必要掌握软文的写作方法。

软文的写作

7.2.1 软文的写作要求

使用软文推广商品或品牌是企业常用的一种非常重要的推广手段。通常来说，软文的写作需要满足以下要求。

1. 自然地融入广告

软文写作较难操作的部分就是把广告自然地融入文案的同时又不引起用户的反感。一篇成功的软文要让用户在读过之后，不仅没有感受到广告的存在，还感觉受益匪浅，认为软文为其提供了不少帮助。文案人员要注意，融入广告并不是软文写作最后的步骤，相反，文案人员要在写软文之前就想好广告的内容和目的，这样才能将广告自然融入软文中。

2. 建立用户的信任感

软文只有在建立用户信任感的前提下才能发挥出最大效果。软文应通过信任感的搭建，使用户对其中涉及的品牌或商品产生好感，进而提升营销效果。建立信任感可以采取的手段有很多，如利用情感因素使用户产生心理共鸣、给出强有力的承诺、展示第三方认证证书等。

3. 结构清晰

高质量的软文应该是严谨而有条不紊的。一篇排版整洁、版式优美的软文，可以给用户带来良好的阅读观感，让其觉得软文结构明朗、思路清晰。因此文案人员一定要仔细检查软文的排版，最好合理划分段落，突出软文重点；或巧用字体、字号、图片或其他显眼的标识区分内容，使用户一目了然。

4. 内容有感染力

软文包含长篇的软广告，如果内容空洞乏味，缺少感染力，只是死板地介绍商品卖点，那么文案的可读性就不强，就不容易打动用户。要想写出富有感染力的软文，文案人员要注重情感的表达和营造，善于用文字塑造场景，使用户代入其中，从而引导对方产生某种行为。

🔍 范例阅读

适合打工人下班后做的副业，宅家也能赚小钱

2023年还能靠做PPT赚钱吗？我相信，你一定想过靠PPT赚钱，不只你想过，90%的PPT爱好者都想过。花费了大量的时间学习PPT，大家当然希望能靠这个技能变现。

在淘宝上搜"PPT定制"，你会发现无数的网店。很多朋友都觉得淘宝上都是低价的小单子，是的，这些单子的单价的确不算高，但是数据告诉我们，需要做PPT的大有人在！

1. PPT到底有多重要

再问个问题：工作中有什么让职场人特别头痛的事情？我想大概10个人中有9个都会回答，当然是PPT汇报！PPT作为职场常用的软件，已经成为不少职场人的标配，但是，能用、会用和用得好不是一回事。

华为某总监曾说：大多数公司比我们想象中更重视PPT，在华为，我们把PPT叫作"胶片"，PPT技能属于职业生涯中非常重要的技能，我们部门每个新人都必须要会做PPT。

要知道，在严谨的工作场合中，PPT做得不够美观得体，逻辑不够严谨，甚至出现问题都是会影响工作本身的，还有可能让你失去一次表现的机会……

简而言之：对于职场人来说，PPT真的很重要。

2. 会做PPT，多一份收入

会做PPT除了能为你的本职工作增添色彩，也能为你开启副业的大门。不知道你有没有发现，对于普通人来说，会做PPT是门槛较低、回报率却较高的技能。会做PPT的人，不仅在职场里很受欢迎，就连做副业都可能收入过万元。

为什么这么说？

当下，PPT不仅仅是职场人的汇报利器，其本身也已逐渐形成了一个成熟的产业。它的市场需求量极大，从企业培训到课程开发，从商业定制到模板设计，都需要专业的PPT人才。

在此情况下，一些人即使不工作，也能靠副业轻松养活自己！比如，知乎上这篇关于"副业"的回答就直接震惊了我，一个大三学生只靠做PPT这个副业就赚了8万多元。

标题关键词：打工人、副业、赚小钱，锁定目标人群

开头直接陈述主题：靠做PPT赚钱，并以淘宝数据结果为依据，增强说服力

从打工人职场晋升的角度阐述会做PPT的重要性

引用名企总监的话，增强说服力

简单总结，重复强调主题

从开展副业的角度阐述掌握PPT技能能赚钱

自问自答，引导用户的思考方向

引用知乎回答作为依据

电子商务文案策划与写作 文案策划+内容传播+智能写作（附微课）

8万元是什么概念，是一个普通公司职员不吃不喝至少1年的工资。他是怎么做到的？我们来算一笔账：目前，一页中等档次的PPT定价是100元，假设一套PPT有15页左右，那么一套PPT的价格就是1500元，接几个定制服务，一两万元就到账了……

我不得不再次感叹一句，PPT做得好，不仅能升职涨工资，还能赚外快。

3. 手把手带你系统学习

如果3天时间就可以学习PPT技能，还能掌握一门副业变现的基础知识，为啥不试试呢？所以，我建议这个为期3天的秋叶PPT集训营，你一定要来！

我们邀请到了具有10年PPT定制设计经验、500强PPT定制设计师的资深导师赵倚南，与我们联合打造了一个适合新手学习的PPT集训营——"秋叶PPT 3天集训营"，帮你轻松快乐地学会一个新技能！

报名后，你将获得：

一对一答疑，耐心指导——真人助教群内一对一答疑，耐心指导，帮助学员解决困惑，让你实实在在学到知识，收获技能。

超多"干货"，学到赚到——三大模块，九大"干货"知识点，专为想要提升PPT技能的你打造；保姆级操作手册，老师手把手教你玩转PPT。

全程演示，实战演练——老师全程演示，你每天只要学习大概20分钟，从日常的功能出发，一课一练，夯实进阶每一步，既能获得"干货"知识，又能实操检验学习成果……

可能有小伙伴要问了，集训营有准入门槛吗？需要多少学费？只要你有学习PPT的热情，我们就欢迎你加入"秋叶PPT 3天集训营"！该集训营学费原价99元，现在仅需1元。每期名额有限，现在就扫码报名吧！

【点评】 该软文从靠PPT赚钱的角度切入，锁定目标人群——想做副业的打工人，然后分别从职场和副业两方面强调了PPT技能的重要性。在此基础上植入PPT课程的营销信息就显得顺理成章。该软文在叙述时还运用了知名公司总监的言论、客观事例等来佐证自己的说法，说服力很强，很容易取得用户的信任。此外，该软文是站在用户的角度进行阐述的，灵活运用各种提问方式，给用户以朋友间面对面谈话之感，场景感十足，非常具有感染力。

7.2.2 软文中关键词的设置

关键词是指用户输入搜索引擎搜索框中的提示性文字或符号。很多用户都习惯

（右侧批注）

将8万元的数字具体化，同时替用户算账，说明这个数字并非不现实

重复描述加深用户认知

植入营销信息，介绍PPT课程

介绍讲师资质，说明课程专业性

分点介绍报名课程的收益

运用卖点＋利益点的模式

使用数字增强直观性

结尾强调优惠，号召用户立即报名

155

于通过关键词搜索所需信息。若软文的标题及内容中含有用户输入的关键词，那么该软文就更容易被用户搜索到。因此，关键词的合理设置有助于软文获取更多流量，进而达到预期的营销效果。

1. 关键词设置的原则

关键词设置的原则主要有以下 4 个。

（1）关键词要与软文主题相关。用户在搜索引擎中搜索时都抱有一定的目的，希望搜索结果能够尽量精准地与自己感兴趣的内容相匹配。如果打开的软文内容与输入的关键词毫无关联，用户通常会立即离开。因此，只有与软文主题相关的关键词才可能带来有效流量。

（2）关键词要符合用户的搜索习惯。文案人员要根据用户的搜索习惯设置关键词。对于同一事物，不同用户群体的叫法不同，他们在搜索时所使用的关键词可能会不一样。例如，对于红薯，部分用户会搜索"地瓜"，部分用户会搜索"山芋"，部分用户会搜索"芋头"等。因此，文案人员需要根据商品的目标人群及软文投放策略来设置关键词。

（3）尽量选择长尾词。长尾词是指字数较多、描述具体的关键词，一般由多个关键词组合而成，如男士纯棉袜子、碎花长款连衣裙等，具有内容具体等特点。长尾词的搜索次数通常比较少，但相对普通关键词来说更加精准、竞争度更低。在实际工作中，文案人员可以通过关键词挖掘工具（如爱站网等）找出长尾词。

示例		
长尾词：男士纯棉袜子		普通关键词：袜子
长尾词：碎花长款连衣裙		普通关键词：连衣裙

（4）选择商业价值高的关键词。不同的关键词有不同的商业价值，其商业价值的一大评判标准是所引流用户的购买意图是否明确。

示例		
甲：在哪里买正版《红楼梦》		搜索甲的用户购买意图更明确，故甲的商业价值更高
乙：《红楼梦》是谁写的		

2. 关键词的布局

关键词的布局是指选择关键词植入的位置。一般来说，软文关键词可以布局在以下位置。

（1）标题。搜索引擎在抓取数据时通常会先抓取标题，因此在软文标题中加入关键词可以提高软文被搜索到的概率，且不会影响软文的可读性。文案人员应把最重要的关键词放在标题中，这样搜索引擎给它的权重最高，才有利于排名。

（2）首段。与标题相同，软文首段对搜索引擎抓取结果的影响也非常大，因此，软文首段要合理地布局关键词（通常要布置 1～2 个关键词），以便获取更好的排名。

（3）正文小标题。在软文正文中可以设置一些小标题，然后在小标题中加入关键词。

（4）小标题下方的一段。该段落可以布局 1 ～ 2 个关键词，可以让内容和小标题具有承接性，也可以让关键词的植入显得更自然。

（5）最后一段。最后一段可以布局少量关键词，如果是 100 字左右的段落，布置 1 个关键词即可；如果是超过 200 字的段落，可以布置 2 个关键词。

专家提示

　　如果网站或平台允许，文案人员还可以对软文中的关键词进行加粗或者加下画线的处理，这样也有利于搜索引擎的收录。还需要注意的是，文案人员不要盲目布局过多关键词，重要的是确保软文逻辑清晰、语义通畅，避免影响用户的阅读体验。

7.2.3　软文的写作注意事项

软文写作既要追求好的营销效果，又要规避一些"雷区"。总而言之，文案人员在写作软文时要注意以下事项。

1. 根据投放平台调整语言风格

软文通常会投放至多个平台，不同平台适合的语言风格不同。如果投放的是问答类平台，语言就要有条理；如果投放的是生活分享或社交媒体平台，语言就要偏口语化；如果投放的是企业官网、行业性的网站或论坛等，则语言的专业性应较强。

2. 合理使用植入广告的方式

在软文中植入广告不能太明显、刻意，否则会让用户厌烦，因此文案人员要特别注意植入广告的方式。以下几种植入广告的方式可以起到潜移默化的作用。

（1）在故事情节中植入。在故事型软文中，借故事来引出商品或用故事来表达商品（如品牌故事）比较合情合理，如在讲述孩子成长的故事类软文中植入玩具等。

（2）热点植入。热点植入指借助用户对热点的关注而植入广告，这要求文案人员有敏锐捕捉热点的能力。

（3）分享式植入。许多用户在分享日常生活时可能会提及某些商品，因此文案人员也可以以分享式的写法引出商品，完成广告植入。

（4）举例时植入。文案人员可以在举例时植入广告，尤其是在针对某个论点举例时，这种写法隐蔽性强，常用于科普类、教程类文案。

（5）结尾植入。在软文结尾添加广告信息既不会影响文案的观赏性和用户的阅读体验，还可以让广告更加醒目，但要注意精简广告信息。

（6）文前或文末版权标注。这种写法要求文案人员不在正文中植入广告，只在文前或文末加入版权信息（仅针对原创文案），对内容感兴趣的潜在用户会根据版权信息查找到所推商品品牌。例如，推广某售车网站时，写作一篇如何选购耗油少的车的知识科普文案，只在文末标注文案来源网站的网址。

3. 关键词或链接不能加得过多

很多文案人员为了实现推广，会在软文中加入大量的关键词或者链接，这样做会降低软文的阅读价值，影响用户的阅读体验。软文的核心是内容，只有内容有价值，用户才会对软文产生信任，进而接受软文中的广告。因此，关键词或链接加得过多并不会提升软文的营销效果，有可能还会适得其反。

4. 不能包含禁忌词汇

国家相关法律法规和各大平台都规定了一些禁忌词汇，如《中华人民共和国广告法》禁用词、医疗用语、迷信用语等，如果文案人员在写作时没有注意，很可能会导致软文被平台自动删除。常见的禁忌词汇有以下 3 类。

（1）违禁极限用语。具体包括国家级、世界级、最高级、唯一、首个、首选、顶级、独家、首家、最新、最先进、第一（NO.1/Top1）、独一无二、绝无仅有、史无前例、万能等词语。

（2）违禁权威用语。具体包括国家××领导人推荐、国家××机关推荐、国家××机关专供、特供等借国家、国家机关工作人员名称进行宣传的用语；质量免检、不需要国家质量检测、免抽检等宣称质量不需要检测的用语；老字号、中国驰名商标、特供、专供等词语（唯品会专供等类似词语除外）。

（3）违禁时限用语。具体包括随时结束、仅此一次、随时涨价、马上降价、最后一波等无法确定时限的词语。

5. 避免违规

软文本质上是一种广告，因此文案人员需要了解《中华人民共和国广告法》《广告管理条例》《中华人民共和国民法典》《中华人民共和国消费者权益保护法》《互联网广告管理暂行办法》等，避免违反相关法律规定。

（1）避免侵害名誉权。《中华人民共和国民法典》第一千零二十四条规定："民事主体享有名誉权。任何组织或者个人不得以侮辱、诽谤等方式侵害他人的名誉权。"如果文案人员在软文中污蔑竞争对手商品质量差或生产工艺过程不合规，意图用不正当方式抬高自己、贬低对方，则侵害了对方的名誉权。

（2）避免侵害肖像权。《中华人民共和国民法典》第一千零一十八条规定："自然人享有肖像权，有权依法制作、使用、公开或者许可他人使用自己的肖像。"侵犯肖像权是指未经他人同意而使用他人的肖像，并且使用者在主观上希望通过对他人的肖像的使用获得经济利益。文案人员要注意，除了法律规定的可使用他人肖像的情况，建议软文中的配图不要使用他人肖像。如果需要使用他人肖像，文案人员也应当获得他人的同意或授权，且软文要有利于维护肖像权人的良好社会形象。

（3）避免侵害著作权。著作权俗称版权，是指作者对其创作的文学、艺术和科学技术作品所享有的专有权利。为防范侵害著作权风险，文案人员要使用原创或经授权的作品。文案人员在软文中使用他人文字、摄影作品时，应尽量使用已签订供稿、供图协议的作品，或他人已经明示授权使用的作品，尽量不转载网上来源不明的作品。

6. 避免触及敏感话题

部分文案人员为了追求流量和热度，会在软文中触及某些社会敏感话题，违背社会公序良俗、道德规范等。例如，在文案中设计一个不公平、不合理、不能让广

电子商务文案策划与写作 文案策划+内容传播+智能写作（附微课）

大用户接受的故事情景与结局，或者利用天灾人祸为品牌打广告，又或者输出不良观点、挑起对立等。这样的行为只会降低品牌的美誉度，招致用户的反感，不利于品牌良好形象的塑造。因此，文案人员在撰写软文时应保证文案合乎社会道德规范，不要挑战用户的道德底线，避免造成恶劣影响。

7.3　案例分析——一篇以情感"俘获"用户的软文

　　××品牌与某微信公众号合作，发布了一篇标题为《女生，会用这样的方式爱着自己的朋友》的软文，该软文通过两个女生对话的方式讲述了女性之间独特的友情，十分具有感染力。同时，品牌营销信息与软文内容的结合也十分巧妙，值得学习。

【案例展示】

　　在一个加班的深夜，我遇到了很棘手的问题。这个时候，我的脑海里冒出了好朋友的样子，"如果是她的话，她会怎么做呢？"想着想着，我不由自主地模拟着她会说的话、会做的举动，慢慢地想到了解决方法。

　　和她成为好友的这6年，她对我产生了比恋爱还要深刻的影响。到底是什么样的特质让这段感情持久而坚固的？新一期的《60分女孩》，我们将会聊聊这个问题的答案，聊聊一段持久的女性友谊将会带给我们什么影响。

1. 女生之间的友谊，总带着一种温柔的仗义

　　林聪明：提起女生的友谊，我的脑海里会浮现一个递花的画面。前几天看到一个帖子，一个女生在高铁站突然闻到了姜花的香气。姜花很难买到，于是她寻着这个味道，在人群里逆行去找，找到了一个拿着姜花的女生。她很大声地问道："你的花是在哪里买的？"拿姜花的女生回过头，也大声地告诉她："在很远的地方买的！"接着，拿姜花的女生抽出了一枝姜花，递了过来："这个很香，你拿着！"交接完这朵花，她们各自转身离开。"花很香，给你"，女生的感情，就是互相做一个递花的动作。

　　Kitty：那我的那个动作，可能是撑伞。读书的时候，我有一个朴实善良的室友。她有次应聘服装销售失败，面试官说："你不适合做这个。"这让她很气馁。有一天她又得到一次面试机会，那天，我们全宿舍的女生都为她出主意，给她好好打扮了一番，送她出门。大家会赞叹，"因为我淋过雨，总想着给你撑把伞"，但我觉

得更珍贵的是，我没有淋过雨，却也想找一把伞给你撑上。

2. 坚固的感情，是需要等价交换的

Kitty：25 岁之前，我说过一些轻巧的话，类似"我永远是你的铠甲"等。但是工作之后，我发现要给朋友支持，不能只是说说而已，是需要努力的。我是什么时候觉得这是需要努力的呢，就是当我发现朋友一次次陷入低谷，而我鼓励不到她了。所以今年，我去学习了很基础的心理咨询知识，学习如何建立一段健康的关系，如何倾听，如何提出一些提问，不要妄下判断，不要指责和要求对方。

林聪明：是的，她的学习成果的第一个受益人就是我。我被困扰到失眠，她就带着一个橘子味的香薰来到我家，还调节我家的灯光，拿着一个小本子在那里记下我的话。她没有引导我一定要开心，她就像她带来的那个香薰一样，让我感受到了一种安心的氛围。我像是一个走在漆黑的旷野里的人，她就像是一股绳索，从遥远的一端牵着我，让我可以安心地往前走。

Kitty：所以，我对自己的要求是，一个合格的朋友一定是一个好的心理咨询师。我对自己失去信心的时候，就会去找林聪明确认：我这样是可以的吗？我们交换的，是一份鼓励对方往前走的力量。这份力量时强时弱，但总会在某一刻达成相对的平衡。起码此刻，我可以有底气地说出"我们是彼此的退路"这句话了。

3. 耐磨的关系，经得起考验

Kitty：我和林聪明其实也有过很凶狠的吵架。我偶尔做了一些踩到她"雷区"的事情，然后她单方面冷战两个星期。一段可以持久的关系，一定是"耐磨"的。我们是允许对方犯错的。犯错了，再修复，才可以一直走下去啊。

林聪明：不仅要允许我们在这一段友情里面犯错，还要允许我们拥有"讨厌对方"的这个空间。毕竟朋友做出自己不喜欢的行为实在再正常不过了。能够一直走下去的友谊会让我们产生一种同频感。因为喜欢你，所以能共情你的悲伤，也会因为你的幸福而感到幸福。

4. 最后

在女生的友谊里，我们是互相帮助的角色。我们互相依赖，也各自努力达成平衡，在一次次考验里验证耐磨的关系，经过时间沉淀之后，感情便坚不可摧。

这一期节目的灵感来源是 ×× 品牌最新发布的短片。其中有一幕，两位女性坐在跷跷板上，双方力量时强时弱，但最终达成平衡。平衡，就是女性友谊的隐喻。

×× 品牌 J12 腕表亦是女性成长时刻的重要见证者。J12 腕表，如同女性坚固的感情，可以抵御高达 5000G 的冲击力。即使是刺猬打滚经过的地方，J12 腕表精密的陶瓷表盘亦毫无损伤，非常耐磨。

2019 年，×× 品牌腕表创意工作室总监创新演绎 J12 腕表，搭载 Caliber 12.1 自动上链机械机芯，具有长达 70 小时动力储备，持久亦如同女性之间深刻绵长的友谊，让你不需要忧虑久未佩戴带来的停摆。

2022 年，×× 品牌推出首款搭载自动上链机芯的 J12 Caliber 12.2 腕表 33 毫米表款。33 毫米腕表首次搭载了性能卓越的 Caliber 12.2 腕表自动上链机械机芯……

J12 腕表，沉稳而耀眼，精密而细腻，就如同经过时间沉淀之后的女性友谊一般。分秒背后是我们交付真心度过的日夜。和××品牌一起见证女性的成长吧，我们定目光欣喜，在你身后，为你拍掌。

【案例赏析】

该软文细腻地展现了女性友谊，包含了对女性友谊的理解以及如何维持友谊的思考，给人以启发。总的来说，该软文具有以下几点特色。

1. 独特的叙述方式

该软文的主题是女性友谊，其没有采用传统讲故事的方式，而是以两位女生对话的形式展开叙述。这种对话的形式能更好地展现不同人物之间的互动和交流，让软文摆脱单一的叙述视角，呈现不同人物的个性，使不同的观点相互碰撞、融合。而且对话的形式更接近人们平时交流的模式，更贴近用户的阅读习惯和心理预期，能让用户感受到人物之间的真实感情和情绪。

2. 生动、口语化的语言

由于软文采用二人对话的形式，因此其语言风格十分平实、口语化，如"我对自己失去信心的时候，就会去找林聪明确认：我这样是可以的吗？"这样的语言就像是对现场发言的直接记录，没有过多修饰，且不会让人产生距离感。同时，为了避免过于单调乏味，软文使用了很多手段使语言更生动，包括使用比喻（如"我像是一个走在漆黑的旷野里的人，她就像是一股绳索，从遥远的一端牵着我，让我可以安心地往前走"），把抽象的感情形象化。

3. 对感情的细腻描写

软文对女性友谊的描写尤其细腻动人，其没有借助煽情的词语或排比句，而是让人物各自围绕"递花""撑伞"两个动作（递花反映的是分享美好，而撑伞则意味着互相支持）来叙述自己对友情的理解，通过细节来体现感情，画面感十足，令人回味。

4. 广告与软文主题的巧妙融合

该软文所推广的是××品牌手表，该手表的广告片中出现了两位坐在跷跷板上的女性，二人时上时下，但最终保持平衡。这与女性友谊形成了关联，即跷跷板是女性友谊的隐喻。软文中的两位女生也是如此，她们相互尊重，彼此信任，给予对方关爱和支持。由此可以看出，广告与软文主题是通过修辞的方式关联起来的，这种方式很新颖、独特，能够令人眼前一亮。

【案例思考】

根据上述材料思考并回答以下问题。

（1）该软文在介绍手表卖点时，是怎样将其与女性友谊相关联的？

（2）该软文的广告植入方式给了你什么启示？

161

7.4 课堂实训——为酸汤牛肉调料包写作软文

现有一款酸汤牛肉调料包（5 袋装），卖点是操作简单，厨房小白也能 8 分钟快速复制饭店味道；加入上等猪骨慢熬的高汤，味浓鲜美；原价为 38 元，现价为 25 元，活动时间只有 3 天。

【实训目标】

写作软文推广该酸汤牛肉调料包，并加入关键词。

【实训思路】

（1）确定写作思路。购买调料包的用户通常是爱好制作美食的人，因此可以通过介绍酸汤牛肉的制作方法来吸引用户关注，然后以自己制作麻烦、有难度为由植入广告，以“快速复制饭店味道”为卖点吸引用户下单。

（2）确定关键词。前往 5118 网首页，在“关键词挖掘”对应的搜索框中输入“酸汤牛肉”，在打开的页面中查看相关关键词，如图 7-1 所示。从图 7-1 中可知，“酸汤牛肉做法”“酸汤牛肉家常”“酸汤牛肉怎么做”等是热度较高、竞争度较低的关键词，可以将其作为软文的关键词。

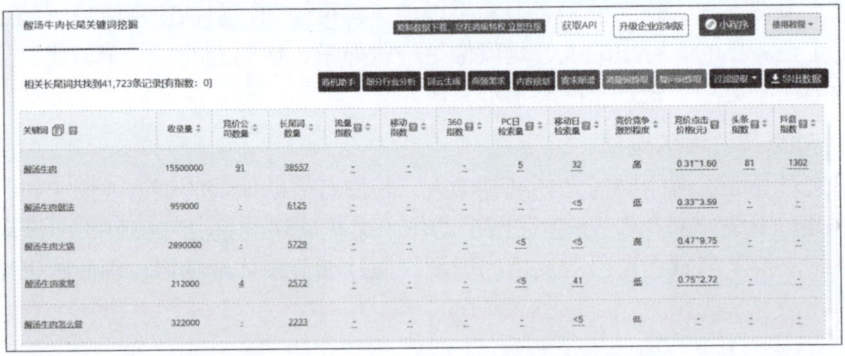

关键词	收录量	竞价公司数量	长尾词数量	流量指数	移动指数	360指数	PC日检索量	移动日检索量	竞价竞争激烈程度	竞价点击价格(元)	头条指数	抖音指数
酸汤牛肉	15500000	91	38557	-	-	-	5	32	高	0.31~1.60	81	1302
酸汤牛肉做法	959000	-	6125	-	-	-	-	<5	低	0.33~3.59	-	-
酸汤牛肉火锅	2890000	-	5729	-	-	-	<5	<5	高	0.47~9.75	-	-
酸汤牛肉家常	212000	4	2572	-	-	-	<5	41	低	0.75~2.72	-	-
酸汤牛肉怎么做	322000	-	2233	-	-	-	-	<5	低	-	-	-

图 7-1　关键词搜索结果页面

（3）写作软文。对酸汤牛肉制作方法的叙述，要做到条理清晰、简洁无歧义，让用户能参照着操作；而广告植入部分则需要清楚介绍调料包的卖点，以有吸引力的语言激起用户的购买欲望。

示例

还在看着图片流口水？不知道酸汤牛肉怎么做？我来教你

每次去川菜馆，桌子上都少不了酸汤牛肉的身影。牛肉鲜香，酸酸辣辣，开胃至极，连汤都想喝光！今天，给大家分享一下酸汤牛肉的家常做法。

标题使用提问句，植入关键词（酸汤牛肉怎么做）

生动描述酸汤牛肉口感，并引出主题，植入关键词（酸汤牛肉家常）

【食材】牛肉、酸菜、小番茄、白玉菇、鸡蛋、生姜、蒜、泡椒。

【做法】

① 牛肉切片放入碗中。加少许盐、少许胡椒粉、蛋清、一勺淀粉、一勺食用油，用手抓匀，然后放入冰箱冷藏30分钟。

② 清洗酸菜，将其切成小段。将白玉菇切掉根部，洗干净备用。将小番茄去蒂切片。然后切些姜片和蒜片，将泡椒切段。

③ 锅中热油，下姜、蒜、泡椒爆香，然后下酸菜、白玉菇翻炒入味。加水，下番茄片。加适量的盐、白糖。烧3～5分钟后加白醋。

④ 捞出所有的辅料垫在盘子底部，锅中只留下汤汁。开小火放入牛肉片，待牛肉片全部下完后转大火烧开，烧至牛肉片的颜色泛白即可关火。然后连同汤汁一起放入碗中。

⑤ 撒上蒜末、干辣椒、青花椒、葱末，淋上热油。

讲到这里，有些朋友就要说了："酸汤牛肉做法你讲得再详细也没用，我也想亲手做，无奈是个厨艺小白，做饭是要炸厨房的。"或者有朋友说："下班到家都7点了，躺在沙发上懒得动，更别说要花半小时去折腾一道菜了。"我建议这些朋友试一下这款酸汤牛肉调料包。

有了这包调料，8分钟就能复制出大厨级别的美食。完全不需要考虑刀功、火候和调味，你只需要3步：一是在锅中放料包和水煮开；二是加入烫熟的牛肉、白玉菇等食材；三是装盘放小米椒、蒜末，泼一勺热油就可以开吃！

酸汤牛肉有吸引力的地方就在于它的汤。没有好喝的汤，这道菜就没有灵魂。这款调料包特别加入了采用上等猪骨慢熬的高汤，金黄透亮，回味鲜香，一口气喝上一大碗都不够。

配上图片，刺激用户感官

介绍食材和做法

叙述简洁、干脆，把做法说清楚

植入关键词：酸汤牛肉的做法

击中用户痛点：想自己做，却没能力或者没精力，然后提供解决方法——购买调料包（植入广告）

介绍使用调料包的便捷，"8分钟""3步"的表述很直观

从色、香、味的角度生动描绘调料包中的特色高汤

163

这款调料包是5袋装，每次用一袋就好。有来家里做客的亲戚和朋友问你酸汤牛肉的做法，你也可以直接送他一袋。惊喜的是，这款调料包现在搞活动，原价为38元，现价只要25元，优惠仅限3天，大家赶紧点击下方链接下单，一起体验在家当大厨的快乐！

植入关键词：酸汤牛肉的做法
强调优惠，促使用户下单

课后习题

1. 选择题

（1）【单选】（　　）不属于常见的禁忌词汇。

    A. 首选　　　　　　　　　　　B. 国家机关专供

    C. 唯品会专供　　　　　　　　D. 最后一波

（2）【多选】在软文营销中，（　　）的广告植入方式可以起到潜移默化的作用。

    A. 直接叙述广告，让用户一目了然　　B. 举例说明时植入广告

    C. 在文案中加入大量关键词和链接　　D. 在故事情节中植入广告

（3）【多选】以下位置中，（　　）可以布局软文关键词。

    A. 标题　　　　　　　　　　　B. 最后一段

    C. 首段　　　　　　　　　　　D. 正文小标题

2. 填空题

（1）软文的作用体现在＿＿＿＿＿＿、＿＿＿＿＿＿、＿＿＿＿＿＿、＿＿＿＿＿＿。

（2）软文的类型包括＿＿＿＿＿＿、＿＿＿＿＿＿、＿＿＿＿＿＿、＿＿＿＿＿＿、＿＿＿＿＿＿、＿＿＿＿＿＿。

（3）＿＿＿＿＿＿是指字数较多、描述具体的关键词，一般由多个关键词组合而成。

3. 判断题

（1）要尽量选择热度高的关键词，越热门越好。　　　　　　　　　　（　　）

（2）软文的广告植入要明显，最好让用户一眼就能看出。　　　　　（　　）

（3）要尽量选择商业价值高的关键词。　　　　　　　　　　　　　（　　）

4. 简答题

（1）软文关键词的设置需要遵循哪些原则？

（2）软文写作有哪些注意事项？

（3）软文写作需要满足哪些要求？

5. 实践题

临近旅游季末尾，重庆某酒店打算推出促销活动：双人房原价为349元，现价为299元。现需要写作一篇软文，自然融入广告，合理设置关键词，让更多用户了解该酒店及其促销活动。请谈谈你的写作思路。

第8章 使用 AI 写作电子商务文案

【课前预习】

预习课程	使用AI写作电子商务文案
预习方式	1. 在搜索引擎中搜索 "AI写作文案"，初步了解AI写作文案的相关内容。 2. 浏览本章内容，熟悉本章的知识结构。 3. 阅读下面的案例并回答问题。 ChatGPT横空出世以来，关于AI的讨论热度居高不下，很多专家也展开了研究。中国人民大学、宁波大学与秒针营销科学院在《商业经济与管理》上出版了论文《人工智能与人类的创造力比较研究：基于专家和消费者的双重视角》。该论文设置了一项实验，布置了10个广告文案任务（涉及7个不同行业），分别由人类和AI来完成任务，然后招募60名专家和1707名消费者做评价。 就专家评价结果来看，AI生成文案在 "清晰完整" "容易理解" 方面的得分与人类文案相差无几，但在 "创造性" "消费者洞察" 和 "商业洞察" 方面低于人类创作的文案。就消费者评价结果来看，消费者无法分辨AI生成文案和人类创作文案。 此外，专家评价，AI生成文案对应经验年限为2.47年，也就是说AI已可承担部分初级文案人员的工作。 论文表示，预计AI会给广告营销就业市场带来一定的影响，一部分旧岗位会消失，也会催生新的就业岗位，如首席人工智能官、AIGC作品加工师、AI训练师等，未来人智协同将成为广告营销行业的主流趋势。 **问题：**（1）就专家评价结果来看，目前AI生成文案的不足有哪些？ （2）作为文案人员，要如何应对AI带来的变革？
预习目标	1. 能够通过搜索AI写作文案的相关信息，对其有初步的认识。 2. 能够通过阅读本章内容，熟悉本章所讲述的知识。 3. 能够通过课前预习，回答案例中提出的问题。
预习时间	30分钟
疑难点总结	

8.1 认识 AI 写作

AI（Artificial Intelligence，人工智能）是一种模拟人类智能

认识 AI 写作

的技术。它涉及计算机系统以及软件的设计，旨在赋予计算机执行类似于人类思维和决策的任务能力。AI 写作是指利用人工智能技术来辅助或完全代替人类进行文本创作。它能够以惊人的速度和准确度生成文章、创意和内容，极大地提高文案的生产效率和内容质量。

8.1.1　AI 写作的优势

随着 AI 技术的成熟，AI 已经展示出强大的写作能力，能快速输出大量的文本。具体来说，AI 写作具有以下几个显著优势。

1．能快速生成文案

AI 写作能够在短时间内完成大量的内容创作，其写作速度远远超过人类，大大提高了内容生产效率，这对于新闻、报告等需要撰写大量文本内容的领域特别重要。

2．可根据要求定制文案

AI 写作技术可以根据用户的需求和要求进行定制，生成符合特定要求的内容，如严肃的新闻报道、幽默的广告文案等。用户可以通过调整参数或指定关键词来定制内容的风格和主题。

3．有助于拓展写作思路

AI 写作可以生成各种不同的观点和角度，从而帮助作者从多个角度思考问题，拓展思维的广度。这有助于生成更多创意和深度的内容。

4．应用范围广

由于其高效性和准确性，AI 写作在新闻、广告、营销、内容创作等领域得到广泛应用。它能够满足不同行业和领域的内容需求。

5．具有持续学习、提升的能力

AI 写作工具能够持续学习，可以通过从实际应用中不断获得反馈，并根据用户的评价和需求进行自我调整，使得生成的内容更加优质。

> **素养提升**
>
> AI 能够完成许多重复性的任务，这意味着未来人们很可能可以更多地专注于创造性和创新性的工作。同学们可以通过参与科学竞赛、开展小创意项目等方式培养创新思维，为未来的工作做好准备。

8.1.2　AI 写作的适用范围

AI 写作虽然效率很高，但在内容原创性、语言的情感表达等方面仍有不足，因此 AI 写作不是万能的，它有自己的适用范围。

1. 简单的写作任务

对于一些简单的写作任务，如生成新闻报道的摘要、撰写产品描述、写作常规性的文案等，AI 写作可以快速且准确地完成，节省时间和人力成本。

2. 紧急的写作任务

在需要迅速生成内容的紧急情况下，AI 写作可以快速响应，提供及时的稿件，满足发布需求。

3. 重复性较强的写作任务

对于一些需要大量重复性写作的任务，如电商平台上的产品描述，AI 写作可以自动生成多个版本，提高工作效率。

4. 无需个性化表达和情感交流的写作任务

在一些内容不需要个性化表达和深度情感交流的场景下，如科学论文摘要、技术文档等，AI 写作可以提供客观、准确的描述。

值得注意的是，AI 写作目前还不能完全替代人类创作。对于需要个性化、创意性和情感表达的写作任务，人类的创造能力和情感理解能力仍然是不可或缺的。因此，在应用 AI 写作时，AI 写作仍需结合人工编辑和校对，以确保内容的质量和准确性。

素养提升

2023 年 7 月 10 日，国家互联网信息办公室等部门公布的《生成式人工智能服务管理暂行办法》规定：提供和使用生成式人工智能服务，应当遵守法律、行政法规，尊重社会公德和伦理道德。鼓励生成式人工智能技术在各行业、各领域的创新应用，生成积极健康、向上向善的优质内容。文案人员在使用 AI 写作时也需要注意相关法律、道德问题，让 AI 写作发挥积极正面的作用。

8.1.3　常用的 AI 写作工具

AI 写作工具是指利用 AI 技术来辅助写作的软件，它能够实现自动化写作。目前市面上的 AI 写作工具有很多，常见的有以下几种。

1. ChatGPT

ChatGPT 是由 OpenAI 开发的一个强大的对话式 AI 模型，可以进行自然语言交流、回答问题、生成对话和文字等。它可以用于各种用途，包括生成文章、写作建议、解答问题、提供创意和灵感等。使用 ChatGPT 也可以帮助人们更高效地生成内容，充分发挥创意。无论是写作、交流还是获取信息，ChatGPT 都可以作为一个有用的工具来使用。

2. New Bing

New Bing 是微软公司结合必应搜索引擎和 OpenAI 的大型语言模型推出的聊天机器人。它融合了 Bing 搜索引擎的搜索功能和类似 ChatGPT 的对话功能，可以搜索互联网上的各种内容并与用户进行交流。与用户的互动不仅限于文本，还可以涵盖图像、视频、音频等多种形式，从而生成更丰富、多样化的内容。

3. Notion AI

Notion AI 是 Notion 在线协作平台中的一项 AI 功能。作为 Notion 的助手工具，它嵌入在 Notion 文档编辑 / 管理页面中，旨在协助用户管理、整理和排序文档，还可以根据用户提供的关键词和主题，自动生成文档内容。此外，它还能自动进行字体、段落格式设置，使排版更加美观。另外，Notion AI 还能将用户输入的数据自动转化为表格、图表等形式，提升数据分析的效率。

4. 文心一言

文心一言是百度全新一代知识增强大语言模型、对话式 AI 产品，能够与人对话互动，回答问题，协助创作，高效便捷地帮助人们获取信息、知识和灵感。

5. 通义千问

通义千问是阿里云推出的一个超大规模的语言模型，功能包括多轮对话、文案创作、逻辑推理、多模态理解、多语言支持。通义千问能够跟人类进行多轮的交互，也融入了多模态的知识理解，且有文案创作能力，能够续写小说、编写邮件等。2023 年 4 月 18 日，钉钉正式接入阿里巴巴"通义千问"大模型，用户输入斜杠"/"即可唤起 10 余项 AI 能力，包括使用 AI 生成推广文案、使用绘图方式创建应用、在视频会议中生成摘要、根据需求撰写文案、设计海报等。

6. 小鱼 AI

小鱼 AI 是一款在线智能 AI 写作平台（见图 8-1），拥有超过 2000 个精品 AI 写作模板，覆盖不同场景，支持的内容类型包括短视频脚本、直播脚本、电商产品描述、海报文案、品牌介绍、公司介绍、影视解说、小说等，满足不同场景、人群的 AI 创作需求。小鱼 AI 提供 AI 写作、AI 续写、关键词写文章、文章起标题等功能，支持多种文本格式导入和导出。

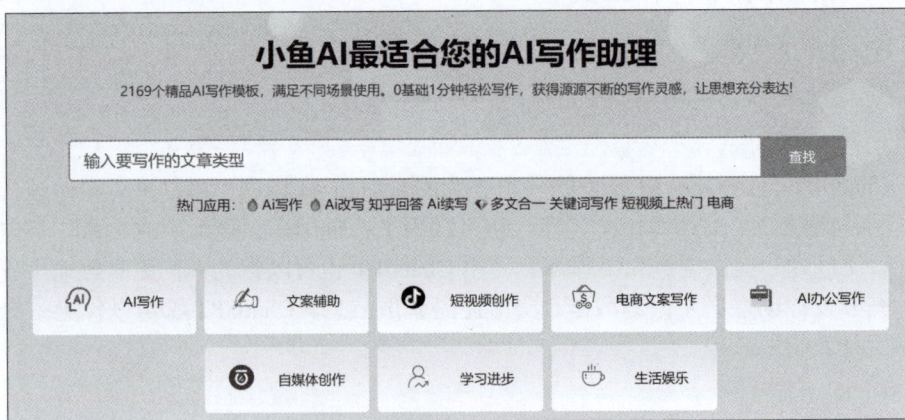

图 8-1　小鱼 AI

8.2　使用AI写作文案的方法和技巧

AI可以写作各种内容，而文案是AI写作的重要应用。在互联网时代，每天各大品牌都需要发布大量的文案，其中很多文案都可以交给AI来完成。文案人员也需要掌握使用AI写作文案的方法与技巧，提高自己的写作效率。

使用 AI 写作文案
的方法和技巧

8.2.1　使用AI写作文案的基本方法

AI虽然能自动生成文案，但不同的人使用AI生成的文案效果却可能差别很大，这与使用者采用的方法有关，采用合理的方法有助于生成优质的文案。具体来说，使用AI写作文案可以按照以下步骤进行。

1. 选择合适的工具

不同工具可能有不同的特点和功能，文案人员要根据自己的具体需求选择合适的AI写作工具，如ChatGPT、New Bing等。

2. 提出写作要求

在使用AI写作文案时，提出明确的写作要求有助于生成高质量的文案。文案人员需要自己组织语言向AI提出写作要求，所提出的写作要求越清晰、准确、完整，越能够帮助AI提供更高质量的文案。

具体来说，文案人员在提出写作要求时要明确告知AI自己需要什么样的内容，如一篇电商产品文案，可以指定具体的主题、产品或品牌，并附上相关背景信息；同时说明文案的目标人群、所需传达的信息、期望的情感效果等；如果文案人员有特定的内容风格偏好（如幽默、正式、亲切等）或希望传达特定的情感（如激励、愉悦、紧迫等），也可以一并告知AI。

示例	**XU** 我需要一篇朋友圈文案推广电饭煲。文案风格偏生活化、轻松活泼，吸引经常做饭的人，字数不超过300字。电饭煲的信息如下。 容量：8升，适合大家庭或聚会使用。 多功能：除了煮饭，还具备蒸、炖、煲汤等多种烹饪功能，满足不同的烹饪需求。 高品质内胆：采用高品质不锈钢内胆，均匀传热，煮出饭粒饱满的米饭。 预约功能：支持预约烹饪功能，让你可以提前设定好烹饪时间，回家后即可享用热腾腾的饭菜。 易清洁：可拆卸式内盖设计，方便清洁。 安全保护：内置多重安全保护装置，如过热保护和干烧保护，确保使用安全可靠。	写作要求：文案类型、涉及的产品信息以及文案的风格、语气、字数、目标人群

3. 逐步优化

通常AI生成的初稿还有需要改进、优化的地方，此时可以直接要求AI重新生成文案，当然更好的方式是进行追问、澄清或提供更多信息，让AI更加理解自己的需求，以获得更好的结果。

169

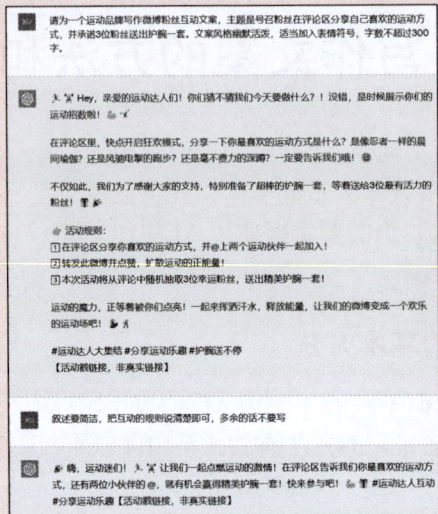

ChatGPT 写作的文案不符合要求

原因：ChatGPT 对于写作要求理解出现偏差

优化措施：进一步明确要求——表述简洁

4. 审阅和修改

虽然 AI 写作能力强大，但生成的文案依然可能存在一些语法、逻辑或风格上的问题。文案人员要仔细审阅文案，对错误进行修正，确保文案的质量和准确性。此外，文案人员还需要对文案进行润色修改，包括调整句子的流畅度、用词的准确性，以及确保文案符合品牌风格。

专家提示

需要注意的是，上面所提到的方法与下面要介绍的技巧针对的都是 ChatGPT、New Bing、文心一言等对话式 AI。而对于小鱼 AI 这类 AI 写作平台，使用 AI 的方法相对固定，也不需要特殊技巧，文案人员只需选择自己需要的写作功能（如关键词写文章、电商文案创作等），进入相关页面按照提示输入需要的信息即可生成文案。图 8-2 所示为小鱼 AI 中生成电商文案产品描述的页面，文案人员需要输入相关产品的信息。

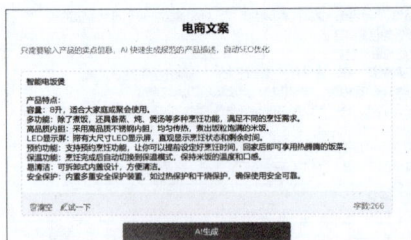

图 8-2　小鱼 AI 中生成电商文案产品描述的页面

8.2.2　使用 AI 写作文案的技巧

使用 AI 写作文案的方法看似简单，但文案人员在实际操作时会发现 AI 生成的文案水准参差不齐。这可能是 AI 的能力没有得到充分发挥。AI 具有理解和学习能力，文案人员要采用各种技巧来调动 AI 的这两项能力，尽可能开发 AI 的写作潜力，以获得效果更好的文案。

1. 为 AI 设定角色和情境

在使用 AI 写作文案时，可以为 AI 设定一个特定的角色，让 AI 带入相关情境，更好地理解所提交的写作要求。

这个角色可以是文案人员、特定领域的专家、创意助手等，情境则要具体根据文案的主题来决定。例如，文案人员要写一篇种草产品的小红书文案，可以为 AI 设定一个"产品体验官"的角色（角色特点是体验了产品，有自己的使用体验，善于挖掘独特的产品亮点），需要描述自身使用体验。或者要写一篇关于旅游目的地的推广文案，可以为 AI 设定一个"旅行向导"的角色，要求其以旅游达人的身份，提供关于目的地的详细信息、景点介绍，甚至构思一些吸引人的旅行故事。

2. 定义标准

对于特定类型的文案，AI 的理解可能不深入或者有偏差，此时文案人员可以先提供一个具体的定义或标准让 AI 学习。AI 学习后可以写出更加符合期望的文案。

小红书热门笔记通常具有以下特征。
（1）内容通俗易懂。热门笔记通常采用通俗易懂的语言，避免使用过于专业或难懂的术语。这样能够更好地吸引广大用户，不管他们是否有相关领域的专业知识。
（2）真实经验分享。用户在小红书上分享的热门笔记往往基于他们自己的真实经验，这些经验可能是购买某种产品、尝试某种护肤方法、旅行体验等，这种真实性能够增加用户的信任感。
（3）实用性强。热门笔记通常会提供一些实用的建议、技巧、教程等，能够让用户从中获得有益的信息。无论是关于化妆技巧、购物推荐、健康养生还是旅行攻略，这些实用的内容对用户来说都具有吸引力。
（4）添加表情符号和话题标签。添加表情符号可以使得内容更加生动有趣。话题标签也能够使笔记更容易被其他用户发现，从而提高笔记的曝光度。
（5）美观的排版。热门笔记通常会采用美观的排版，使用合适的字体、颜色和格式，使得内容更具可读性。
请记住这些特征，并按照这些特征生成一篇分享养护龟背竹经验的小红书笔记。

定义标准——小红书笔记应具有的特征，并要求其据此写作小红书笔记

3. 要求 AI 提供灵感或思路

文案人员在写作文案时，可能会缺乏头绪或找不到突破口，因而也不知道如何向 AI 提出写作要求。此时可以先要求 AI 提供一些灵感，如要求 AI 围绕一个主题提供一些备选选题，或要求 AI 就一篇文案提出大纲，帮助自己理清思路。

你是一个资深电商文案人员，需要针对 AI 这个热点写作一篇电商软文，以推广 AI 写作相关的付费课程，该课程的目标人群是新媒体内容创作者。现需构思 3 个合适的选题，要贴近新媒体内容创作者的实际工作。

掌握 AI 写作，轻松驾驭新媒体创作！

选题 1：标题创作：AI 如何打造引人入胜的头条
· 学习 AI 写作，掌握吸引眼球的标题撰写技巧，让你的文章立刻脱颖而出！

选题 2：社交媒体文案：AI 助你成为内容创作高手
· 学会如何借助 AI 生成独特有趣的社交媒体内容，让你在各平台迅速积攒粉丝！

选题 3：数据驱动报道：AI 提供深度信息挖掘技巧
· 了解如何利用 AI 工具挖掘并分析数据，为你的报道注入更多深度和洞察力！

设定角色：资深电商文案人员
情景：构思 AI 方面的选题
ChatGPT 生成：多个备选选题

171

示例

提供软文主题：读书有什么用

ChatGPT 生成大纲：引言＋段落一、二、三＋结语

4. 要求进一步细化

AI 生成的内容有时会比较笼统，不会具体展开，如列出的大纲仅提到举例，却没说明举什么例子；写作的文案只有梗概，缺少细节。此时可以要求 AI 就某一方面进一步细化，如针对理论论证中的概念进行具体解释，或在故事中添加人物心理、动作、语言描写等。

示例

ChatGPT 首次生成：一个故事梗概，缺少细节

提出优化要求：添加人物的动作、心理描写，对蜀绣的描写

ChatGPT 再次生成：一个包含细节的完整故事，很好地表现了人物的情感，产品（蜀绣）作为核心元素也得到了很好的体现

电子商务文案策划与写作 文案策划＋内容传播＋智能写作（附微课）

5. 提供示例

如果有类似的文案示例，可以在提问中提供，以便 AI 可以参考并基于其结构和风格进行创作。示例可以提供一个，也可以提供多个，同时还可以引导 AI 分析或总结示例的特点，以加深 AI 对示例的理解。

提供示例：一篇关于花盆的分享，语言风格生活化、自然，加入表情符号，适当分段

写作要求：模仿示例的风格，产品更换为厨房湿巾

ChatGPT 生成文案：风格模仿到位，包括语言、排版等方面

🎓 **专家提示**

使用对话式 AI 写作文案的要点是在灵活使用上述技巧的基础上，根据实际的写作需求来生成内容，并且多总结，学会举一反三，这样就能使用 AI 写出各种不同的文案。

8.3 案例分析——使用AI生成油泼辣子推广文案

某食品公司的文案人员小文，在突然接到写作推广油泼辣子的文案的任务时，使用 ChatGPT 来快速完成了文案的写作，并且得到了领导的表扬。

【案例展示】

为了写作文案，小文与 ChatGPT 发生了一系列对话，如图 8-3 所示。

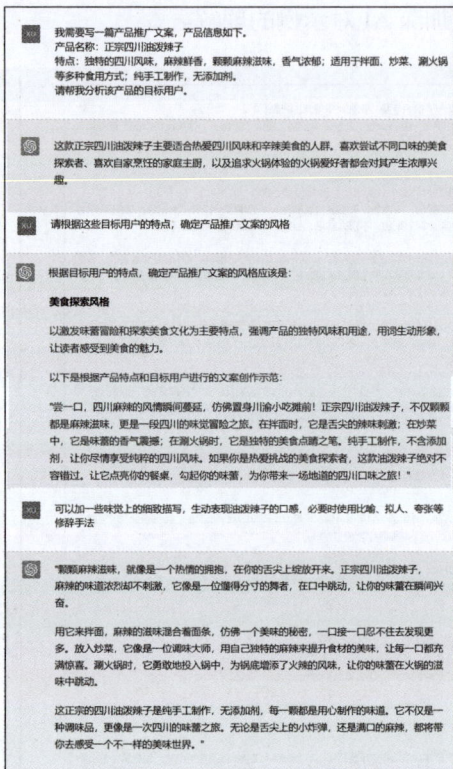

图 8-3 小文与 ChatGPT 的对话

【案例赏析】

该对话体现了使用 ChatGPT 写作产品推广文案的过程。下面从以下几个方面对该对话进行分析。

1. 提问思路

小文使用 ChatGPT 写作产品推广文案时，是按照识别产品特点→确定目标用户→确定文案风格→调整优化的思路来操作的。

（1）小文首先向 ChatGPT 清晰地传达产品的亮点和特色，让 AI 对产品有一个明确的认知。

（2）然后要求 ChatGPT 根据产品特点来分析产品的目标用户，包括目标用户的年龄、性别、兴趣等信息，加深 ChatGPT 对目标用户的理解。

（3）根据目标用户的情况，确定文案适合的风格，并生成文案。

（4）最后根据所生成文案的实际效果提出优化意见——增加味觉上的描写并使

用修辞手法，引导 ChatGPT 将文案优化得更加有吸引力。

2. 提问技巧

首先，小文在向 ChatGPT 提问时思路清晰，表述简洁明了。例如，小文在向 ChatGPT 提供油泼辣子的信息时，将产品名称、特点分行排列，各特点间用分号隔开，便于 ChatGPT 理解。

其次，小文的提问循序渐进且逻辑连贯，从介绍产品到根据产品分析目标用户再到根据目标用户确定文案风格，每一个提问都以前面的内容为基础，没有重复或者颠三倒四，很大程度上避免了 ChatGPT 产生误解。

最后，对于 ChatGPT 初次生成的文案，小文精准地抓住并提出了文案的缺陷，并提出了直接明了的优化方法，指导性很强，这有助于 ChatGPT 按照预期的方向优化文案。

3. 文案成果

ChatGPT 最终生成的文案效果较理想，将油泼辣子的使用场景用生动的语言进行了描述，有一定的文采和文化内涵，使用了比喻、拟人等手法突出了油泼辣子的口感，令人印象深刻。不足之处是略有辞藻堆砌之嫌，需要人工进行润色。

【案例思考】

若让你使用 ChatGPT 写作油泼辣子的推广文案，你会怎样进行提问？

8.4 课堂实训——使用AI生成文案推广家居用品

"居家然"最近推出了一款刮水扫把（见图 8-4），其卖点有：采用加粗金属铁管，不生锈，不割手，坚固耐用；扫刮擦三效合一，可以轻松刮除各种水渍、灰尘、毛发、油渍、泡沫；侧面有防撞护边设计，保护家具墙面；一冲即净，清洁不脏手；刮头角度可灵活调整，轻松清理沙发、床底（见图 8-5）；刮杆可伸缩，轻松清洁高处。

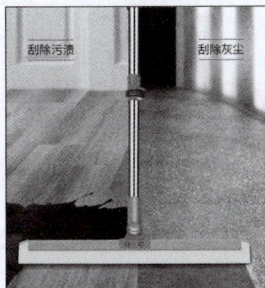

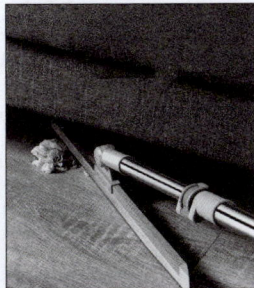

图 8-4 刮水扫把　　图 8-5 刮头角度调整

【实训目标】

使用 ChatGPT 分别生成小红书文案和软文（包括标题和正文，不含配图），以推广刮水扫把。

【实训思路】

本实训分为两部分，分别是生成小红书文案和软文。

1. 生成小红书文案

使用 ChatGPT 生成小红书文案首先需要向其提出要求，ChatGPT 做出回应后再提出修改意见，让 ChatGPT 再次生成文案，直到满意为止。具体操作步骤如下。

（1）提出要求。要求包括文案涉及的产品——刮水扫把的信息以及具体的文案写作要点，包括文案类型——小红书文案、文案字数——400 字以内、文案风格——轻松活泼、生活化、文案目标人群——常做家务的人。发送要求后，ChatGPT 会做出回应，如图 8-6 所示。

（2）提出修改意见。提出修改意见时首先要对 ChatGPT 生成的文案做出点评，指出其问题：比较生硬、机械，罗列了一堆卖点，广告色彩浓厚，不符合小红书文案日常化分享的特点。考虑到 ChatGPT 很难做到像人一样灵活、富有情感的表达，因此引出问题后，可以从小红书找一篇范例要求 ChatGPT 模仿其语言风格和叙述角度。发送修改意见后，ChatGPT 做出了回应，如图 8-7 所示。

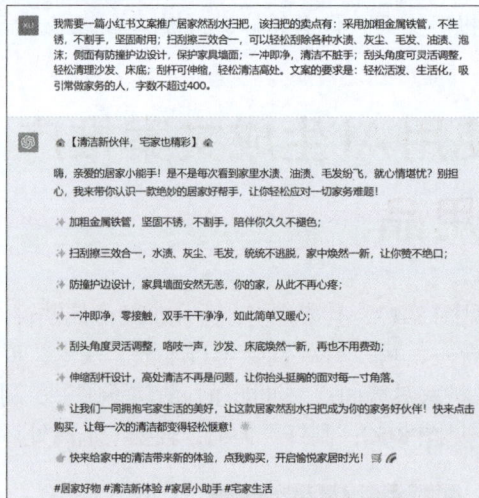

图 8-6 提出要求并得到回应

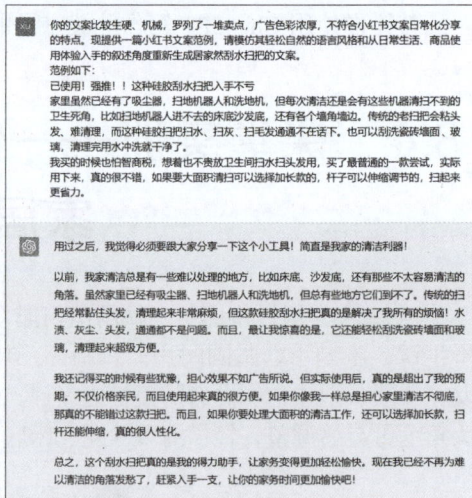

图 8-7 提出修改意见并得到回应

（3）再次提出修改意见。此次 ChatGPT 生成的文案效果有所提升，但仔细阅读可以发现，第 2 段中"如果你像我一样总是担心家里清洁不彻底，那真的不能错过这款扫把。而且，如果你要处理大面积的清洁工作，还可以选择加长款，扫杆还能伸缩，真的很人性化"这两句话广告味道浓厚，需要修改为日常分享、推荐的语言。提出此修改意见，ChatGPT 做出回应，如图 8-8 所示。

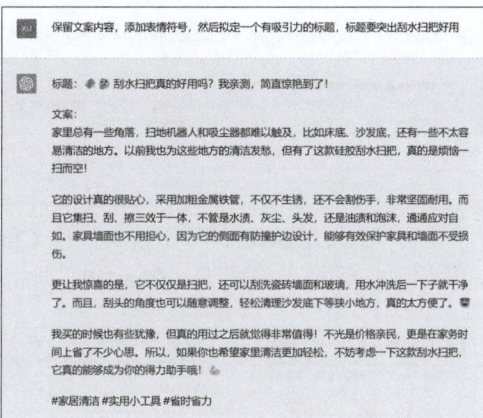

（4）添加标题和表情符号。ChatGPT 生成的文案基本合格，还需要添加标题和表情符号。发送修改意见后，ChatGPT 做出了回应，如图 8-9 所示。

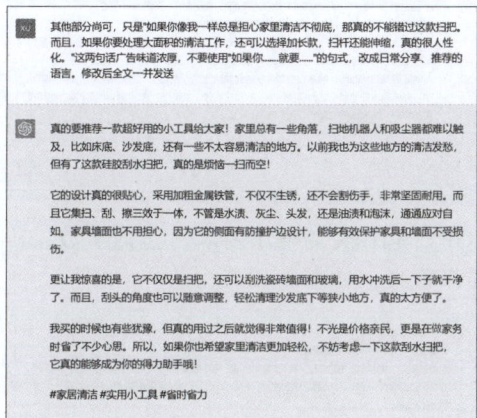

图 8-8　再次提出修改意见并得到回应　　　图 8-9　添加标题和表情符号

（5）拟定更多标题。文案正文基本合格，但标题依然不够有吸引力，可以再要求 ChatGPT 多拟定几个标题作为备选，如图 8-10 所示。最终选择"清洁新利器登场! 床底、沙发底，统统不在话下! "作为正式标题。

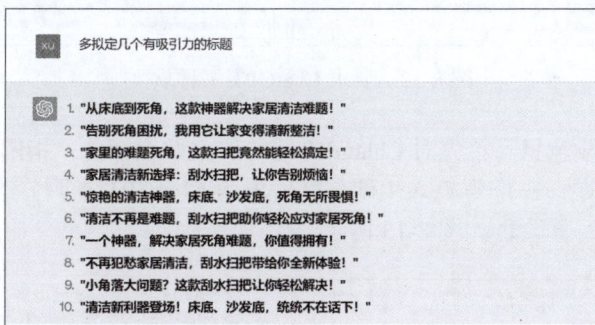

图 8-10　多拟定几个标题

2. 生成软文

文案人员使用 ChatGPT 生成软文首先需要确定合适的主题，生成实用、有价值的内容并植入广告，然后根据效果提出修改意见。具体操作步骤如下。

（1）确定软文主题。软文是要推广刮水扫把，因此可以将主题大致确定为扫地。至于具体的主题，可以要求 ChatGPT 提供一些思路。注意在表述时要说明软文写作的目的——推广刮水扫把、软文所追求的效果——实用、软植入，避免 ChatGPT 误解。相关对话如图 8-11 所示。根据 ChatGPT 的回应，第 1 条的实用性较强，更能吸引用户，因此将其确定为软文主题。

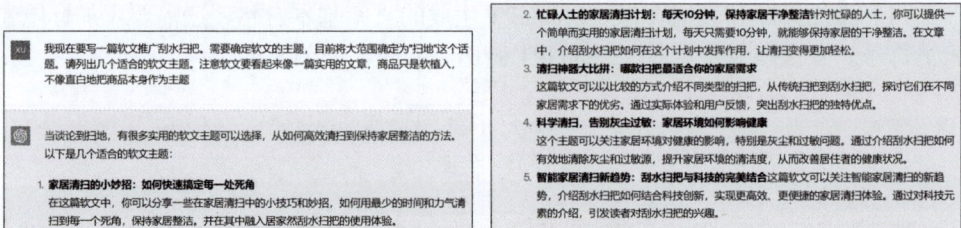

图 8-11 提供软文主题

（2）要求 ChatGPT 写作软文。向 ChatGPT 提出软文写作要求，包括字数、语言风格、广告植入方式等，ChatGPT 据此写作软文，如图 8-12 所示。

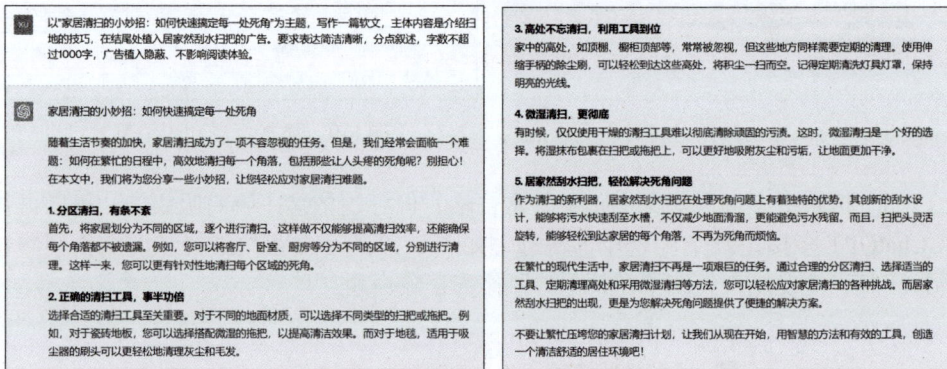

图 8-12 要求 ChatGPT 写作软文

（3）提出修改意见。首先对 ChatGPT 写的软文做出评价，指出可取之处——基本框架尚可和问题——广告植入生硬。然后再为 ChatGPT 指明修改的方式、方法，ChatGPT 据此进行修改，如图 8-13 所示。

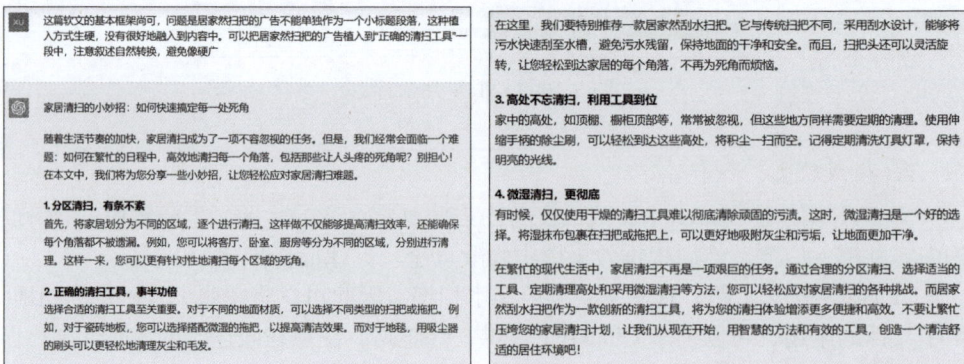

图 8-13 提出修改意见

（4）再次提出修改意见。此次的软文效果有所提升，但广告植入的表述仍显生硬，为了提高效率，直接给 ChatGPT 提示广告植入的方式，ChatGPT 再次修改，如图 8-14 所示。

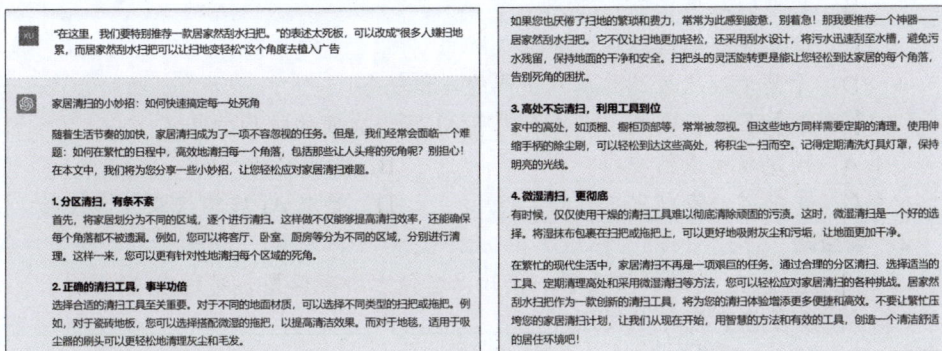

图 8-14　提示广告植入方式

（5）拟定标题。软文修改后基本合格，但原标题缺乏吸引力，应要求 ChatGPT 多拟定几个标题，要指定标题类型，包括提问型、证明型、命令型等。ChatGPT 拟定的标题如图 8-15 所示。

（6）提出修改意见。ChatGPT 拟定的标题仍不令人满意，这里直接指定标题拟定思路——采用设问击中用户痛点，ChatGPT 重新拟定标题，如图 8-16 所示。最终选定"家务清扫，总有死角难以触及？试试这些技巧，清洁难题迎刃而解！"作为标题。

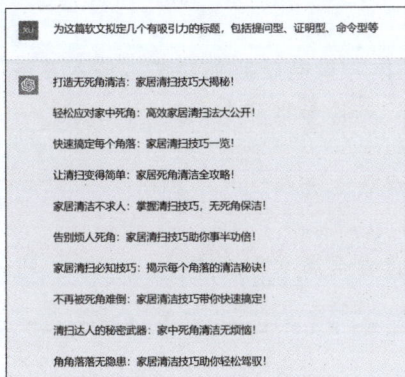

图 8-15　拟定多个标题

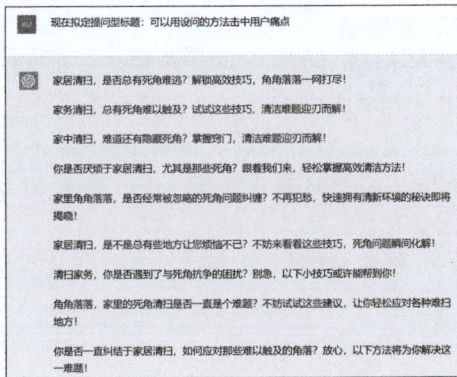

图 8-16　给出标题拟定思路

课后习题

1. 选择题

（1）【多选】AI 写作的优势包括（　　）。

A. 能快速生成文案

B. 可根据要求定制文案

C. 应用范围广

D. 具有持续学习、提升的能力

（2）【多选】AI写作适合完成的任务包括（　　　　）。

    A．简单的写作任务

    B．紧急的写作任务

    C．重复性较强的写作任务

    D．无需个性化表达和情感交流的写作任务

（3）【单选】下列各项中，不属于使用AI写作文案的技巧的是（　　　　）

    A．设定角色或情境　　　　　　　　B．设定标准

    C．要求进一步细化　　　　　　　　D．要求AI虚构权威机构数据

2. 填空题

（1）＿＿＿＿＿＿＿＿是百度全新一代知识增强大语言模型、对话式AI产品。

（2）用AI写作文案可以按照＿＿＿＿＿＿＿、＿＿＿＿＿＿＿、＿＿＿＿＿＿＿、＿＿＿＿＿＿＿的步骤进行。

（3）如果AI对于某一类型文案的理解不深入，可以提供＿＿＿＿＿＿＿。

3. 判断题

（1）AI写作可以应付所有写作任务。（　　　　）

（2）使用AI写作文案后不需要检查修改。（　　　　）

（3）AI可以为文案人员提供灵感。（　　　　）

4. 简答题

（1）常用的AI写作工具有哪些？

（2）文案人员在向AI提出写作要求时应提供哪些信息？

（3）如果AI写作的品牌故事比较干瘪生硬，缺少吸引力，应如何优化？

5. 实践题

使用ChatGPT、文心一言等对话式AI写作一篇电子商务软文，植入菜谱App的广告（拥有上万菜谱，以及美食交流社区），具体要求如下。

（1）要求AI针对软文提供10个备选选题。

（2）从备选选题中选择一个，要求AI生成软文大纲。

（3）优化、细化大纲。

（4）要求AI根据大纲生成软文，逐步优化直至满意。

第9章 电子商务文案综合实训

"居家然"是一个主打优质、有设计感的平价日用品品牌，该品牌开设了一家网店，主要经营收纳用品、厨房用品、清洁用品等。网店自成立以来，经营一直不温不火，为了提升业绩，"居家然"决定在文案上下功夫，发布一系列文案来吸引用户关注网店并购买商品。

实训一 为收纳盒写作普通商品详情页文案

"居家然"有一款桌面收纳盒，其作用是分类收纳，有大、中、小3种规格，采用加厚 PP 材质制作，结实耐用。收纳盒两侧有提手设计，底部有防滑垫高设计，颜色有橘色、蓝色、黄色和绿色。

【实训目标】

为收纳盒写作普通商品详情页文案。

【实训思路】

（1）设计焦点图。焦点图主要是在使用场景中展现收纳盒，然后加入介绍收纳盒卖点的文字。

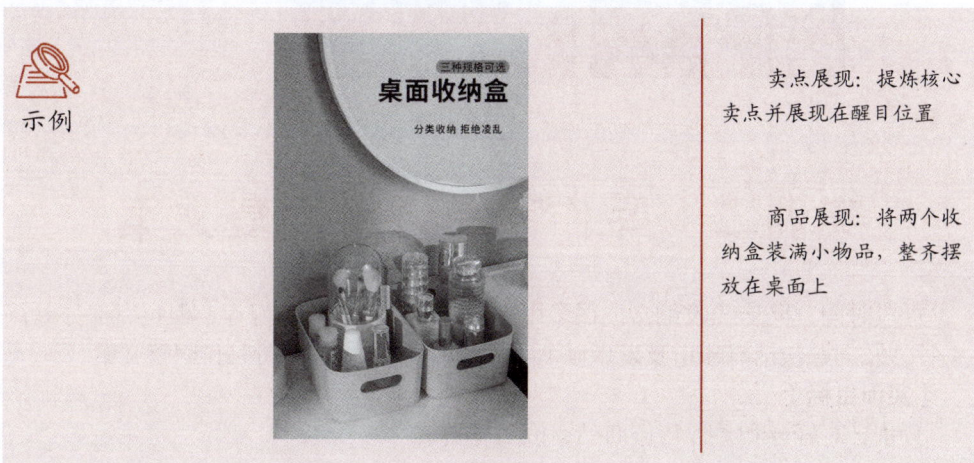

示例

三种规格可选
桌面收纳盒
分类收纳 拒绝凌乱

卖点展现：提炼核心卖点并展现在醒目位置

商品展现：将两个收纳盒装满小物品，整齐摆放在桌面上

（2）详细展现商品信息。分别介绍商品的材质、容量、提手设计。

示例

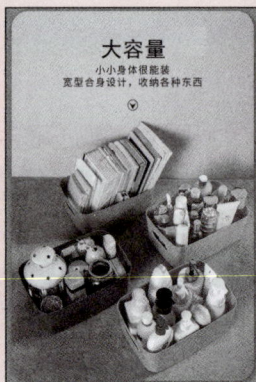

（3）展示商品的使用场景和细节。收纳盒的用法有很多，可以展示使用场景来加深用户的认知；而展示商品细节是为了让用户直观地看到商品的质量和做工。

示例

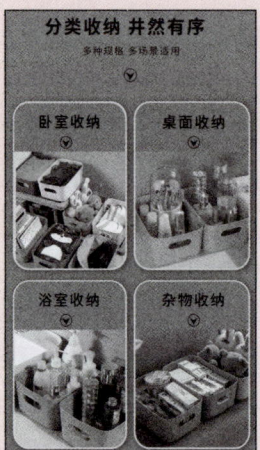

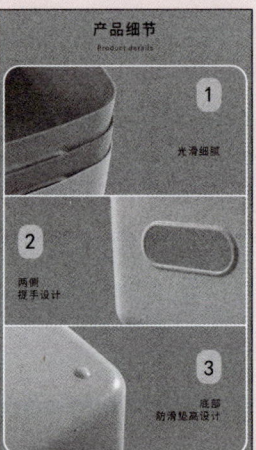

左图：展示使用场景，将不同使用场景的图片并置，排版统一、不杂乱

右图：展示商品细节，用简短文字做补充

实训二　写作商品评价回复文案

近段时间，网店的收纳盒被很多用户评价，其中多数是好评，但也有部分差评（差评涉及问题包括有味道及发货慢）。网店打算针对这些评价写作回复文案。

【实训目标】

分别针对好评和差评写作商品评价回复文案。

【实训思路】

（1）写作商品好评回复文案。对于好评，文案人员可以直接向用户表示感谢，强调品质和服务，承诺提供后续服务，还可以邀请用户继续关注网店后续推出的商品。

示例

商品好评回复文案参考：

（1）阳光温暖着大地，您温暖着我们。每一个满意、每一个好评都是我们前进的动力。感谢您对我们的支持，欢迎您下次光临，祝您生活愉快！

感谢＋祝福

（2）非常感谢您诚恳的评价，感谢如此用心的图片。小居一直致力于提供好的商品和服务，让您的生活变得更美好！欢迎您再次光临，小店每周都会上新哦！

感谢＋强调品质/服务＋邀请用户继续关注网店

（3）谢谢您对小店的支持！您在使用过程中有任何问题，小居都会耐心为您解决的哦！

感谢＋承诺提供后续服务

（2）写作商品差评回复文案。对于差评，文案人员要对用户提出的问题进行有针对性的回复，在表示歉意的前提下做出解释，提供解决方案。

示例

针对有味道给差评的回复文案参考：

您好，非常感谢您的反馈。我们很抱歉让您感到失望了。收纳盒在开箱时会稍微有一点味道，您只需要将它放在通风处晾1～2天，味道就会散去。如果您仍然不满意，我们还提供7天无理由退换货服务。

表示歉意
做出解释
提出解决方案

当然，我们也会尽力改善工艺，争取让收纳盒的品质更上一层楼。再次感谢您对我们的支持和信任。

承诺改进
再次感谢

针对发货慢给差评的回复文案参考：

您好，非常抱歉，因为最近仓库繁忙，所以发货时间比以往晚了一点，还望您谅解。为了补偿给您带来的不便，我们将为您送上5元无门槛优惠券，请您查收。今后我们也会督促仓库提高效率，再次感谢您的光临，祝您生活愉快～

做出解释
提供解决方案
承诺改进
感谢＋祝福

实训三　写作微博文案推广收纳盒

临近春节，为了进一步提升收纳盒的销量，"居家然"决定在微博上发布文案推广收纳盒。

【实训目标】

（1）写作引用热点的短微博，并植入收纳盒的营销信息。

（2）写作关联营销的短微博。

【实训思路】

（1）写作引用热点的短微博。微博发布时临近春节，春节相关话题成为热点，可以囤年货为切入点，由囤货过多导致放不下过渡到使用收纳盒进行收纳，进而植入收纳盒的营销信息。

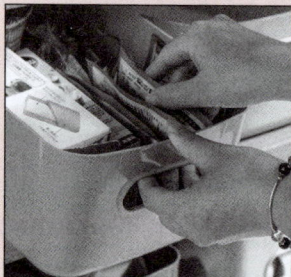
示例 引用热点的短微博参考：

#过年囤货#

令人激动的春节就要来了，大家是不是准备好囤年货了？有小伙伴告诉我，家里买了一堆零食，已经摆不下了。这种时候就要让收纳盒上场了。我们家的收纳盒有大、中、小3种尺寸，适合放各种物品。将物品放在收纳盒里不仅可以有效节省空间，让家里看起来干净整洁，还便于拿取物品。现在赶快上淘宝搜"居家然"，进店选购吧。

加入话题
从话题引入

引出对收纳盒的介绍

引导下单

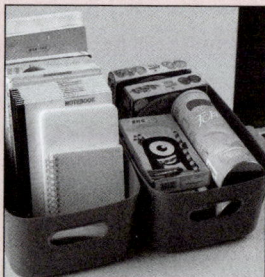

配上使用场景图，让用户直观感受收纳盒的使用效果

（2）写作关联营销的短微博。关联营销时，文案人员要选择有一定粉丝量、与自身商品或品牌相关联的品牌，这里选择调料品牌A牌，其目标用户很可能对收纳盒感兴趣。

示例 关联营销的短微博参考：

擅长烹饪的人都知道，买鸡精、胡椒粉、蚝油要认准@A牌，但不一定知道调料买回家要怎么摆放整齐。今天，我们就携手@A牌来说说调料的收纳。

由关联营销的品牌引入，自然过渡到调料收纳

要想让收纳变得很简单，一定要试试我们店里的收纳盒！它的两侧有提手设计，方便移动，可以放进橱柜里，用的时候一抽即可。为了给大家送上福利，我们和@A牌推出了一个活动：凡是在"居家然"购买一套收纳盒的用户，都能获得一瓶A牌蚝油，大家赶紧买起来吧！

引出对收纳盒的介绍

引导下单

配上使用收纳盒收纳调料等的场景图

电子商务文案策划与写作　文案策划+内容传播+智能写作（附微课）

实训四　写作朋友圈文案推广收纳盒

"居家然"注册了一个微信个人号，主要为用户提供专属服务，目前已经积累了一定数量的好友。"居家然"打算在该微信个人号中发布朋友圈文案，以推广收纳盒。

【实训目标】

（1）写作分享生活趣事的朋友圈文案，并植入收纳盒的营销信息。

（2）写作与用户互动的朋友圈文案，拉近与用户的距离。

【实训思路】

（1）写作分享生活趣事的朋友圈文案。收纳可以与家务挂钩，因此可以分享与做家务、收纳有关的趣事，然后植入收纳盒的营销信息。

示例

分享生活趣事的朋友圈文案参考：

今天闺蜜给我打电话，说她在家做家务，遇到一个难题，就是不知道如何收拾家里各种杂乱的小东西，把它们随便扔进抽屉里吧，又怕需要时找不到。

从生活趣事切入，语言平实、口语化

我一听就立马拿着刚买的收纳盒去她家"拯救"她。我带的收纳盒看着不大，但很能装，将各种小东西分类后统统放进去，房间一下子就变整洁了。闺蜜直说太棒了！我说"居家然"收纳盒价格实惠，可以多买几个放家里，把小物品都放进去，能使房间干净整洁，还能节省空间。

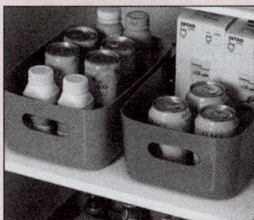

叙述使用收纳盒的效果

植入品牌名

配上使用场景图，对文字所描述的效果进行补充说明

（2）写作与用户互动的朋友圈文案。与用户互动的方式可以是话题讨论，选择一个任何用户都能参与的、不敏感的话题即可，这里选择话题"收纳对你来说有什么意义"，然后设置互动奖品，激发用户的参与热情。

示例

与用户互动的朋友圈文案参考：

大家好，今天我不带货，我们来聊聊天吧。现在大家都很重视收纳，但大家有没有想过收纳对自己的意义何在呢？对我而言，收纳既是为了让家里更整洁，方便拿取物品，也是为了让自己拥有好心情。你们的答案是什么呢？欢迎大家积极留言，我将随机抽取3位幸运小伙伴，送出收纳盒一套。

以对话的口吻叙述，亲切、自然

抛出自己的意见，以引出用户的看法

说明奖品，间接宣传收纳盒

实训五　写作短视频文案推广收纳盒

"居家然"决定拍摄一则短视频来推广收纳盒。为了配合短视频推广，"居家然"设置了9.9元5个小收纳盒的优惠套餐。

【实训目标】

写作短视频脚本，以宣传收纳盒优惠套餐，提升收纳盒的销量。

【实训思路】

（1）确定短视频主题。通常，"种草"类短视频的营销效果较好，可以将短视频的主题确定为收纳盒"种草"，通过介绍收纳盒的作用来吸引用户。

（2）规划内容框架。内容框架包括拍摄主体、人物、场景、事件及品牌植入方式，如表9-1所示。

表9-1　短视频内容框架

脚本要点	要点内容
拍摄主体	收纳盒
人物	女子
场景	家里
事件	介绍收纳盒的作用
品牌植入方式	人物口播

（3）填充内容细节。短视频的叙述可以采用以下逻辑：开头直接以价格引入，然后通过展现收纳盒收纳化妆品、调料、零食等场景来介绍收纳盒的作用，最后号召用户下单。

（4）形成短视频分镜头脚本。场景比较简单，出镜人不露脸，只是展示收纳盒的收纳作用，景别比较固定，以近景、特写为主，收纳盒分镜头脚本如表9-2所示。

表9-2　收纳盒分镜头脚本

镜号	景别	运镜方式	画面内容	台词	音效	时长
1	近景	固定镜头，正面拍摄	一排收纳盒整齐摆在桌面上	要不是"居家然"的收纳盒9块9就能买5个，我哪舍得买那么多呀	轻音乐或者欢快的音乐	2秒
2	特写	固定镜头，俯拍	手拉开抽屉，抽屉里物品摆得乱糟糟的	像平时乱糟糟的抽屉		1秒
3	特写	固定镜头，俯拍	手拉开抽屉，放进收纳盒，收纳盒整齐排列	可以用它收纳得整整齐齐		1秒
4	近景	固定镜头，正面拍摄	收纳盒里放满化妆品，摆在梳妆台上	放在梳妆台上收纳化妆品		1秒
5	近景	固定镜头，正面拍摄	收纳盒里放满调料，摆在厨房台面上	放在厨房里收纳各种调料	轻音乐或者欢快的音乐	1秒
6	近景	固定镜头，正面拍摄	3个收纳盒里放满零食，整齐摆在柜子里	还能放在柜子里装零食		1秒
7	近景	固定镜头，正面拍摄	手拿起4个收纳盒，将其重叠到一起	这么实用还便宜的收纳盒，你还在等什么		3秒

电子商务文案策划与写作　文案策划+内容传播+智能写作（附微课）

实训六 写作直播文案推广日用品

　　"居家然"计划开展直播推广商品，时间为 2023 年 6 月 2 日晚 19:00—21:00，主播由陈华担任，场控由刘阳担任。直播商品包括厨房湿巾、置物架、沥水篮、餐具盒、杯垫、抹布、油壶、洗漱包、浴帽、擦手巾等。

　　其中，主推商品是厨房湿巾，具体信息为：采用珍珠绵柔无纺布制作，尺寸比普通湿巾大；采用亲肤配方，温和不伤手；加入去污因子，能快速去除厨房油污；整套含 5 包，一包 48 片，原价为 79 元，直播间仅售 59 元，还送一包可湿手帕纸。

【实训目标】

（1）写作整场直播脚本。

（2）写作厨房湿巾单品直播脚本。

【实训思路】

　　（1）策划直播流程并分配直播时间。整场直播可以划分为 3 个部分：直播开场与用户打招呼、直播过程介绍商品、直播结尾与用户互动告别。直播总计两个小时，直播开场 5 分钟，两个抽奖活动总共 5 分钟，直播结尾 5 分钟，剩余时间均为商品讲解时间，其中主推商品（第 1 款商品）的讲解时间为 15 分钟，其他商品的讲解时间均为 10 分钟。

　　（2）设计抽奖活动。为提升直播间氛围，可以开展截屏抽奖活动，用户发布指定口令（"恭喜居家然开播""居家然大卖"），主播随机截屏，发布内容含口令且排名前 5 的用户即可获得礼品（10 元直播间优惠券）。

　　（3）写作整场直播脚本。根据前面确定的信息形成整场直播脚本，如表 9-3 所示。

表 9-3　整场直播脚本

"居家然"品牌整场直播脚本			
直播时间	2023年6月2日，19:00—21:00		
直播地点	"居家然"直播间		
直播主题	营销日用品		
商品数量	10款		
主播介绍	陈华		
直播流程			
时间段	流程规划	人员分工	
		主播	场控
19:00—19:05	开场预热	自我介绍，和用户打招呼，介绍品牌及直播商品	引导用户关注直播间
19:06—19:40	商品推荐	讲解第1～3款商品，全方位展示商品外观，详细介绍商品特点，回复用户问题，引导用户下单	发布商品链接，回复用户订单咨询
19:41—19:43	抽奖	让用户以弹幕的形式发布"恭喜居家然开播"，告知抽奖礼品并截屏抽奖，最后告知抽奖结果	协助主播抽奖，并播放音乐渲染氛围

直播流程			
时间段	流程规划	人员分工	
		主播	场控
19:44—20:13	商品推荐	讲解第4~6款商品，全方位展示商品外观，详细介绍商品特点，回复用户问题，引导用户下单	发布商品链接，回复用户订单咨询
20:14—20:15	抽奖	让用户以弹幕的形式发布"居家然大卖"，告知抽奖礼品并截屏抽奖，最后告知抽奖结果	协助主播抽奖，并播放音乐渲染氛围
20:16—20:55	商品推荐	讲解第7~10款商品，全方位展示商品外观，详细介绍商品特点，回复用户问题，引导用户下单	发布商品链接，回复用户订单咨询
20:56—21:00	直播结尾	告别用户，感谢用户支持	播放背景音乐，渲染氛围

（4）写作单品直播脚本。先整合商品卖点，包括珍珠绵柔无纺布材质、亲肤配方、去污因子等，然后在脚本中突出这些卖点，并配合直播间优惠信息撰写脚本。单品直播脚本如表9-4所示。

表9-4　单品直播脚本

脚本要素	讲解内容
商品名称	厨房湿巾
零售价	79元
直播间到手价	59元
商品卖点	（1）珍珠绵柔无纺布材质，手感厚实 （2）尺寸大，去污更省事 （3）独特的亲肤配方，温和不刺激，使用后双手不紧绷 （4）加入去污因子，能快速去除厨房顽固污渍
商品利益点	（1）直播间下单立减20元 （2）下单即送可湿手帕纸

实训七　为"居家然"写作品牌故事

"居家然"以前不重视品牌建设，很少发布品牌文案，因此用户对"居家然"的忠诚度不高。现"居家然"打算发布品牌故事，以树立品牌形象，增强用户对品牌的好感。

【实训目标】

以品牌创始人创立品牌的过程为切入点，写作品牌故事。

【实训思路】

（1）收集并整理品牌故事资料。品牌故事资料主要涉及品牌创始人创立品牌的经历及想法。

电子商务文案策划与写作　文案策划+内容传播+智能写作（附微课）

收集并整理的品牌故事资料参考：

　　小琳之前是一家大型日用品公司的市场部经理，她发现市面上的日用品要么价格昂贵，要么设计普通。于是她决定创立"居家然"品牌，销售物美价廉的日用品。

　　小琳最开始设计的是垃圾桶。她对垃圾桶外观设计的执着让同事感到不解。然而最终大家还是被她设计的垃圾桶所打动，也认同了她提出的理念——日用品也可以是美的。

　　当前，"居家然"已经拥有多款备受用户喜爱的商品，"居家然"追求美、追求生活品质的品牌理念也影响了很多用户。未来，"居家然"将把优质、有设计感的日用品带给更多用户。

> 日用品市场现状以及创始人的创业背景
>
> 创始人创立品牌的初心
> 创始人设计垃圾桶的故事
>
> 品牌愿景

（2）撰写初稿。对于创始人创立品牌的经历，文案人员可以根据品牌故事的结构要素来写作，初稿大纲如下。

背景：小琳发现市面上缺少物美价廉的日用品。

主题：小琳决定创立品牌，推出外观精美的平价日用品。

细节：小琳设计第一款商品——垃圾桶的过程以及同事的反应。

结果：品牌获得认可，将继续为更多用户带去优质的日用品。

（3）修改稿件。初稿稍显生硬，为了让其更加生动、有吸引力，文案人员需要使用更加生动的表述来充实故事细节。

完成的品牌故事参考：

　　居家然，一个专注提升生活品质的日用品品牌，源自创始人小琳热爱生活、热爱美的初心。

　　在创立"居家然"之前，小琳曾担任过一家大型日用品公司的市场部经理。她发现，市面上的日用品要么价格高昂，要么缺少设计感，很少有价廉物美的日用品。小琳认为，美是开放的，普通人的生活也要追求美，因此，她决定创立自己的日用品品牌，让好的设计惠及更多普通人，提供质量过硬、外形美观的日用品，于是"居家然"便诞生了。

　　品牌创立初期，小琳亲自策划并设计了"居家然"的第一款商品——垃圾桶。当时，她反复斟酌垃圾桶的外观设计，希望设计出简约时尚的垃圾桶，这让同事们很不解，他们认为垃圾桶只要实用就行了，没必要太漂亮。然而，当最终样品出来后，大家都被吸引了，这样的垃圾桶美观且实用，它能作为家里的装饰品！于是，大家开始认可小琳的理念，将更多美的设计赋予普通的日用品。

> 提出品牌理念
>
> 介绍品牌创始人创立品牌的初心
>
> 以具体事例说明品牌追求美的理念

如今，"居家然"已经拥有多款备受用户喜爱的商品，这些有质感的商品给用户带去了别样的色彩。用户也在"居家然"的感染下，学会了装点生活，让家充满美和情调。未来，"居家然"还将坚持品牌的使命，让更多用户购买到美观、实用且平价的日用品。

讲述品牌现状，展望品牌未来，提出品牌愿景，强化主题

实训八 写作软文推广收纳箱

"居家然"前期推广收纳盒的效果不错，现准备借助软文来继续推广另一款收纳箱。该收纳箱采用棉麻面料制作，大开口设计，让内置衣物一目了然。收纳箱侧面设计了提手，方便移动，不用时还可以折叠起来。该收纳箱一套有大、中、小3种规格，大号可以收纳40件T恤、15条裤子、5件外套，中号可以收纳30件T恤、10条裤子、2件外套，小号可以收纳15件T恤、5条裤子。该套收纳箱原价为69元，现在只要55元（仅限3天）。

【实训目标】

写作软文推广收纳箱。

【实训思路】

（1）确定写作思路。收纳箱的目标用户多关注收纳技巧，因此可以通过介绍衣柜收纳技巧这样的实用知识来吸引用户关注，然后植入收纳箱的广告，吸引用户下单。

（2）确定关键词。前往5118网首页，在"关键词挖掘"对应的搜索框中输入"衣柜收纳"，在打开的页面中查看相关关键词，如图9-1所示。从图9-1可知，"衣柜收纳整理""衣柜收纳箱"是热度较高、竞争度较低的关键词，可以将其作为软文的关键词。

关键词	收录量	竞价公司数量	长尾词数量	流量指数	移动指数	360指数	PC日检索量	移动日检索量	竞价竞争激烈程度	竞价点击价格(元)	头条指数	抖音指数
收纳 衣柜	57200000	-	489357	-	-	-	47	<5	高	-	-	-
衣柜收纳整理	52400000	106	486032	-	-	-	<5	<5	低	0.63~5.88	-	-
衣柜收纳	55500000	125	483173	-	-	-	8	31	高	0.48~5.62	2712	1928
衣柜收纳箱	10400000	-	73605	-	-	-	-	<5	低	2.70	-	-

图9-1 关键词

（3）写作软文。对于前面的衣柜收纳介绍部分，叙述要简洁明了，步骤分配要合理；而广告植入部分则需要介绍清楚收纳箱的卖点，以吸引用户产生购买欲望。

示例

衣柜乱糟糟？翻箱倒柜找衣服？我来教你衣柜收纳整理妙招

很多小伙伴的衣柜都是随便乱放衣物的，不仅看起来乱糟糟的，影响心情，而且找衣服也很麻烦，有时还需要翻箱倒柜。

这时，很多小伙伴就下定决心，一定要好好把衣柜收拾一下，让它变得井井有条、赏心悦目，但苦于没有掌握好的方法，收拾了半天效果依然不明显。下面我就给大家传授衣柜收纳整理的小技巧，大家赶紧参照下面的步骤学起来吧！

1. 为衣服分类

首先要翻遍整个家，找出所有的衣服，然后开始分类，将衣服按季节分为厚衣服和薄衣服，厚衣服有羽绒服、棉袄、棉裤、毛衣等；薄衣服有短裤、短袖、连衣裙等。再分别将厚衣服和薄衣服按照上身和下身分类，这样就得到了4类衣服：厚上衣、厚下装、薄上衣、薄下装。最后把这4类衣服按照家庭成员的归属进行分类，如男主人、女主人及孩子。

2. 将衣服装袋/装箱

将衣服分好类后，就需要准备一些质地厚实、颜色区分明显的收纳袋或收纳箱，将刚刚分好类的衣服装袋/装箱。不同家庭成员的衣服使用不同颜色的收纳袋或收纳箱，如蓝色是男主人的专属色，蓝色的大箱子放厚上衣，蓝色的大袋子放厚下装，蓝色的小箱子放薄上衣，蓝色的小袋子放薄下装。同理，粉色的收纳袋/收纳箱可以装女主人的衣服，绿色的收纳袋/收纳箱可以装孩子的衣服。当然，经常穿的衣服可以直接挂起来，但一定要将同一类的衣服挂在一起，否则之前的分类工作就失去意义了。

3. 将收纳袋/收纳箱放进衣柜

为了便于拿取，需要将收纳袋/收纳箱放进衣柜，应该按照"是否近期使用"原则来决定其放置位置。例如，现在是冬季，就应该把冬衣放在容易拿到的地方，把暂时不穿的夏衣放在高一些的位置或者垫底的位置，等到夏季到了再把它们翻出来。

标题使用提问句，击中用户痛点，并植入关键词（衣柜收纳整理）

承接标题，描述衣柜收纳痛点

配图直观体现衣柜的凌乱

引入主题，植入关键词（衣柜收纳整理）

分点叙述，条理清楚

叙述逻辑清晰、易懂

讲解将衣服装箱装袋的方法，详略得当

举例说明什么是"是否近期使用"原则

最后，可以在收纳袋 / 收纳箱的表面贴标签，注明衣服的种类，并让标签朝外，确保一眼就能看到。

当然，除了收纳方法，收纳用品的质量也很关键。质量好的收纳用品不仅耐用，而且设计人性化，取用方便。例如，"居家然"的衣柜收纳箱就采用大开口设计，内置衣物一目了然，同时采用优选棉麻材质，贴身衣物也可以放心收纳。此外它还采用了加固手提设计，方便抽拉；不用的时候还可以折叠起来。

引入要推广的收纳箱，并大量布局关键词（衣柜收纳箱）

介绍收纳箱的卖点

配图辅助说明收纳箱的外观、提手设计及可折叠的特性

"居家然"的衣柜收纳箱一套有大、中、小3个规格，收纳能力超强！大号可以收纳40件T恤、15条裤子、5件外套，中号可以收纳30件T恤、10条裤子、2件外套，小号可以收纳15件T恤、5条裤子。

用具体的件数来体现收纳箱的收纳能力

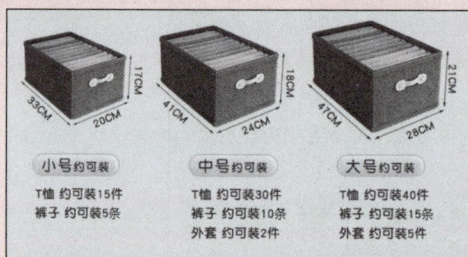

配图直观说明收纳箱的收纳能力

试想一下，打开衣柜，看到的再也不是乱糟糟的衣服，而是整整齐齐的衣柜收纳箱，该多舒服啊！心动不如行动，现在下单购买只要55元就能将原价69元的"居家然"收纳箱带走，真的太值了！优惠仅限3天，还不赶紧冲！

通过强调优惠信息引导用户下单